사산되는 일본어·일본인

死産される日本語・日本人
「日本」の 歴史-地政的配置

酒井直樹 著

문화과학 이론신서 40

사산되는 일본어·일본인

—일본의 역사-지정적 배치

사카이 나오키 지음

이득재 옮김

문화과학사

'이론신서'를 펴내며

이론과 과학이 오늘처럼 불신을 받은 적이 있었을까, 한때 종교의 아우라를 지닌 채 권위를 누리던 과학은 이제 그 옛 영화를 잃은 듯하다. 기존의 가치와 이념들, 실천의 관행과 기준들의 토대가 흔들리면서 과학은 이 불안정한 동요를 일으킨 주범의 하나로 질타받는 중이다. 이 위기는 이론과 과학의 사회적 역할과 기능, 위치 등과 관련되어 있기도 하지만 기실 그 내부에서 일어나는 위기다. 과학이 자신의 대상을 외부에서 관찰한다고, 주관과 객관의 확고한 분리가 보장된다고 하던 태평기는 지났다. 관찰 행위 자체가 대상을 변형하며, 게임의 수행이 그 규칙을 바꿔낸다는 사실로 과학은 이제 그 '객관적' 지위를 의심받게 되었고 그 체계 안의 혼돈으로 인해 이론 자체가 뿌리에서 동요하고 있다.

하지만 이론과 과학이 종교와 다르다면 그것은 바로 위기의 항존성을 자신의 존재조건으로 삼는다는 점일 게다. 역사적 과학혁명들을 돌이켜 보아도 과학의 역사는 그런 내적 위기를 돌파하는 과정 자체였다. 이 과정을 통해 이론은 자신의 역사적 피구속성에 대한 인식을 심화하였고, 상상력과 모험, 새로운 실험과 창조를 독려하고 촉발하는 계기로 삼았다. 기존의 사유방식과 이론적 패러다임들에 균열이 가고 가치체계와 이념들이 여기저기서 붕괴하고 있는 오늘 우리가 다시 한번 새로운 이론적 혁명이 필요함을 느끼는 것은 그 때문이다.

새로운 이론적 혁명의 필요성이라는 문제와 그것의 실제 공정과 진행 문제는 물론 별개다. 역사적 경험들은 이론적 혁명의 진행이 단일 사건의 양상보다는 복수적 사건들의 연쇄적 진행에 가까움을 보여주고 있다. 따라서 이론적 혁명을 이루기 위해서는 그 당위성을 주장하는 데만 그치지 않고 복수적 사건들의 연쇄를 실제로 조사해야 한다. 여기에는 지배적인 이론과 과학의 패러다임 전체 구조와 한계를 살피는 일에서 이론적 생산과 소통의 사회적, 역사적 조건의 변화를 되새겨 보는 일까지가 포함될 것이다. 자명한 것으로 보이는 과학들 사이의 위계와 경계를 다시 정하는 일도 중요한 과제다. 자연과학과 인간과학의 분리, 인간과학과 사회과학, 예술에 대한 이론들간의 분리는 더 이상 자명한 것도 당연한 것도 아니다. 전지구적으로 확산되고 있는 자본주의 상품화에 따른 물질적 자극과 욕구의 증대, 정보통신망의 확산에 따른 소통의 복합화와 특수화, 자원의 급속한 낭비 등은 더 이상 분리된 요소들이 아니라 각 차원간에 '나비효과'의 파장을 주고받으며 사슬처럼 얽히고 있다. 또한 복합적 현실의 연쇄 고리 속에서 계급, 인종, 성의 문제들은 점점 더 중층적으로 '절합'되며, 생산력의 팽창과 전지구적 사용에너지의 한계용량이라는 문제와 더한층 복잡한 함수관계를 가짐이 분명해지고 있다. 21세기 개인과 사회의 운명은 이처럼 복합적이고 불확정적인 유동성을 지닌 중층적 연쇄고리에 대한 심도있는 인식과 그에 따른 탄력있고 유연한 자기조정 능력을 어떻게 획득할 것인가에 달려 있다. 분과학문의 체계에 의해 격리되고 단자화된 제과학들의 위상과 편성을 변환하여 새로운 연쇄고리로 연결하는 것도 그래서 필요하다.

　이론적 실천의 과정도 불확정성 속에서 탄력적인 유연한 태도를 지녀야할 것이다. 이제까지 대다수 이론은 때로는 상투화된 권위주의에 사로잡혀, 때로는 과제의 무게에 짓눌려 경직성에서 벗어나지 못하고 있다. 그러나 진지함의 외관을 쓴 경직성은 이론의 창조적 생명력을 앗아갈 뿐이다. 이론의 내적 진지함은 오히려 유미 정신, 역동적인 실험정신을 북돋운다. '진지한 과학'과 '혁명적 과학'은 '즐거운 과학'과 다르지 않다. '즐거운 혁명'이다! 명령하고 억압하는 것이 아니라 스스로 움직이게 하고 창조적 실험을 활성화하는 과학, 규범에 묶이지 않고 상상력이 넘치는 과학, 창백한 금욕의 과학이 아니라 범람하는 욕망의 과학, 순응하는 과학이 아니라 저항하고 개입하는 과학이어야 한다. 세기의 전환점에서 창백한 금욕의 과학을 떠나보내고 저항의 생명력에 넘치는 '욕망의 과학'을 맞이하자.

1995년 5월　문화과학 이론신서 기획위원

한국어판 서문

몇 해 전 이 책에 싣기 위해 내가 쓴 글 일부를 고르던 중 불현듯 느꼈던 충동과 불안을 지금 반복하는 것이 오히려 더 어울리고 시의도 적절한 듯싶다. 일본어판 서문에서 언급한 그 격동을 다시 살펴보는 일이 바람직하며 필수적이라는 생각이 드는 것은 당시 나를 화나게 하고 불안하게 만든 것이 지금 한국의 독자 여러분에게 말을 걸며 내가 불안해하는 것과 역사적으로 연결되어 있기 때문이다. 이 글들을 여러분 앞에 내놓는다는 생각은 나를 겁나게 하면서도 흥분시킨다. 여러분과 나의 관계가 이전과 같은 국제상황에 직면해 있기 때문이다. 나는 내가 언제나 어느 상황에서나 일본인으로 처신한다고 생각하지는 않는다. 엄밀히 말해 종족과 인종, 민족 정체성은 원해서 선택하는 문제는 아니지만, 나는 사실 가능하면 일본인으로 처신해야 하는 상황을 피해온 터다. 그러나 이따금 일본인으로 행동해야 하는 경우가 있는데, 역사적 이유로 불가피한 때가 그러하다. 이 책에서 살펴보는 역사적 이유들이 이 순간도 그런 경우로 만든다. 나는 여기서 아직도 동아시아와 미국을 지배하는 식민지 관계의 구조를 밝히기 위해 나 자신을 한국의 독자들에게 말을 거는 일본인으로 설정하고자 한다.

여기 실린 글은 원래 1980년대 후반, 1990년대 초반에 일본어, 영어로 쓴 것들로서 모두 인종주의 문제, 일본 내셔널리즘과 미국 내셔널리즘의 공모 문제를 다루고 있다. 1996년 내가 일본어판 서문을 쓸 때에는 일본 내셔널리즘과 미국 내셔널리즘의 공모에 대해 특별히 관심을 두는 사람이 많지 않았으나, 부시행정부가 세계지배에 대한 '신정주의'(神政主義)적 집착을 드러내고 있는 오늘의 맥락에서 이 공모는 너무나 분명하다. 양국 내셔널리즘의 공모는 폐기되거나 청산되기는 커녕 안토니오 네그리와 마이클 하트가 '제국'이라고 명명한 초국가의 기능을 그대로 보여주고 있다.

미국의 압박에 의한 일본국가와 보수집단의 일본 재무장화, 역사책 수정, 북한 정부기관의 유괴에 대한 최근의 일본여론 악화 등에서 드러나듯 일본 내셔널리즘은 미국에 대한 일본의 식민지적 의존 강화를 부추겨왔다. 일본의 대중매체를 넘어서서 보면 어떻게 이 뻔뻔스런 대외강경주의 움직임이 그토록 식민지적인가, 자주적이라는 국가가 과거 점령국에 대해 어찌 그리 비굴하고 순종적인가 하는 질문을 피하기 어려울 것이다. 일본의 내셔널리스트들은 일본의 식민침략 책임과 전쟁범죄 문제를 온갖 방법으로 회피하면서 미국의 지지를 받을 것이라 생각했을 것이다. 국민으로서 일본인은 태평양전쟁 이후 미국이 메이지 헌법에 따르면 당시 최고사령관인 쇼와 천황에게 국민통합 상징의 지위를 부여하며 전쟁범죄 및 식민지배 책임을 면해줬다는 역사적 사실과 무관하게 애국주의적 자긍심과 자기확신의 느낌을 드러낼 수가 없다. 미국은 동아시아에 대한 점령정책의 핵심전략으로 히로히토를 전범 명단에서 제외했고, 식민지배와 전쟁범죄 문제가 동아시아의 전후 질서 논의에 거론되는 것을 막았다. 간단히 말해 식민지 책임에 대한 일본의 건망증은 연합군의 일본 점령기간에 시작된 것이다.

전쟁기간 일본정부는 중국, 만주, 동남아시아에 괴뢰 황제와 정권—이 중 가장 유명한 것이 만주국의 부의(溥儀)일 것이다—을 세우려 했다. 그러나 현실적으로 이들 괴뢰는 일본의 식민 관료가 기대한 것만큼 효율적이지 않았다. 미국은 일본에 대해 비슷한 식민지 전술을 채택하여 쇼와 천황을 전후 괴뢰로 활용할 치밀한 계획을 세운다. 미국의 정책가들과 관료들은 일본인이 점령지에서 시도한 어떤 것보다도 효과적이고 교묘한, 일본인들조차 자신들이 정복당하여 식민지화했다는 점을 모를 정도로 효과적이고 교묘한 괴뢰정권을 만들고 싶어했다. 이 예상이 얼마나 정확했는가! 60여 년이 지난 지금 부시정권의 이데올로그들은 이번에는 이라크에서 똑같은 시나리오를 꿈꾸고 있다. 그들이 곧잘 미군 점령하 이라크의 모델로 일본의 민주화를 거론하는 것은 이 때문이다. 여기서 우리는 한국전쟁과 1990년대 사이의 냉전으로 생긴 긴 휴지기를 지나 '제국'이라고 하는 지구적 체제가 만들어지고 있는 것을 본다. 미국의 일본 점령과 아시아에 대한 미국의 전략에서는 식민지배가 유지되면서 동시에 그 지배가 근본적으로 다른 제도적 문화적 구도 속에 통합되는 새로운 유형의 헤게모니가 지배한다.

내셔널리즘 문제가 이 신식민지 구도의 열쇠였다. 일본의 일부 지도적 국가지식인들은 이미 대동아공영권을 구상하면서 일본의 제국주의 질서에 흡수하기 위해 중국의 내셔널리즘을 억압하기보다는 지원하고 권장할 생각을 했다. 그들은 중국 전략의 거듭된 실패로 인해 중국 내셔널리즘을 19세기 특유의 방식이 아닌 권역 헤게모니의 불가결한 요소로 새롭게 구상하지 않을 수 없었던 것이다. 그들은 새로운 유형의 내셔널리즘은 식민지배에 맞서 저항하기보다는 식민지 통치와 공조하리라고 믿었다. 대동아공영권 발상이 그런 권역 헤게모니를 구현하리라고 본 것이다. 나는 미국 역시 아시아-태평양전쟁 이후 동아시아에서 이런 식의 권력 헤게모니를 추구했다고 생각한다. 일본은 중국 내셔널리즘이 일본 헤게모니에 단호하게 저항했기 때문에 새로운 유형의 내셔널리즘을 만들어내는 데 실패했지만 미국은 일본에서 그런 내셔널리즘을 안착시켜 큰 성공을 거둔다. 아울러 식민지 통치도 많은 변동을 겪어서 이제 그것은 한국이나 오키나와 주둔 미군의 성폭행 사건에서처럼 이따금씩 식민지배자와 피지배자간의 악랄한 차별주의 특징을 드러낼 뿐이다. 연합군의 일본 점령과 이후의 미일방위조약 체제에서 형성된 것이 일본국가의 주권부재에 대한 보완 역할을 하는 이 내셔널리즘이다. 주변부 내셔널리즘은 '제국'의 성장과 함께 큰 변형을 겪은 셈이다.

오늘 일본 내셔널리즘은 아시아, 특히 동아시아 나라들에 대해 역사적 사실과 식민시대에 저지른 죄에 대한 집단적 부인을 통해 나타난다. 이때 공적인 토론 대상에서 일부러 빼버리는 것이 있다. 일본의 국가 주권 문제이다. 일본의 내셔널리스트 대부분은 전후 일본국가의 불충분성을 인지하고 그것을 '비정상' 국가라고 부른다. 그들은 일본 국가의 비정상성이 연합군의 점령과 헌법을 포함한 이후의 정치적 타협 때문이라 하지만 이상하게도 천황제나 미국에 대한 일본의 식민지 지위는 언급하지 않는다. 그들은 일본은 당연히 자주적 주권국가라야 하고, '정상적' 민족국가는 무조건 주권을 부여받아야 하며, 국제세계는 '정상적' 독립 주권 민족국가로 구성된다고 간주할 뿐 주권과 국제세계에 대한 이런 관점이 지닌 역사적 특수성은 묻지 않는다.

근대정치는 정당성의 기반으로 국민(민족, 국가)이라는 관념에 호소했고, 국제관계를 자신의 국민(민족)을 대변한다고 보는 국가들간의 관계로 구성했다. 근대세계는 이리하여 국가는 자신의 토대로서 하나의 통일된 민족 혹은 인종을 가질 수 있어야 한다는 가정을 품었으며, 국민국가 내부의 계급투쟁이 영토 합병을 위한 국가간 경쟁을 통해 해결책을 찾는 국제질서를 추구해왔다. 각기 자기 영토 안에서 주권을 독점한 민족국가들의 관계를 조정하는 것으로 받아들여진 이 국제질서는 20세기에 많은 위기를 겪는다. 지난 세기 말에 가까워지면서 갈수록 많은 국가들이 이 이상적 국제질서로부터 이탈하여 새로운 종류의 초국가 상태로 이동했다. 그러나 동아시아에서는 이미 1950년대에 고전적 국제질서가 끝장난 상태였다. 우리가 지금 보고 있는 일본 내셔널리즘은 이 발전의 결과이자 부정이다.

일본의 내셔널리스트들은 평화 조항이 빠진 새 헌법만 만들면 일본 국가는 거의 자동적으로 일본정부와 그 지도자들의 지휘를 받는 군대를 가져 주권을 회복한다는 검증되지 않은 기묘한 가정을 해왔다. 그들은 일본에 강제된 헌법이 마침내 제거되고 나면 언젠가 주권국가의 옛 이미지가 되돌아올 것이라 믿는다. 그러나 이것은 명백히 공상적인 시나리오다. 일본 자위대는 애초에 미군 점령하의 예비경찰력으로 설립된 뒤 전후 동아시아 집단안보체제에서 미국의 세계지배질서 아래 놓인 하위기관으로 설계되어 조직되었다. 개헌을 한다고 일본이 미국 지배로부터 벗어날 수는 없을 것이다. 오히려 개헌은 베트남 전쟁 동안 미국의 지휘하에 동남아로 파병된 남한의 군대와 마찬가지로, 국제갈등을 해결하기 위해 미국의 지휘를 받는 일종의 용병으로 자신의 군대를 해외에 파병하는 것을 거부할 권리를 일본정부로부터 앗아갈 것이다. 개헌이 미국의 일방적 군사통제체제에 대한 일본의 군사적 종속을 가속시킨다는 말이다. 이상하게도 미국이 꼭 이 주권을 일본으로부터 훔친 것이 아니고, 일본국가 안에 그것을 다시 세우는 것은 미국이 양보를 하더라도 어렵다는 사실은 지적된 바가 없다. 이것이 정확히 '제국'이라고 지칭되는 상황이다. 일본 내셔널리스트들은 일본국가의 비정상성에 대해 말함으로써 '정상' 국가라는 향수에 물든 관념을 가지고 산다. 그들은 언젠가 자신들의 왕자가 오리라는 불가능한 희망에 필사적으로 매달린다.

일본 내셔널리즘의 역설은 이리하여 일본인으로 하여금 모순적인 두 태도를 갖도록 조장한다. 그들은 동아시아, 동남아시아의 이웃 나라 사람들로부터의 분리와 심지어는 그들에 대한 무관심을 고집하면서 미국의 지배는 환영하고 자신들의 욕망을 팍스아메리카나 지배 안에서 찾는다. 일본인은 반미주의와 국민적 결백을 주장하면서 미국인에게는 수치스러울 정도로 비굴하다. 그러나, 잊지 말자, 미국 내셔널리즘 또한 일본인들이 자신의 내셔널리즘을 통해 드러내는 이 비굴한 태도에 의존하고 있다. 이 상호의존 구조를 가장 잘 보여주는 사례가 같은 제목의 연극 작품을 영화화한 데이빗 크로넨버거의 〈나비부인〉일 것이다. 이 영화는 등장인물들을 다른 국적으로 교체하지만(남성역은 영국배우가 연기를 한 프랑스 인물, 일본인 여성 역할은 중국의 남성연기자가 맡았다) 국가적, 종족적, 문명적, 인종적, 성적 정체성에 대한 공모적 욕망을 훌륭하게 보여주고 있다. 한국의 독자들에게 말을 걸면서 나는 복잡하고 중층결정된 역사들과 대면하지 않기 위해 나 자신을 단순히 일본인 혹은 미국인으로 행세하도록 강요하는 강력한 과거의 힘을 의식하지 않을 수 없다. 이 책에 실은 글들을 쓰면서 크로넨버거가 우리에게 경고한 그런 함정들을 솜씨 있게 피하게 해주는 자아형성의 다른 방식들을 찾고 싶었다.

지금 미국에서 이 서문을 쓰고 있다. 나는 이 나라에서 20년이 넘게 살고 있으며 한 기관에 고용된 상태다. 어떤 경우에도 나는 내셔널리즘, 식민지 잔재, 인종주의의 연루관계 속에 나를 끌어넣고 있는 역사와 무관하다는 주장을 할 수 없다. 하지만 이 책에서 내가 추구한 것은 이들 연루의 네트워크를 객관화하고 거기에 개입하는 것, 그리고 당연하다고 여겨온 것—일본어와 같은 언어적 통일성, 민족의 관념, 제국의 내셔널리즘에 맞선 소수자의 정치, '서구'라고 하는 지정학적 실체—을 역사화함으로써 민족적, 종족적, 문명적 인종적 정체성에 대한 욕망들로부터 거리를 두는 길을 찾는 것이었다. 미국에서는 소수자 위치인 관계로 나는 '제국의 내셔널리즘'이라는 것 안에 나타나는 민족 정체성에 대한 욕망들을 어떻게 다뤄야 할지에 대해 관심을 가져온 편이다.

지난 몇 년 동안 나는 한국에 있는 친구들과 일할 기회가 많아졌고, 서로 초미의 관심을 불러일으키는 쟁점들을 접하게 되었다. 강내희가 그런 친구의 하나로, 그와 나는『흔적』이라는 다언어 프로젝트에 참여하여 일을 해왔다. 우리가 공유하는 쟁점 가운데 하나는『흔적』창간호에 실린 그의 논문이 간결하고 대담하게 다룬 바 있는 다층적 식민지 잔재의 문제이다. 나 역시 이 문제에 대해 다른 관점과 역사적 맥락에서 다뤄왔는데, 여러분은 이 책에서 내 분석의 일부를 볼 수 있을 것이다. 식민지 잔재는 내셔널리즘의 주장에도 불구하고 가해자와 피해자의 단순 이분법으로 환원되지 않는다. 이런 점에서 내셔널리즘은 모두 피해자의 내셔널리즘이다. 일본 내셔널리즘에서는 쇼와 천황까지도 일본 군국주의의 가련한 피해자로 묘사된다. 일본 내셔널리즘의 역설이 이 동학을 가장 잘 보여주는 듯싶다. 요즘 일본의 대중매체는 국가 유괴 피해자들과 북한의 비인간성에 관해 말하는 것을 즐기는데, 이는 일본인 독자가 오랜 기간 국가 유괴에서 자신들에게 부과된 또 다른 역사적 역할을 부정하면서 자신들을 피해자로 만들 수 있기 때문이다. 알다시피 아시아태평양전쟁 기간에 위안소제도의 유지와 전시산업에 쓰일 값싼 노동력으로 한국과 다른 점령지로부터 많은 사람들이 유괴를 당했다. 일본인들은 이에 대해 죄의식을 느끼지만 그것을 다룰 어떤 제도적인 수단이 없기 때문에(전후 일본에는 전쟁 범죄를 다루는 국내법이 없었다), 자신들의 판타지 안에서 거꾸로 피해자 위치가 됨으로써 그 죄의식을 치환하려 한다. 가해자라고 불리는데 싫증을 내며 자신을 피해자로 여기고 싶어하는 것이다. 일본인의 반미주의에서도 비슷한 동학이 작용한다. 전후 일본인은 동아시아 어떤 나라에 대해서도 피해자인 양 굴 수 없었다. 일본인의 가해자라고 할 수 있는 유일한 나라는 미국이었지만 미국은 일본인의 식민지지배와 전쟁범죄를 용서해준 권력이었다. 일본의 내셔널리스트들은 그들이 내뱉는 반미주의 수사학과는 무관하게 식민지 책임을 놓고 미국과 일본이 서로 용서하고 공모한 사실을 비판하지 않고서는 미국의 일본지배를 비난할 수 없다.

여러분께 말을 걸며 나는 마치 한국 국민에 대한 일본 혹은 미국 국민의 위치와 관련된 나의 거북하고 부끄러운 생각을 모두 극복이라도 한 듯 이 더러운 역사들을 초월한 어떤 결백한 지위를 누린다고 말하려는 것은 아니다. 그러나 동시에 나는 이 국민의 위치를 지지하고 싶지는 않다. 나는 이 종족적, 민족적 지위를 해산하고 여러분과 나의 관계에서 내가 일본인이라는 사실이 갈수록 덜 중요하게 만들기 위해 나 자신을 일본인으로 내세운다.

『사산되는 일본어·일본인』의 한국어판은 강내희와 그의 부인 손자희의 도움이 없었다면 불가능했을 것이다. 두 사람이 지난해 내 책의 한국어 번역을 출간하고 싶다고 했을 때 나는 기대에 부풀었다. 이제 이 책이 정말 솔직하고 건설적인 우정을 나누게 된 소중한 두 친구가 운영하는 작은 출판사 문화과학사에서 나오게 되어 무척 기쁘다.

사카이 나오키
2003년 7월, 뉴욕의 이타카에서

목차

머릿글

이 책에는 1980년대 중반부터 산발적으로 발표한 논문들이 모여있다. 가장 오래된 것은 제1장 '근대비판: 중단된 기도'인데, 이 글은 1987년 4월 보스턴에서 열린 아시아학회(the Association for Asian studies) 연차정기회의와 그 아시아학회가 열렸을 때 친구 빅터 코슈만과 내가 조직하여 개최한 워크숍 '포스트모던과 일본'을 위해 쓴 것이다. 가장 최근에 쓴 것은 제4장 '사산되는 일본어·일본인'으로서 이 글은 『사상』 1994년 11월호의 특집 '근대의 문법'에 실린 것이다. 시기적으로 보면 7년 정도에 걸쳐 쓴 글들이거니와 특별히 계통을 밟아 계속 이어쓴 글들은 아니다.

그러나 이렇게 글들을 모아보니 여기에 실린 글들이 애초에 몇 가지 중심이 되는 관심을 둘러싸고 쓰여졌다는 사실을 알 수 있다. 과거로 소급하면서 이 중심이 되는 관심들이 무엇인지 생각해보자.

읽어보면 곧 알게 될 터이지만 먼저 학문의 정치성에 대한 관심이 있다. 다만 여기서 말하는 정치성은 첫 번째 기존의 정당, 정부기관 및 이익단체에 대해 학자가 어떤 태도를 선택하는가, 일정한 정치적 신조에 어느 정도 충실한가를 뜻하지 않는다(내가 생각하는 정치성과 이런 것들이 전혀 무관하다는 것은 물론 아니다). 오히려 그것은 출발점에 있어서는 가장 소박한 것이고 나의 체험과 무관하지 않을 것이다. 나의 글들이 정치성에 구애받았던 것은 분명히 엄존하는 인종주의와 성차별주의를 둘러싼 각종 차별에 대해 나 자신 1980년대가 되도록 관념적으로 이해했는지는 몰라도 주제를 가지고 주목하지 않았다는 자책과 기분 때문이었는지 모른다. 구체적으로 이것을 설명해보자.

내가 아는 대학에서 다음과 같은 일이 있었다. 이 대학에서 중국계 서적을 관리하기 위해 홍콩에서 교육을 받은 중국계 도서관 사서를 새로 뽑았다. 아마도 영국계 미션스쿨에서 교육을 받았음직한 그는 중국 관계 출판물에도 조예가 깊고 도서관 사서로서도 더할 나위없는 사람이었는데, 뭐랄까 학생과 일부 교수들 사이에서 평판이 좋지 않았다. 그의 평판이 좋지 않은 이유를 아는 데에 많은 시간이 걸렸지만, 결국 많은 학생들과 일부 교수들이 그에게 반발심을 느꼈던 것은 아주 단순한 이유 때문이었다는 사실을 알게 되었다. 이유인즉슨, 그가 미국의 많은 아시아인들이 말하는 더듬대는 액센트가 강한 영어, 말하자면 미국영어가 아니라 전형적인 영국영어 즉 퀸즈잉글리쉬(Queen's English)를 유창하게 말하고 영국영어에 전형적인 표현과 말투로 말하기 때문이었다. 그 대학에는 영국 출신의 교사나 연구자가 많았기 때문에 특히 왜 홍콩에서 온 그 사람만 유독 반발의 대상이 되었는지 의아스러웠다. 그러면서 또 의문이 든 것은 어떤 이유에서, 어떤 사람들이 그에게 가장 크게 반발했을까라는 점이었다.

제일 먼저 그가 유럽계의 인간, 즉 말하자면 백인이 아니기 때문이었다. 그리고 그에게 가장 반발심을 느낀 사람들은 계층적으로는 중산층 이하이고 영국에서 이민온 사람들이 조상이 아닌 백인 중심이며, 미국에서 영어와 영국이 상징하는 것에 대해 열등의식을 가진 계층의 사람들이었다. 미국은 영국으로부터 독립국이었지만 영국의 상징적 가치를 중심으로 하여 국민을 문화적으로 통합시켰던 측면이 강하기 때문에 지금까지도 영국성은 미국의 민족적이고 인종적인 위계질서의 정점을 암시한다고 느끼는 경우가 많다. 만일 그가 '백인'이었다면 그는 이 사람들의 질투를 포함한 동경의 대상이 되었을 것이다. 그러나 그가 비'백인'이었기 때문에 혐오 대상이 된 것이다. 이런 의미에서 그는 아주 부당한 학대를 감내할 수밖에 없었던 것이다. 물론 공식석상에서는 미국인들이 유럽사람들에게 열등의식을 갖지 않는다고 이야기된다. 하지만 오늘날에도 대부분의 미국인들은 유럽이라는 추상화된 이미지에 대해 양가적인 태도를 보이고 있는 것으로 여겨진다.

홍콩에서 온 도서관 사서는 뜻밖에도 인종의 위계질서에 바탕한 분류법에 위반되는, '범주의 오류'라는 역할을 했던 것이다. 그러니까 미국에서 상승지향해야 할 목표이자 예전부터 그것에 열등의식을 가질 수밖에 없었던 억압의 상징으로 느껴졌던 '영국적인 것'에 대한 질투와 증오가 그에게 일거에 투사되었던 것이다. 물론 그에게 마구잡이로 반발했던 사람들은 자신들이 인종주의자라는 생각을 하지 않았을 것이다. 그들은 자신들의 감정생활이 인종주의에 어떤 식으로 지배받고 있었는지 전혀 눈치채지 못하고 있었다.

이렇게 격렬한 거부를 받던 그는 실의에 빠져 홍콩으로 돌아갔다. 이 일화에서 보듯이 사람들을 정서적인 차원에서 규정하는 질서에 관계없이 학문을 생각할 수 없다는 것이다. 인문사회과학에서 학자들이 이러한 정서적인 차원의 충동에 따라 움직이는 경우가 많다는 것을 생각할 때 이러한 차원에 대해 통찰하지 않을 경우 우리들의 학문하기는 어떤 정치적 맹목성을 받아들이게 되는 것이 아닐까. 미국이라는 문맥에서 영국영어에 대한 반발심은 유럽의 부르주아적 문화권위주의에 대한 국민주의적 반감에 기초하는 것인지도 모른다. 거기에는 말하자면 고급스런 문화와 전통, 관습을 믿고 뻐기는 자에 대한, 그 나름으로 건전한 반발심과 모멸감이 있다. 그러나 이 국민주의적 반감은 '비백인'을 향하고 있고 '비백인'에 대한 차별행위로 나타난 것이다.

학문에서도 사람이 움직이는 것을 생각할 때 이러한 정서적인 반응을 고찰해야 할 것이다. 정서적인 반응에는 기존의 사회현실 속에 있는 일정한 항쟁의식이 포함되어 있는데 학자이건 아니건 간에 사람이라면 사회적 현실 안에 있는 항쟁에 먼저 감정적으로 얽혀있는 것이다. 그리고 사람은 사회적 현실에 대한 분노와 반발로부터 학문을 하게 되는 바, 이러한 분노 없는 학문의 업적은 통렬한 문제의식을 갖지 않는 경우가 많고 거의 대부분의 경우 읽을 가치가 없는 것이다. 그와 동시에 기존의 사회적 현실이 품고 있는 항쟁에 대한 인식이 인종주의의 문맥 안에서 분절화되어 버릴 때 인종의 위계질서는 학문적 동기부여가 있는 영역에서도 효과를 나타낸다는 사실을 잊어서는 안될 것이다.

헨리 제임스로 대표되는 미국 지식인의 유럽에 대한 동경이 선전된 지 근 한 세기가 흐른 지금에도 미국과 유럽의 관계 안에는 포스트콜로니얼을 배태한 감성이 살아 있다. 한편에서 미국인은 스스로를 유럽과 구분하고 미국의 비유럽성을 드러낸다. 그러나 다른 한편으로 비서양적인 것을 대할 때 그들은 스스로를 '서양인'이라고 부르고 유럽과 동일화하려고 한다. 이러한 미국인의 양가적인 자기긍정은 미국 안팎의 인종의 위계질서와 뒤섞여 있고, 인종의 위계질서와 결합한 이미지는 그들의 행동을 정서적인 차원에서 규정함과 동시에 제7장 '서양에의 회귀와 인종주의'에서 보듯이 미국에서 인종과 민족의 형상이 배치되는 세계지도에서도 영국의 쇠락과 유럽의 침하가 서서히 진행되고 있다. 이러한 역사적 변화에 따라 말하자면 '백인'으로 자기를 인지하고 '서양'에 동화하고 싶은 사람들에게 포스트콜로니얼적인 불안이라고 해야 할, 집단적으로 피해망상적인 상태가 생겨나고 있다. 내가 '서양에의 회귀'라고 정식화하고 그 대처방식을 생각했던 것은 말할 필요도 없이 이러한 사태 때문이다.

그런데 홍콩에서 온 도서관 사서에 대한 일화를 듣고 있으면, 일본에서 은밀하게 차별을 받고 있으며 언뜻 보면 '황색인'으로 보이는데도 '서양인'같은 몸짓을 하는 일본계 미국인과 귀국 자녀, 그것도 영어를 유창하게 하면서 일본어와 일본의 관습을 모르는 사람들이 바로 떠오른다. 그리고 그 밖의 차별도.

좀더 넓게 보자. 이러한 일화들을 듣다 보면 우리들은 바로 일본의 근대화에 대한 언설을 검토할 수밖에 없게 될 것이다. 그 이유는 '일본'의 국민적인 정체성이 이러한 인종의 위계질서와 무관하게 달성될 수 없었기 때문이다. '일본인'이라는 동일성은 분명히 상승지향과 열등의식의 양가적인 대상인 '서양'과의 관계 안에 놓여져 있는 것이다. 인종주의의 위계질서라는 주문에 걸려있는 것은 미국인만이 아니라 일본에 있는 사람들의 경우에도 마찬가지이다. 이 문제가 내 안에도 존재하긴 했지만 나는 1980년대에 들어설 때까지 이 문제에 주제를 갖고 직면하려고 하지는 않았다. 그런데 만일 우리가 정서적인 차원에서 스스로의 '동일성'을 지탱해주고 있는 것을 대상화하려고 할 때, 우리는 사람들을 정서적인 차원에서 규정하고 있는 질서에 어떻게 대결할 것인가 하는 정치적인 질문을 학문적인 노력을 하는 가운데 던져볼 수밖에 없게 될 것이다.

다만 내가 여기서 주안점을 두고 있는 것은 인종주의의 고발이 아니다. 나는 진정으로 인종주의에 반대한다. 그러나 인종주의를 반대한다고 해서 바로 내가 인종주의 밖의 안전지대에 머무를 수 있는 것은 아니다. 하지만 내가 할 수밖에 없는 정치는 이러한 정서적인 차원과 그 외의 제도적인 문맥에서 우리들의 학문적인 발화가 어떻게 해서 인종주의와 성차별주의에 대한 실천이 되어버리고 마는가를 보여주는 임무를 보증하는 것이고, 또 국민적 동일성의 성립과 인종주의, 성차별주의 등의 상관관계를 인식하려고 하는 작업을 수행하는 것이다. 국민주의가 바로 인종주의였고 인간혐오증을 의미하는 것은 아니지만 국민국가의 성립과 무관한 것도 아니다. 나는 국민주의의 성립과정을 검토하지 않은 채 인종주의를 비판할 수는 없다고 생각한다.

그리고 나는 나의 내적인 인종주의와 성차별주의에 대해서만 반성하는 게 아니다. 왜냐하면 나의 내적인 인종주의와 성차별주의에 의해 배제되고 학대당하는 사람들의 비판과 고발에 의해 촉발되지 않는, 그러한 자기반성은 너무도 뻔한 것일 터이기 때문이다. 타자의 비판을 경유하지 않는 자기반성은 어떻게 되든 도덕적인 나르시시즘을 넘어서지 못할 것이다. 스스로가 동일화하고 귀속하고 싶어하는 국민공동체가, 식민주의의 주체로서 성립되어 생기기도 했고 인종주의를 기반으로 하여 생겼다는 사실에 직면할 때, 나는 이러한 사실을 보지 않으려는 몸짓을 하기도 하고 혹은 부인하려고도 할 것이다. 이러한 묵살과 부인되는 사실을 폭로하고 지적하는 것도 분명히 중요하긴 하지만 나에게 있어서 학문이 갖는 정치성의 문제는 거기서 끝나지 않는다. 학문의 정치성이란 자기가 정의의 아군이고 학문을 통해 세계의 참된 모습을 계속해서 제시하려고 한다는 것을 끊임없이 증명하는 것은 아니기 때문이다. 오히려 이러한 묵살과 부인 그 자체가 일정한 차별과 배제라고 하는 사회적 효과를 낳는다는 것을 보여주고 묵살과 부인을 더 묵인하는 사람들의 공동체를 만들어내는 것을 자세하게 보여주는 것에 학문의 정치성이 있다. 다시 말해 묵인과 부인은 제도화되는 것인데 이 제도화의 결과로서 아픔을 가져다주지 않는 과거의 모습이 그 공동체의 정통적인 역사로서 보급되게 만드는 것이다.

이렇게 해서 만들어진 공동체는 사람들이 거기에 귀속하고 싶다고 느끼는 한, 식민주의와 인종주의라는 유제 때문에 갈갈이 찢겨진 모든 사람들이 과거 역사의 효과에 대결하면서 새로운, 식민주의적인 것도 인종주의적인 것도 혹은 성차별주의적인 것도 아닌 사회관계를 만들어내는 것을 불가능하게 만들어 버린다. 묵인의 공동성을 통해 인종주의와 성차별주의는 온존된다. 말하자면 아무리 사태를 단순화시켜 말한다 해도 이제까지 인종차별하는 집단에 있었던 사람들과 인종차별당하는 집단에 있었던 사람들이 인종주의에 의하지 않는 새로운 사회관계를 만들어내자면 현재 차별이 존재하고 있는 현실을 묵살하거나 부인하지 않고 제시하지 않으면 안 될 것이다. 그것은 고된 과정이다. 역사적으로 만들어졌던 차별의 현재에 대처하는 길은 식민지주의적인 죄책감에서 피식민지배 쪽에 있던 사람들에게 용서를 청하는 것도 아니고 자기가 귀속해있는 국민의 죄를 고백하는 것도 아니다. 그러한 것들은 사회편제를 변화시키기 위한 단순한 일단계에 지나지 않는다. 즉 학문의 정치성은 사회편제를 바꾸기 위한 노동에 학문이 어떻게 연관되는가 하는 문제의식에 바탕을 두는 것이지 자기양심이 편해지자고 하는 것은 아니라는 말이다.

즉 학문의 정치성은 묵인과 공동주의적인 공모가 통하지 않는 사람들과 어떻게 교섭할 것인가라는 것에서 동기부여를 얻을 수밖에 없다. 그리고 그와 같은 사람들과 만날 수밖에 없는 사회적 장을 어떻게 만들어내고 유지해나갈 것인가라는 적극적인 의미에서의 정치적인 질문을 던진다. 이 동기는 묵인과 부인의 공동체가 오로지 국민공동체일 때 국제적인 성격을 띤다. 내가 생각하는 국제주의로부터 식민주의와 제국주의의 유제 문제를 빼버릴 수 없는 것은 이 때문이고 역사가 낳은 불균형(unevenness) 그 자체를 주제로 하는 것이다. 그런데 국제주의는 국민공동체가 식민주의와 제국주의에 의해 만들어져 나갈 때 동시에 그 국민공동체 안에 생긴, 말하자면 소수자의 정치에 연관될 수밖에 없다. 내가 생각하는 국제주의는 모든 국민들 간의 상호인식 체계인 국제성과 전혀 무관한 것이다.

소수자는 국민공동체 안에서 묵인되고 부인되는 것이 무엇인지 가장 잘 아는 사람들일 것이다. 역사가 낳은 불균등성이라는 괴로움에 찬 현실을 살면서 소수자의 지위로 폄하되긴 했지만 말이다. 즉 국민 공동체의 정통적인 역사를 유지하고 묵인과 부인의 제도를 유지할 수 있는가 없는가 하는 문제는, 어떻게 해서든지 그들을 묵인과 부인의 제도 안에 포섭하고, 국민공동체의 주류를 구성하는 사람들이 그들에 게 정통적인 역사를 앵무새처럼 듣고 싶어하는 것이 그들의 입에서 나올 수 있도록 할 수 있는가 없는가에 달려 있을 것이다.

아마도 현재 오키나와와 본토 사이에서 일어나고 있는 일련의 사건의 핵심에는 오키나와에 사는 사람들이 어떻게 해서든 정통적인 역사를 거절해야 한다는 문제의 정반대 편에 어울리는 문제가 있다. 또한 미국에서 보수적 흑인 지식인과 프란시스 후쿠야마처럼 미국만세를 선전하는 소수자 출신의 지식인이 인기를 누리는 이유도 아마 이런 데에 있을 것이다. 그러면서 또 국민공동체로부터 거절되고 소외되어 있다고 느끼는 많은 소수자 지식인들 사이에서 묵인과 부인의 제도의 관여방식을 둘러싸고 치열한 정치가 전개될 수밖에 없다는 것을 잘 알수 있다. 왜냐하면 단순히 소수자라는 것만으로 묵인과 부인의 제도를 긍정하는 사람은 자기들의 추태스러운 과거를 은폐시키고 싶어하는 주류의 사람들로부터 각별한 대우를 받고, 거꾸로 묵인과 부인에 협력하지 않는 사람은 극단적인 반발에 부딪힐 게 분명한 까닭이다. 제4장 '편재하는 국가'에서 내가 논의한 『노노보이』라는 작품은 놀랄 정도로 정확하게 이 문제를 통찰하고 있다. 그리고 학문의 정치성에 대한 나의 관심은 묵인과 부인 외에 불균등성에 의해 격리되어 있는 사람들 사이에, 어떻게 해서든 새로운 사회관계를 만드는 노동을 위한 사회적 공간을 제작해낼 수 있는가라는 과제를 수용할 수밖에 없었다.

이 과제와 연관하여 개인적인 체험을 이야기해 보자. 1982년 시카고 대학에 조직한 일본문부성의 역사교과서 검정을 둘러싼 워크숍에서 얻은 경험을 통해 나는 많은 것을 배운 것 같다. 나는 일본 역사교과서를 둘러싼 논쟁을 중심으로 하여 시카고 대학에서 국제적인 사회적 공간을 만들려고 했다. 게이오대학〔慶應大學〕에서 경제학을 연구한 하마다 유우이치로〔兵田裕一郎〕씨 같은 사람을 제외하고 당시 시카고 대학에 체재하고 있던 일본에서 온 유학생과 연구자 사이에서 내 생각은 전혀 지지를 얻지 못했다. 그러나 한국, 미국, 중화민국, 홍콩에서 온 유학생과 연구자들로부터는 놀랄 만한 협력을 얻을 수 있었고 그들의 협력으로 워크숍을 개최할 수 있었다. 이것은 나에게 놀라운 것이었다. 물론 비난의 대상이 일본정부이지만 일본의 국민공동체에 동화하는 사람들에게 있어서는 협력하기 어려운 일이었을 터이고 그렇지 않은 사람들에게 있어서는 협력하기 쉬운 일이었을 터이다. 그러나 문부성이 '침략'을 '진출'로 바꿔놓은 의미를 검토하고 그 배후에 있는 일본의 묵살과 부인의 제도를 한국, 미국, 중화민국, 그리고 홍콩에서 온 사람들과 토의하는 과정에서, 문제의 핵심은 한 나라가 다른 나라를 비난하는 것이 아니라 역사에 의해 우리들이 그러한 관계 안에 놓이게 된다는 것이었고 워크숍에 참가한 사람들 사이에서도 그렇게 생각된다는 점에 있었다. 그러자 일본에서 온 유학생과 연구자들도 서서히 협력하게 되었다. 여기서 나는 나 자신이 하나의 국민공동체의 묵살과 부인의 제도 바깥에 있다는 것을 뼈저리게 느꼈다. 그와 동시에 아 정말 저럴 수 있나 싶게, 하나의 국민공동체의 묵살과 부인의 제도가 다른 국민공동체의 묵살과 부인의 제도와 공범관계가 되어버린다는 것도 알게 되었다. 묵살과 부인의 제도야말로 제국주의

적인 국민공동체를 은밀하게 지탱해가는 것이라는 사실을 알게 된 것
도 이때였다.

　이 워크숍의 경험은 5년 후인 1987년 윌리엄 헤이버와 내가 중심이
되어 조직한 '인종주의에 관한 위원회'에 연결되어 갔다. 이 국제적인
장에서 우리는 인종주의, 자민족중심주의, 국민주의, 인간주의가 대
학과 저널리즘에서 어떻게 지식생산 가능성의 조건이 되었는가, 그리
고 미국에 있어서 말하자면 지역연구나 일본연구가 이 조건들을 무비
판적으로 재생산하고 있다는 사실과 그 기제를, 국민공동체의 틀을
넘어 협력하면서 생각하고 논의해 나가는 것을 목표로 삼았다. 다행
스러운 일이지만 이 위원회의 주장에 바탕해 쓴 초고 '인종주의에 대
한 제언'을 공동 필자인 헤이버의 허락을 얻어 본서에 실을 수 있게 되
었다. 제1장 '근대의 비판: 중단된 기도', 제7장 '서양에의 회귀와 인종
주의'는 이 제언을 의식하면서 쓴 것이다. 물론 이 장들은 내 의견을
피력한 것들이지 위원회의 입장을 피력한 것은 아니다.

　게다가 학문의 정치성에 대한 관심은 그 이듬해인 1988년부터 89년
까지 쇼와(昭和) 천황의 죽음을 둘러싼 미국 매스미디어의 비판과 천
황제에 대한 분석으로 이어져 나간다. 물론 여기에서는 미국의 일본
연구가 전후체제에서 어떻게 일본의 천황제를 정통화하는가 하는 사
명을 갖고 발전했다는 인식이 바탕이 되어 있다. 또한 천황제의 성립
과, 과거의, 혹은 현재진행형인 식민지적 관계, 제국주의체제에 관한
묵살과 부인의 제도화(일본 및 미국 양쪽에서)와 끊을래야 끊을 수 없
는 고리가 있다고 생각한다. 그러나 내가 보기에, 그 역사적 유래와
사회적 조건에서 말하자면 천황제가 일본 고유의 것이고, 그 기능과
근대성에서 보자면 천황제가 오로지 일본 고유의 제도라고 생각할 수
는 없다. 나 자신의 글들 이외에 쇼와천황의 죽음에 대해 쓴 「자기도
취로서의 천황제」를 같이 쓴 야마구치 지로(山口二郞) 씨의 허락을 얻

어 게재했는데 이 글도 참고하면 좋을 듯하다.

성차별주의의 문제도 중요하지만, 본서에는 성차별주의에 관한 논문들을 포함시킬 수 없었다. 다만 학문의 정치성에 대한 나의 관심은 무엇보다도 먼저 학문의 밖에 있는 정치도 아니고 말하자면 학계정치에 관한 것도 아니라는 것이다. 학문과 정치를 양자택일적으로 생각할 수 없다. 즉 학문의 정치성은 필요한 경우에는 학문의 바깥에 있는 정치에도 또한 말하자면 학계정치에도 연관될 수밖에 없다는 것을 부정할 것은 아니라는 말이다.

제1장 근대비판: 중단된 기도
—일본의 1930년대

서양이라는 가상적인 동일성

포스트모던 혹은 후근대는 그 용어가 시사하는 대로 근대에 있어서 하나의 타자라 할 법하지만, 이러한 포스트모던을 우리 자신이 파악하고 있는 근대적인 언설 내부에서 규정할 수는 없지 않을까—이러한 결론을 예상할 수 있겠지만, 굳이 말해본다면, 후근대와 근대라는 구별 혹은 대립을 구성하는 것은 뭔가, 더욱이 근대를 하나의 전체로 생각하는 데에 필요한 '근대가 되지 않는 것', 비근대와 근대의 대립이란 뭔가를 분명하게 물어보는 것은 반드시 쓸모없는 작업이라고 말할 수는 없을 것이다. 동시에 후근대만이 아니라 근대에 대립하는 하나의 비근대, 즉 전근대와 대조할 때 근대는 이제껏 규정되어 왔던 것이기 때문에, 여기서 새삼스럽게 근대 대 전근대라는 구별을 시야에 둘 필요는 없을지도 모른다. 전근대−근대−후근대라는 계열은 언뜻 보면 역사적인 순서를 나타내는 것처럼 보인다. 그러나 이 순서는 세계의 지정적인 배치로부터 떼내서 생각할 수 없다는 점을 기억해둘 필요가 있다. 19세기에 거의 확립되었던 이러한 역사-지정적인 도식은 국가, 문화, 전통 그리고 인종의 위치관계를 체계적으로 이해하기 위한 시야의 역할을 해왔다. 특히 전근대와 근대라는 역사-지정적 대조관계는 지역연구(서양 특히 미국의 비서양사회연구) 같은 학문분야에서 언설을 조직하기 위한 중요한 장치로서 기능해왔다. 최근 들어 세 번째 항목인 포스트모던(후근대)이 나타난 것뿐인데, 이 사실은 아마도 한 시대로부터 다른 시대로의 이행을 의미한다기보다는, 우리의 언설이 사태를 일으키고 그 결과 이제까지 당연하다고 생각해 왔던 근대-전근대의 대조가 분명히 미심쩍은 것이라는 사실을 보여주는 것이 아닐까. 물론 대(對)라는 암묵적인 유효성이 문제시된 것은 그것이 처음이 아니다. 물론 몇 번의 도전이 있고 난 후에도 이 대(對)가 아직 그 유효성을 잃지 않고 있다는 사실이 놀랍다는 것이다.

근대는 역사적으로는 근대에 앞선 것과의 관계에서 또 지정(학)적으로는 비근대, 더 분명하게 말하면 비서양과의 관계에서 이해되어 왔다. 그런데 이러한 대는 역사적 가치부여로 번역하기 위한 언설의 장치로서 기능하고 이 장치를 통해 두 개의 대조적인 영역, '근대적인' 서양과 '전근대적인' 비서양이 구별되고 정립되어 왔던 것이다. 조합에 따르면 그 외에 전근대적인 서양과 근대적인 비서양도 가능하지만, 이 언설장치는 이런 식의 조합을 바로 배제한다. 물론 서양에는 전근대가 없었고 비서양이 근대적이란 것도 없었다. 이 대가 배제하는 것은 전근대적인 서양과 근대적인 비서양의 공존가능성이다.

근대는 세계를 역사적으로 또 지정적으로 생각할 수 있는 가능성을 제한하고, 일정한 극성(極性), 혹은 뒤틀림을 만들 수 있는 그런 방식의 것이라는 사실을 알아야 할 것이다. 많은 식자들이 이미 지적했듯이 서양/비서양의 대립이 근대의 지정적 약도를 규정하지 않으면 안된다는 특별한 이유는 다음과 같은 점을 제거하지 않는다. 즉 이 대립은 서양이라는 가상된 동일성(putative unity)을 정립하는 데 필수적이라는 점 말이다. 이 서양이라는 동일성은 그 윤곽이 분명하지 않은 지배력을 가진 실정성(positivity)이고 그 존재는 오랫동안 당연시되어 왔다. 말할 필요도 없지만 서양은 단순한 지정적 범주가 아니다. 예컨대 과거 2세기 역사에서 서양이라는 이미지는 확대되고 거의 자의적으로 이동했던 것을 알 수 있다. 즉 서양이라는 것은 언설에 있어서 자기를 통일하는 주체만이 아니라 언설에서 구성된 대상이기도 하다. 더욱이 서양은 극도의 임기응변이 강한 명사이고 각 장마다 우위에 있는 지역, 공동체, 국민과 결합하였다. 이 점에서 서양은 국제적인 규모로 그람시가 말하는 헤게모니와 흡사한 행동을 나타낸다. 또한 서양이라는 명사는 지리적인 영역, 사람들의 집단, 전통, 국민적 동일성, 문화, 민족, 정체, 시장 등을 표시하는 일본이라는 명사와 같은 모양으로 움직인다. 그러나 다른 지역에 한정된 특수성을 나타내는 다른 명사와 달리, 서양은 특수성에 자신이 완전히 한정되는 것을 거부한다. 즉 특수화를 초월하려는 강한 충동을 갖고 있다는 말이다. 서양은 타자에 의해 인지된 자기에 대한 이미지에 결코 만족하지 못하고, 자기의 이미지를 끊임없이 변화시켜 가기 위해 타자에게 적극적으로 접근하며 타자와 교섭하는 가운데 자기를 실현한다. 타자에 의해 인지되는 것이 아니라 타자를 인지하는 것을, 인지의 수혜자가 아니라 오히려 제공자라는 것을 목표로 한다.

즉 서양이라고 불리는 특수를 규정하는 보편의 계기를 대표한다는 말이다. 물론 서양은 그 자신 하나의 특수이기도 하지만, 동시에 보편적인 극을 구성하고 이 극과 대조되는 가운데 비서양은 자기를 특수로 인지하게 되는 것이다. 이 점에서 서양은 세계의 여러 장소에 편재하게 되는 것이다.

서양이라고 불리는 이 가상의 동일성에 대한 견해에는 그다지 새로운 것이 없다. 그럼에도 불구하고 가령 위르겐 하버마스가 서양합리주의라고 말할 때 아주 똑같은 틀이 이용되고 있는 것을 알 수 있다. 하버마스는 은밀하게 보편성의 주장과 서양적인 세계이해를 결합시킨다.[1] 그러면서 이 주장의 의의를 명확하게 하기 위해 전근대와 근대라는 역사-지정적인 대에 의존하고 비서양의 신화적 세계이해와 서양합리주의의 대조를 강조한다. 우리가 접근할 수 있는 문화적 전통(물론 비서양의)에 있어서 원시사회의 신화는 "근대사회에 지배적인 세계이해와 첨예하게 대조된다. 신화적 세계관은 우리가 생각할 수 있는 의미를 갖는, 행동의 합리적인 방향을 가능하게 하는 것과는 거리가 멀다. 이러한 의미를 갖는, 합리적인 생활방식이라는 점에서 이들 신화적 세계관은 근대적 세계이해의 반대명제이다. 그리하여 이제까지 주제화되지 못했던 근대적 사유의 모든 전제들이 신화적 사유의 거울을 통해 눈으로 볼 수 있는 것이 된다."[2]

하버마스가 "우리는 늘 진리는 보편적인 타당성의 요청이라는 전제에서 직감적으로 출발한다"는 주장에 동의하는가 안 하는가는 별도로 하더라도, 전근대와 근대의 대에 의해 조직된 일련의 이항대립을 비판적으로 검토하지 않고 있다는 점은 적어도 그의 이론전개에서 분명해 보인다. 그는 근대/전근대, 서양/비서양, 합리적/신화적 등의 이항대립이 평행으로 조직되어 있는 것을 당연시한다. 서양의 각종 신화의 탈신비화를 행한 그의 과거 업적을 아는 사람에게 있어서 이들 이항대립에 의해 구성된 서양이라는 신화가 그의 비판대상이 되지 않는다는 것은 받아들이기 어려운 것이다. 그뿐만이 아니다. 하버마스에게 있어서 서양이라는 동일성은 흡사 손으로 만질 수 있는 실체처럼

---

1) Jürgen Habermas, *Theorie des kommunikativen Handelns*, 1981; Thomas McCarthy trans., *The Theory of communicative action* (Boston; Beacon press, 1984), p. 44; 河上倫逸, 平井俊彦, 德永恂, 脇圭平 外 譯, 未來社, 1985-87.
2) Ibid.

생각되고 있고 더 놀라운 사실은, 한편에서는 서양을 눈으로 볼 수 있게 하는 거울로서의 비서양이 필요하다는 것을 인정하면서도, 다른 한편에서는 그렇게 해서 보고자에 의해 제공된 비서양문화의 거울이 사실은 많은 담(曇)을 가진 것이라는 점을 전혀 의문시하지 않는다는 것이다. 그의 거울은 민속학자나 인류학자의 이국취미의 산물처럼 보이기도 한다. 물론 그들이 제공한 이(異)문화의 이미지가 참된 현실을 반영하는가 반영하지 못하는가를 따지자는 것은 아니다. 그러한 질문에는 대답할 거리가 없다. 그러나 문제는, 그가 비서양문화와 전통을 마치 아주 분명한 윤곽을 가진 단순한 대상으로 취급한다는 생각이 든다는 데 있다. 따라서 그가 타문화의 공약불가능성(incommensurability) 문제를 다룰 때에도 불가지성 문제가 공약불가능성의 가지성 문제로 환원되어 버린다. 하버마스에게 있어서 공약불가능성은 기껏해야 문화상대주의라는, 그 자신이 가짜의 문제를 의미하는 데 불과할 뿐이다.

하버마스는 '우리' 안에 다시 인식론적 자신감을 수립하기 위하여 스스로 인식론적 자신감에 차 논의한다. 즉 현재 가장 설득력있고 엄밀한 이 말—자민족중심적인(ethnocentric)—의 규정에 의하면 그는 단도직입적으로 '자민족중심적'인 것이다. 그러나 만일 포스트모던한 항목이 어떤 모습으로 '우리'의 동일성을 둘러싼 채 안정되지 않은 분위기를 나타내어 '우리'라는 모습으로 나타나고, 하버마스가 동화하고 여기서 자기의 발화위치를 정립하려고 하는, 서양이라는 동일성이 해체과정에 있다면 그의 인식론적 자신감은 전혀 흔들리지 않았을 것이라는 이 기묘한 사실은 무엇을 의미하는 걸까. 만일 그의 전달행위이론에 깊이 연결되어 있는 '우리' 즉 서양의 '우리'라는 어떤 종류의 발화위치가 사실은 해체 위기에 직면한 것이라면 그의 인식론적 자신감은 뭔가 다른 사태를 함축하고 있다고 말할 수 있지 않을까. 그리고 그때 '우리'는 그의 자신감은 오히려 억압된 '우리'의 불안을 나타낸다고 말할 수 있는 것이 아닐까.

이런 시각에서 보면 일본이라는 언설의 대상이 근대와 전근대의 대(對)에 의해 조직된 세계의 배치도에 쉽게 통합되지 않는 이형(異形)의 사상(事象)이라는 것을 알 수 있다. 비서양문화 안에서 일본만이 근대공업사회로 변신하기 위해 서양국가가 필요로 한 각종의 조건들을 급속하게 섭취할 수 있었고 몇 번이고 감탄과 칭찬의 대상이 되었다. 아마도 이 일본이라는 기묘한 대상을 현재의 언설 안에서 해가 되지 않게 하고 서양이라는 가상적인 동일성이 분해되는 것을 막기 위해 지적인 노력을 많이 했을 것이다. 미국에서 이 지적 노력의 소산은 일반적으로 '근대화이론'이라는 이름으로 나타났다. 근대화론자는 국가의 요청에 따라 그 전략을 정당화하는 논의를 전개시켰고, 이 전략상의 필요성 외에 필요한 정도가 낮은 건 아니지만 그럴수록 분명하지 않은 요청이 있었을 때 인문사회과학의 논의는 그 요청을 충족시키는 임무를 맡았다. 일반적으로 '근대화론'으로 구분되는 저작 중에서 로버트 N. 벨라의 『일본근대화와 종교윤리』(未來社, 1966)는 시대의 국민적인 요청에 부응한다는 점에서 가장 뛰어난 저서 중의 하나라 말해도 좋다. 그는 막스 베버에 관심을 가지면서 이 서양이라는 가상적인 동일성을 그 보편성과 문화 역사적인 특수성의 두 가지 측면에서 확보하려는 사명을 갖고 있었고 그 사명을 훌륭하게 수행하였다. 그는 베버의 사명을 독일 대신 미국을 중심에 놓고 계승하려고 했다.

수단을 합리화하기 위해 기능하는 모든 요소들을 '자유로운 유희'의 영역을 제한하는 요소로부터 분리시키는 일에 있어서 벨라는 사회발달에서 두 개의 대립하는 경향이 있다는 것을 제시하려고 한다. 하나는, 변화에 대한 적응으로 설정된 목표달성을 추진해가려는 경향이고 다른 하나는 기존제도를 유지하기 위해 사상(事象)을 통제하려고 하는 경향이다. 파슨즈의 사회학 용어를 사용하여 그는 전자를 사정된 목표를 실현하는 데 가장 효과적인 수단을 구함에 있어 필요한 '자유로운 유희'를 긍정하는 보편주의적 태도로, 후자를 특수주의적 태도로 보고 두 경향을 대립하는 것으로 파악한다. 물론 이렇게 생각된 자유란 필연적으로 보편적인 '예정조화'에 이르기 위한 자유이고 예정된 질서를 침해하는, 두려운 종류의 유희는 아프리오리하게 제거되는 것은 두말할 나위가 없다. 무제한이라는 것을 상찬하는 수사법에도 불구하고 보편주의적 태도에 반드시 수반되는 이 자유는 결국 준법해야 할 자유, 어떤 종류의 보편적으로 공유된 인간의 본질을 실현하는 자유이다. 더욱이 '자유로운 유희'를 너무 평가하게 되면 기대했던 것과 반대로 단일화된 공유성과 전체의 통일 대신에 이질적인 다양성이 생기기도 하고 예상된 통합이 단절되는 듯한 사태가 일어나기도 한다.

이 벨라의 보편주의의, 조금은 어색하게 되어버린 듯한 낙천적인 외관은 사람이 단순하게 생각할 만큼 천진난만한 것은 아니다. 타문화를 연구할 때 보편주의와 특수주의의 대립을 도입하게 되면, 첫째 서양이라는 동일성이 그 안에 달성된 언설형태(discursive formation)와 같은 언설형태를 재생산하게 되거니와, 다만 과거와 달리 미국을 중심에 놓고 연구가 이루어지게 될 뿐이다. 둘째 19세기의 역사주의의 원칙을 유지하면서도 국민사(national history)라는 생각에 노골적으로 의지하는 것을 거부하게 된다. 다만 여기서 반드시 말해야 할 것은 이렇게 창출된 새로운 역사의 이야기가 국가주의(=국민주의)의 경향이 적지 않았다든가 국민주의와 반목하는 관계에 있었다고 말하려는 것은 아니라는 점이다. 벨라의 보편주의는 다른 많은 보편주의가 그렇듯이 결정적인 면에서 국민주의적(nationalistic)이다. 그러나 이 새로운 이야기에서 국민주의는 이전의 것과는 다른 형태로 분절화되지 않으면 안 되는 것이었다.

미국에서 경제적 가치가 다른 가치들에 비해 중시되는 것은 미국사회가 본질적으로 보편주의적인 사회라는 것을 나타내며 다른 사회들로 보편주의적인 요소들을 나눠 갖고 있다. 따라서 어느 사회에서 보편주의적인 경향과 특수주의적인 경향의 대립은 그 사회의 합리적인 변화의 가능성을 결정한다. 한편으로, 특수성에서 보편성으로 추상적 보편성으로부터 구체적 보편성으로 이행하는 것, 요컨대 합리성의 증가, 이성의 자기실현과정에 역사적 시간이 일치한다는 견해에 있어서 벨라는 유럽의 유산을 이어받았다. 그리고 다른 한편으로 그는 보편적 요소가 확산하며 존재한다고 본다. 즉 자기와 타자의 역동적인 갈등을 중시하는 대신에 모든 사회가 잠재적으로는 자기를 합리화하는 능력을 갖고 있다고 보는 것이다. 그러나 자기합리화 과정에서 각 사회는 미국과 비슷해질 수밖에 없다는 것도 그는 보여주려고 했다. 이 점에서 전후 일본의 대중의식 안에 가장 완전하게 이식된, 근대화는 미국화와 동일한 것이라는 비전을 벨라는 표현해 보였던 것이다. 그 전에 근대화는 무엇보다도 유럽화와 동일시되었던 것에 반해 근대화론은 유럽에서 미국으로 그 중심을 옮겼던 것이다.

물론 근대화의 비전에서 유럽화, 미국화 중 어느 쪽이 더 정통인가 하는 점을 여기서 문제삼자는 것은 아니다. 내가 보여주려고 하는 점은 근대화과정이 어떤 종류의 추상적인 사유의 수준에서는 가치의 구체화로서 표상되는 데 반해 구체적인 수준에서는 세계지도 위에서 한 점에서 다른 점으로 이행하는 것으로 나타난다는 것이다.

이렇게 근대라는 관념과 보편주의는 미국의 국가주의 이전에도 강하게 결합되어 있었다. 그런데 『일본근대화와 종교윤리』가 나온 지 약 10년 후 벨라가 미국사회를 통합하는 신화에 강한 관심을 나타낸 것도 특별히 놀랄 만한 것은 아니다. 그에게 있어서 보편주의는 미국의 독특성, 즉 그 특수성을 나타내는 미국신화의 일부를 이루는 것이다. 이 신화를 문자 그대로 즉 미국에만 고유한 것으로 받아들일 수는 없다. 이런 종류의 보편주의는 일정한 권력관계를 정식화하는 이데올로기적인 필요성이 있는 경우 어디서든지 만들어질 수 있기 때문이다. 그리고 이러한 보편주의가 미국에 고유한 것이 아니라는 것은 뒤에서 밝혀질 터이다. 그러나 그 이중성(보편주의는 동시에 특수주의의 신화화라는 것) 때문에 보편주의는 확실히, 널리 인정되는 국민주의의 결함으로부터 자유로울 수 있다고 볼 수 있다. 그리고 이 이중성 때문에 보편주의와 특수주의 사이에는 끊임없이 요동이 일어나고 보편주의자가 사실은 극단적인 국민주의자였다든가, 특수주의자가 기회를 얻어 일거에 보편주의자로 변신하는 사태가 종종 일어날 수 있다. 아마도 어떤 종류의 지방주의(provincialism)와 보편주의는 동전의 양면에 지나지 않을 것이고, 특수주의와 보편주의는 이율배반의 관계에 있다기보다는 서로 보강하는 관계에 있는 것이다. 그런데 실제로 특수주의는 보편주의를 근본적으로 비판한 참된 적대물이었던 적이 한 번도 없으며 그 역도 마찬가지일 것이다. 결국 일반적으로 보편주의라고 불리는 것은 자기를 보편성의 구현으로 여기는 특수주의에 지나지 않는 바, 보편주의는 정말로 이런 식으로밖에 존재하지 않는 것일까(타자를 향해 무한한 투기[投企]를 목표로 삼는 보편성을 생각할 수 있을지 모르지만 그 경우 보편성은 오히려 무한성이라고 불려야 할 것이다. 타자성, 외부성이 문제될 때 도대체 어떻게 해서 보편'주의'라는 것이 나올 수 있을까, 즉 '주의'로 정립된다고 말할 수 있는 걸까).

그러나 보편주의가 가능하려면 일정한 조건이 필요한 것도 사실이다. 서양의 중심이 가장 집중적으로 보편주의적인 사회조직을 나타내고 있는 이상, 그러한 사회조직은 합리화의 역사적 시간에 있어서 보편주의의 희박한 요소, 더 특수주의적인 사회보다도 앞서 있지 않으면 안될 것이다. 보편주의적이라는 것과 사회제도를 변혁시키고 합리화하는 능력은 동일시되기 때문에 가장 보편주의적인 사회란 가장 '진보'한 하나의 특수성이어야만 한다. 이 도식에 뚜렷하게 들어가있는 것은 다른 사회와 비교해 경제적 합리성의 정도로부터 그 사회가 어느 정도로 보편주의에 전력을 기울이고 있는가를 계량화할 수 있게 하는 방정식이다. 달리 말하면 그 사회가 경제 등의 영역에서 좋은 성적을 거두지 못하고 있는 한 그 사회는 보편주의를 신봉할 수 없는 것이다. 한 사회가 다른 사회보다도 진보하고 있다고 느껴질 때 이 보편주의는 다른 사회에 대한 지배권을 유효하게, 또한 강력하게 정당화할 것이다. 그러나 일단 경제-정치적인 합리성의 측면에서 우위라는 것이 의심스러워지게 되면 이 논의는 급속하게 그 효력과 설득력을 잃어갈 것이고 보편주의 신봉은 오히려 그 사회에 부담이 되어버리고 말 것이다. 아마도 벨라는 '근대화론'이 갖는 이러한 측면에 아주 민감하게 대응하였을 것이다. 그러니까 특수주의로 전회할 필요가 있다는 점을 일찍부터 알아차렸을 것이라는 말이다.

후근대(포스트모던)라는 것은 근대의 보편주의가 자각하게 된 이러한 종류의 내적 모순을 완곡하게 증거해주는 말이다. 직접적인 관계를 제시하기가 어려운 경우에도 이제까지 보편주의가 여러 수단을 사용하여 몰래 숨기려고 했던 자민족중심성에 최근 들어 정색을 하고 나오려고 하는 태도는 근대라는 관념이 의존하고 있는 서양이라는 동일성을 유지하는 것이 곤란해졌다는 사실을 보여주는 것이다.

보편주의와 특수주의의 친화성

최근 발표된 데이빗 폴럭(David Pollack)의 『의미의 파탄 *The Fracture of Meaning*』(1986)은 자기비판을 결여한 보편주의가 그 내적 모순이라는 사실에 직면했을 때 무슨 일이 일어날 것인가를 아는 데 좋은 예가 된다. 이 작품은 기존의 언설규칙(rules of discourse)을 보강함으로써 상황 변화에 대처하려고 한다. 여기서 중요하다고 생각되는 것은 이 언설규칙들이 이제껏 암묵적으로 전제되고 수용되어 왔던 데 반해 이제는 명확하게 제시되고 대대적으로 선전되지 않으면 안되었던 것이다. 이 점에서 폴럭의 작품은 중요하고 그의 일본의 미적 전통에 대한 연구가 비서양연구, 특히 극동연구의 축적된 지(知) 안에 확립된 일정한 힘관계를 유지하려고 하는 필사적인 노력을 보여주고 있다고 말할 수 있다. 이 작품을 더욱 흥미롭게 만드는 것은 지의 생산에 있어서 자민족중심적이고 유럽중심적인 휴머니즘적 권력기제를 해석하는 데 아주 유효하고 아카데믹한 저널리즘에서 종종 포스트구조주의로 불리는 일군의 이론적 비판을 매우 진솔하게 받아들이려고 하는 몸짓이다. 그러나 여기서 나타나듯이 폴럭의 '포스트구조주의'에 대한 비판적인 충동을 무시하고 중성화시키려고 하는 대담한 결의가 자크 데리다나 롤랑 바르트 같은 이름이 가진 권위를 빌어 나타나려고 하면 반드시 좌절하고 말 것이다. 그런데 '포스트구조주의'의 인용은 이 작품에서 오히려 우스운 인상을 줄 수 있다. 그러나 그의 논의가 좌절하고 있다는 사실만이 아니라 어떤 식으로 좌절하고 있는가에도 주의를 기울여야 할 것이다. 즉 '근대'라는 완강한 언설형태가 지속시키는 모습을 그 작품은 훌륭하게 보여주고 있기 때문이다.

일본이라는 주체적 동일성을 정립하게 하는 일본 특유의 '화한'(和漢)이라는 변증법의 존재를 제시하는 데 있어서 폴럭은 "오로지 정호(井戶)의 안쪽 벽에 의해 전세계를 규정하려고 하는 '우물 속의 개구리'[3]라는 비유를 구사한다. 19세기 중반까지 중국이 일본에게 정호(井戶)의 안쪽 벽이었고 중국과 대비되어 일본의 존재가 정립되었다. 그리고 최근에 들어서서 미합중국이 예전의 중국의 역할을 맡게 되었

---

3) David Pollack, *The Fracture of Meaning* (Princeton: Princeton Press, 1986), p. 4.

다고 그는 말한다. 마치 이전에는 중국에 있어서 그 대를 이루는 타자로서 스스로를 규정했듯이 오늘날에는 미국과 대를 이루는 타자로서 일본은 스스로를 규정하고 있다. 주체적 동일성은 예외없이 기생적 혹은 관계적이지 않은가 하는 점은 여기서는 우선 문제삼지 않는다. 폴럭은 여기서 많은 '과학적 사실'을 보여주고 일본어와 중국어 사이에 존재하는 명확한 단절을 생각한다. 그리고 "단순해도 근대적인 느낌을 주는 문화와 언어는 동일한 구조를 반영하고 동일한 구조에 의해 규정된다는 전제"[4]에 기초하여 일본에 고유한 문화에 따라 상세하게 기술하기 시작한다. 현재 가령 인류학자들 사이에 이렇게 물상화된 문화의 개념이 어느 정도 본격적으로 받아들여지고 있는지 나는 모른다. 그러나 적어도 이 전제 위에서는 한 표상 수준에서 중국과 일본 사이의 단절이 현재 수준에서의 차이에 기입되어 접합되어 버리는 것은 확실하다. 언어학에서는 말하자면 경험적인 데이터를 분석하고 조직하는 데 필요한 가설로서 규칙성의 체계적 통일체가 정립되어 있다. 체계적 혹은 형식적인 지로서의 언어학은 그 가능성을 이러한 언어의 통일체의 정립에 기대고 있고 이 통일체는 결코 어떤 한 언어의 실체로서 실재하는 것으로 받아들여져서는 안 된다. "포유동물의 신체 안에 척추뼈가 있"[5]듯이 어떤 언어의 체계적인 통일체가 각종 언어활동 안에 존재하는 것은 아니다. 따라서 데이터를 검증함으로써 언어학이 어떤 종류의 지방어 혹은 국어의 체계적 통일성을 발견하고 정립하려고 하는 이야기 방식은 도착된 것이다. 사태는 그와 반대이고 그러한

---

4) Ibid.
5) 전쟁 전에 토키에다 모토키(時枝誠記)가 소쉬르 언어학의 비판으로 제시한 논의의 핵심에 이 문제가 있었다는 것은 이미 잘 알려져 있다. 토키에다의 소쉬르 독해의 타당성에 대해서는 당시 일본 및 유럽의 소쉬르 해석의 문맥을 고려해두고 검토해야만 할 것이다. 한 가지 주의해야 할 것은 토키에다의 국어 개념은 일종의 '이념'으로 제출된 것이고 국어 개념의 '이념성'과 연관된 모습으로 소쉬르에 대한 비판이 전개되고 있다는 사실이다.

특수한 언어의 동일성의 설정이 언어학연구의 필요조건인 것이다. 즉 일본어라든가 중국어라는 언어의 통일체는 기본적으로 언설의 안에서만 가능한 것이고 언설 이전에 그러한 실체성이 있는 것은 아니다.

이것은 어떤 언어통일체를, 주위가 테두리쳐져 있는 영역, 혹은 폐역(閉域)으로 표상할 수 없다는 것을 뜻한다. 참으로 대중매체가 조작해낸 안쪽 벽에 투사된 이미지로서밖에는 외부세계를 느낄 수 없게 된 현대일본의 문맥에서는 '우물 안 개구리'라는 비유는 전혀 부당한 것이 아니라 어떤 핵심을 뚫고 있는 것이다. 그러나 이 비유가 문화적 유아론이라는 인식론의 상투적인 어구와 결합할 때 이들 통일체는 모두 물상화되고 실체로 간주되어 버릴 것이다. 폴럭이 바로 이런 일을 하고 있는 것이다. 한편에서 이렇게 실체로 간주하게 된 이유는 분석 범주와 분석 대상을 혼동했기 때문이다. 그러나 더 중요한 점은 그가 근대적 언설에 대한 비판능력 일반을 갖고 있지 못하다는 것이다.

가령 일본어, 일본문화, 일본국민이라는 세 가지 통일체가 거의 호환하듯이 반복 사용되고 있다. 흡사 황국사관이나 최근의 일본인론의 모델을 충실하게 따르기라도 하듯이 폴럭은 현대일본의 문형이미지를 중세 및 고대일본에 투사하려고 한다. 일본인이 중국인과 어떻게 다른가, 또 서로 이질적인 두 국민 사이의 '변증법적 관계'를 나타내기 위해 그는 순환론법에 호소한다. 즉 일본문화를 규정하기 위해 일본어의 동일성을 이끌어내고 일본어의 동일성을 말하려고 일본인의 국민적 동일성에서 근거를 구하며 일본인의 국민적 동일성을 말하기 위해 일본인의 문화적이고 언어적인 전통을 증거로 사용한다. 이러한 일련의 동어반복이 역사적으로 한정된 매우 제한적인 종류의 언설형태의 특징이라는 데에 그는 전혀 신경쓰지 않는다.

폴럭에게는 그 지시대상에 있어서 이들 세 가지 범주들이 확실하게 일치한다는 등의 논리적인 근거가 전혀 보이지 않는다. 다른 글에서 내가 보여주려고 했듯이6) 일본문화라는 가상된 동일성이 성립된 것은 오히려 비교적 최근의 역사에서이고 문화라는 언설의 대상이 성립했던 것도 근래의 사태가 아닌가. 그러나 그에게 있어서 일본인, 일본문화, 일본어는 초역사적인 보편자이고 『의미의 파탄』은 가장 분명하게 문화본질주의를 구가하는 책이 되고 만다.

폴럭은 중국과 일본 사이에 있는 언어적인 이질성에도 불구하고 일본인이 중국의 서기법을 채용한 후 자기동일성에 대해 끊임없는 불안에 휩싸이게 되었다고 말한다.

우리가 그렇듯이 중국인에게 있어서도 스스로의 서기법이 스스로의 사상을 표현하는 데 충분한가 충분하지 못한가라는 '문제'는 일어날 것 같지 않았다. 그럼에도 불구하고 본 연구는 일본 최초의 텍스트에 있어서 중국의 서기법을 채용하고 있는 문제, 즉 그 후 일어난 일의 원형(paradigmatic)을 이루는 듯한 문제에서 출발한다.7)

일본인이라는 독특성은 그들이 외국의 서기법을 빌리지 않으면 안 되었다는 사실에서 가장 잘 표현된다고 그는 주장한다. 곧 알게 되겠지만 『의미의 파탄』이라는 책의 표제는 이러한 생각에서 나온 것이다. 그런데 몇 구절 지나서 다음과 같은 구절을 만나게 되면 독자는 아주 난처한 입장에 빠지게 될 것이다.

분명히 '문화영역의 파탄'이라는 생각은 일본에 고유한 것이 아니다. 또한

---

6) '언어', '문화', '국민'이라는 세 가지 동일성이 하나의 통일체를 구성하고 각각 '일본어', '일본문화', '일본인'이라는 규정을 받아들이기 시작한 것은 18세기에서이고 그 이전에는 '일본어', '일본문화', '일본인'이라는 것은 존재하지 않았다. 이 점에 대해서는 졸저 *Voices of the Past: Discourse on Language in Eighteenth Century Japan*, Ph. Dissertation (Chicago: University of Chicago, 1983), pp. 217-335 및 본서 제 6장 참조 바람.

7) David Pollack, op. cit., p. 4.

근대의 기호론(semiotics)은 궁극적으로 특히 일본과 관계 깊은 주제라고 말할 것도 없다.[8]

분명히 데이빗 폴럭은 "우리가 그렇듯이 중국인에게 있어서도 스스로의 서기법이 스스로의 사상을 표현하는 데 충분한가 충분하지 못한가라는 '문제'는 일어날 것 같지 않았다"고 말할 의도(meaning to say, vouloir dire)는 없었다. 물론 그는 그러한 것은 '의미하지' 않았다. 결국 의미는 일본인에게 있어서만이 아니라 '우리' 모두에게 있어서도 파탄난 것이기 때문에. 그런데 서기는 사유에 결코 충분할 수 없다는 사실을 인정하려고 하는 그의 자세는 자민족중심적인 폐쇄성을 만들어내는 것이 아닐까? 의미의 파탄을 인지한 것이, 단순히 쓰여진 것만이 아니라 말해진 것도 사유의 외부를 이루고 사유에 있어서 결코 충분할 수 없기 때문에 쓰여진 것은 늘 사유에 있어서 이질(외국=foreign)적인 것이고 따라서, 가상된 민족적, 문화적, 언어적인 폐쇄성을 돌파해 버리리라는 것을 함축하고 있었던 것은 아닐까? 설령 부분적이라고 해도 데리다의 논의에 의거하는 한, 폴럭은 말하거나 혹은 쓸 때 사람이란 늘 자기라는 가상된 동일성의 외부에 있다는 것을 생각해야 하지 않았을까?

의미의 파탄은 일본문화의 기호론적인 전영역에 고유한 것이다라는 것을 그가 진심으로 의미했다고 하자. 그 경우 로고스중심적인 고집이 없다면 일본문화는 서기의 사유에 대해 완전하다는 견해에 홀린 다른 문화와 비교하여 배타성과 차별성의 정도가 더 적게 될 것이다. 즉 자기동일성에 관심을 나타내지 않는다는 점에서 일본문화는 가장 개방적인 문화가 될 것이다. 물론 폴럭은 진심으로 이런 얘기를 하고 있는 것은 아닌 듯하다.

---

8) Ibid., p. 16.

일본의 특수주의와 현대일본의 문화본질주의를 비판하기 위해 그는 타자를 결코 받아들이지 않는 일본의 이미지를 만들어내야만 했다. 즉 나중에 비난하기 위한 대상을 먼저 만들어내지 않으면 안되었다는 것이다. 그러나 그 과정에서 그는 오류를 저질러, 이 기묘한 대상을 그 자신의 문화본질주의로 규정하게 된 것이다. 그 결과 문화본질주의는 연구대상의 속성이 아니라 연구주체의 기본어휘로서 받아들여지게 되고 만 것이다.

이 작품 전체를 통해 이러한 종류의 전도가 반복적으로 일어나고 있다. 사유에 대한 서기의 완전성의 문제가 그 중 하나이다. 이제 간과할 수 없는 하나의 전도는 일본이라는 동일성에 연결된 것이다. 서론에서 그는 다음과 같이 작품의 방법론적인 틀을 설명하고 있다. "나의 관심은 일본인의 눈으로 봐서 본질적으로 '중국적'인 것으로 된 것을 일본인에 의해 해석하는 것이고 우리의 해석과 중국인 자신의 해석이 나의 관심은 아니다."9) '우물 안 개구리'라는 비유에 따라 세 개의 영역 혹은 우물(井戶)―일본인의, 중국인의, 그리고 우리의 그것―이 병치되어 있다. 폴럭이 자기가 하는 연구의 해석학적인 성격을 강조하는 한 각각의 영역은 해석학적 지평을 만들어낼 것이다. 또한 결론에서도 그의 관심은 일본인의 시야에서 보여진 한의 일본인과 중국인의 변증법에 연관되어 있기 때문에 "중국 혹은 중국이라는 관념 그 자체조차 본 연구에는 연관되지 않는다."10) 따라서 그는 일본인에 의해 표상된 한에서의 중국 외에는 취급하지 않으며 중국자료를 검토할 필요도 없다고 말한다. 그런데 이러한 접근법에는 하나의 맹점이 있다.

그가 이해할 수 없는 것은, '우물 안 개구리'라는 비유가 아주 분명하게 표명되어 있는 사실이라는 것인데, 이 사실을 이해하지 않으면

---

9) Ibid., pp. 3-4.
10) Ibid., p. 227.

비유 자체가 공전되어 버린다. 즉 '우물 안 개구리'는 井戶의 안쪽 벽 위에 스스로 들어가 닫혀져 있는 井戶의 전체상을 보지 않는다는 것이다. 그러므로 '개구리'는 자기가 좁은 井戶 안에 들어가 갇혀있다는 것을 모르고, 전세계라고 생각하는 좁은 공간이 사실은 작은 井戶에 지나지 않는다는 것을 아는 기술이 없다. 그것이 작은 井戶라는 것을 알기 위해서는 井戶의 이미지가 그 안쪽 벽 위에 반영될 필요가 있다. 즉 개구리(=일본인)에 있어서 井戶 전체(=일본)는 기본적으로 볼 수 없는 것이고 안쪽 벽에 투사된 이미지로서만 인지가능한 것이다. 만일 중국이 표상으로서만 고찰된다면 일본도 완전히 똑같이 표상으로서만 고찰되지 않으면 안된다. 더욱이 일본인이 일본에 대해 어떤 표상도 갖지 않고 그 가운데 갇혀 있으며 아무 것도 모르는 채 종속되어 있다는 것을 눈치채지 못한다면 그들이 일본인이라는 것조차 인식하지 못하는 것일 것이다. 즉 그 경우 일본인은 결코 일본에 스스로를 동일화하는 것은 아닐 것이다. 중국이 일본인에 있어서 상상체(imaginary)이듯이 일본도 그들에게 있어서 상상체일 뿐이다. 만일 폴락이 일본문화에 있어서 중국의 구상을 말하고 싶다면 그는 먼저 일본문화에 있어서 일본의 구상을 말해야 한다. 즉 일본인과 중국 사이에 있는 변증법과 동일한 변증법이 일본인과 일본 사이에 있어야만 한다. 그의 문화본질주의는 이러한 주체성 문제를 전혀 돌아보지 않는다는 것이다.

이 비유의 아이러니한 함의는, 개구리의 숙명으로부터 도주할 수 있다는 자신감을 갖고 말할 수 있는 사람은 누구도 없다는 것에 있다. 개구리는 자기의 작은 세계 외에 별도의 다른 세계가 있을 수 없다고 믿고, 그 작은 세계에서만 통용되는 원칙이 어디에서도 통용된다고 생각한다. 그런데 개구리의 편협함을 비웃는 사람들의 세계도 또한 하나의 井戶에 불과하지 않을까라고 누가 말할 수 있을까. 이러한 질문이 나오자마자 거만할 정도로 자신감에 찬 그 웃음은 그 장에서 얼어버릴 것이다. 즉 폴럭이 그려 보이고 있는 일본은 일본인이 그 井戸의 안쪽 벽에 투사한 중국과 그렇게 다른 것일까.

어떤 의미에서 『의미의 파탄』은 누군가가 지금도 그런 질문을 할지 모르는 은밀한 두려움에서 나오는 불안감에 홀려 있다고 말할 수 있다. 그리고 이 불안감을 압살하기 위해 취한 것은 보편적인 언어로 말하는 것을 가능하게 하는 발화의 위치(enunciative position)이고 사물을 부수적으로 보기 위해 필요한, 편재하고 초월적인 시야이다. 그런데 폴럭의 말이 바로 메타언어로 등록되는 것이 흡사 자연스러운 것처럼 구성되고 메타언어의 발화주체가 '우리'와 일치하여 서양은 그 편재성과 보편성을 다시 확인하게 된다. 말할 필요도 없는 것이지만 폴럭의 논의는 이론(보편)과 이론의 대상(특수)의 대립을 서양과 비서양의 대립에 포개는 것을 전제로 하지 않으면 이해할 수 없을 것이다.

이러한 각종의 언설들의 배치가 통합되어 일본이라는 특권적인 언설 대상이 구성된다. 여기서 일본은 통합된 특정한 특수성으로서 보편적인 언어로 정의되게 된다. 즉 일본의 독특성과 동일성은 서양이라는 보편적인 장에 부딪혀 나온 특수한 대상인 한에서만 주어지는 것이고 서양의 보편주의에 통합되는 한에서 일본은 하나의 특수성으로서의 자기동일성을 획득한다. 달리 말해 일본은 서양에 의해 인지되었을 때 비로소 자기가 주어지고 자기의 동일성을 자각한다. 일본인론이 일본이 서양과 다른 무수한 예들을 들고 서양과의 차이에 의해 일본의 동일성을 정의하려고 하는 것은 결코 우연이 아니다. 일본이 서양과 어떻게 다른가를 고집해서 설명하려는 것도 사실은 타자의 시야에서 자기를 보고 싶다는 억제할 수 없는 충동에서 나오는 것이다. 물론 이것은 서양의 시야에 의해 일본의 동일성을 정립하려는 것이고 그렇게 함으로써 보편적인 대조항으로서의 서양의 중심성을 확립하는 것이다.

그러니까 일본의 배외주의(排外主義)와 자민족중심성을 비판하는 것으로 볼 수 있지만 폴럭은 사실 일본인론 안에 누가 봐도 그것이 거짓임을 쉽게 알 수 있는 일본의 배외주의와 인종주의를 열심히 받아들이고 있을 뿐만 아니라 승인까지 해주는 것이다. 실제로 그의 논의 전체가 이러한 배포 좋은 특수주의를 승인하지 않으면 유지될 수 없다. 그리고 거기서 노출된 언설형태는 개인의 의도 및 나쁜 뜻에 의해 일어나지 않고 언설형태로서 현재 일본에 대해 연구하려고 하는 사람에게 있어서 도피할 수 없는 역사적인 중압으로서만 나타난다. 폴럭은 그런 의미에서 사람은 역사 안에 살고 있다는 자각, 즉 기본적인 역사의식을 갖고 있지 않다.

양측이 언뜻 보면 흡사 서로 적대적인 듯한 모습으로 주장했던 것과는 반대로 보편주의와 특수주의는 서로가 서로를 강화 보충하는 것이다. 양측이 참으로 적대적이었던 적은 한 번도 없고, 늘 서로를 필요로 하고 양측 사이에 대칭적으로 서로를 상호지탱하는 관계를 찾으며, 그렇게 함으로써 안전하고 조화롭게 독백론적인 세계를 위험에 노출시키는 대화론적인 만남을 회피하려고 해왔다. 그러므로 보편주의도 특수주의도 자기의 결함을 묵인하려고 하는 것을 뒤집어 상대의 결함을 받아들여 버리는, 그 공범성이라는 점에서 양측은 친밀하게 결합되어 있는 것이다.

이 점에서 국가, 국민주의 등의 특수주의는 결코 보편주의의 비판으로 이어질 수 없고 또 그 역도 마찬가지이다. 왜냐하면 그 둘은 공범자들이기 때문이다.

반근대주의 내부의 근대주의

지금까지 서양과 비서양의 관계는 옛날부터 잘 알려진 주인과 노예의 도식에 따른다고 볼 수 있다. 현대의 포스트모던과 어딘가 비슷한 '현대'라는 시대가 자세하게 검토되었던 1930년대에 일본지식인이 선택했던 주제들 중의 하나가 서양과 비서양의 관계였다.

시대 고찰에 있어서 경도학파의 젊은 철학자인 타카야마 이와오〔高山岩男〕, 코우사카 마사아키〔高坂正顯〕 같은 사람들을 포함하여 많은 지식인들은 서양(유럽)과 비서양(비유럽)의 관계를 가장 중요한 지표로 꼽았다. 그들의 견해에 따르면 19세기 후반부터 20세기 전반에 걸쳐 세계에 중대한 변화가 일어났다. 19세기 후반까지 역사는 세계의 통합화를 향해 직선적으로 이행했다고 볼 수 있다. 전 지구가 서서히 하나의 중심만을 허용하는 단일한 틀 아래 조직화된 것이다. 첫 번째 역사는 유럽을 중심으로 하는 통합과 집중화가 무한히 이루어지는 과정이라고 볼 수 있고, 따라서 역사를 서양화(유럽화)의 과정으로 보는 것은 이해할 수 있으며, 어떤 점에서는 불가피한 것이었다. 이 역사도식에서 전 세계가 하나의 정점으로 조감되고 비서양세계도 서양화될 운명에 있는 것으로서, 전세계가 본질적으로 서양적인 것으로 된 것이다. 헤겔의 역사주의에서 그 전형을 보듯이 근본에 있어서 "세계의 역사는 유럽사였던 것"[11] 이다.

그러나 타카야마가 주장하듯이 19세기 후반 경부터 비서양세계는 비로소 독립을 향해 가기 시작하고 독자적인 세계를 만들게 된다. 이 변화의 결과, 이제껏 전세계라고 생각되었던 것이 그저 근대세계, 즉 많은 세계들 중의 한 세계에 불과하다는 사실이 드러나게 되었다. 그리고 새로운 역사인식과 실천가능성이 열려지게 되었다.

이 역사인식과 실천가능성은 역사의 근본적인 변화에 의해 고지되었기 때문에 '세계사'라고 불리어지게 된다. 이 세계사에서는 풍토, 지리, 인종, 국민, 문화 등의 공간범주들을 참조하지 않고 역사적인 변

---

11) 高山岩男, 「世界史の理念」, 『思想』, 1940년 4, 5월호.

화를 이해하는 것은 불가능하고 이 공간적 범주들에 의해 만들어진 틀 안에서만 역사적인 발달 등의 관념을 이해할 수 있으며 각종 변화를 의미지을 수 있다. 단순하지만 무시할 수 없는 이러한 인식이 보여주는 것은 역사는 단순히 시간적인 연대기만이 아니라 공간적 혹은 공간적 관계라는 점이었다. 역사를 직선적으로 진보하는 사건들의 연쇄로서 고찰하기 위한 가능성의 조건은 지금까지 주제화되지 않은 다른 역사, 다른 공존하는 시간성과의 연관에 있다. 일원론적인 역사를 실제로 지탱할 수 있는 다른 시간성과의 관계는 세계, 즉 서로 이질적인 역사적 시간과 다양한 문화가 공존하는 시공간적 전체 혹은 장과 일치한다. 일원론적인 역사는 그것이 암묵적으로 다른 역사에 의존한다는 점을 자각하지 못하며 스스로를 자족한 전체로 보는 반면에, '세계사'는 다수의 역사들 간의 상호관계로서 자기를 나타낸다. 이와 같이 세계는 다양한 역사를 매개하는 역사적 전체가 된다. 따라서 세계사에 있어서는 동일한 역사에만 참조항을 구하는 방식으로는 역사를 생각할 수 없고, 일원론적인 역사는 '세계사'로 이해되는 이질성과 타자성의 영역으로서의 세계를 다룰 수 없다. 참으로 일원론적 역사는 이질성과 다른 문화세계에 대응할 수 없기 때문에 역사의 공간적인 측면에 둔감할 수밖에 없는 것이다.

타카야마가 말하는 세계사가 어느 정도 이질성과 타자성에 둔감하고 이질성과 타자성에 있어서 타자의 역사를 바로 볼 수 없는가 어떤가는 뒤에서 볼 것이다. 다만 그들이 말하는 타자성과 이질성이 늘 국가, 국민문화, 국민사의 차이로서만 이해되고 있고 하나의 국가, 국민문화, 국민사 그 자체 안에서는 차이와 이질성이 흡사 존재하지 않는 것처럼 보인다는 점은 기억해 둘 필요가 있을 것이다. 타카야마에게 있어서 이질성과 타자성은 기껏해야 국제화(inter-nationalization)의 계기에 불과하다는 것이다.

세계사가 나타날 때 일원론적 역사의 진리로 제시되는 '공간적 술어'의 망각은 일정한 역사적 조건에서 유래한다고 타카야마는 주장한다. 다른 역사-문화적 세계에 의해 심각한 도전을 받지 않는 한 지역적 세계는 그것이 결코 전세계와 등치될 수 없다는 자각이 가져다준 것이 아니라 스스로가 전체의 대표이고 또 그 표현이라고 계속 생각하게 될 것이다. 유럽중심적인 역사가 그 전형이다. 유럽중심적 역사에 있어서 세계는 존재하지 않는다. 그러나 타카야마는 일본의 국민사도 그와 똑같다고 말한다. 그것은 일원론적 역사이고 다른 역사와 문화에 의해 도전받고 영향받았음에도 불구하고 일본의 국민사는 그 '도국적(島國的) 조건'(섬나라라는 조건)을 위해, 역사란 타자와의 상호관계 안에 있다는 인식에 도달하지 못하는 것이다.

타카야마가 자각을 촉구하는 것은 하나의 역사의 동일성은 다른 역사에 대한 의존관계에 의해 구성된다는 사실이다. 일원론적인 역사는 참으로 스스로의 동일성의 가능성 조건을 인식하지 못하기 때문에 스스로에게만 통용되는 가치를 소박하게 무한확대하고 그 보편적 타당성을 고집하는 것이다. 즉 언뜻 대치하는 것처럼 볼 수 있는 자기 가치의 보편성과 그 역사의 동일성에 대한 고집이 사실은 상보적(相補的)으로 성립한다는 점을 일원론적 역사는 인식하지 않고 스스로가 편집증적으로 고집하는 것을 자각하지 못하는 것이다. 그러니까 주장하는 가치의 보편타당성이 거부되든 부정되든 즉, 그 가치가 비공약적(incommensurable)이라는 것이 나타나지 않는 일원론적인 역사는 이러한 비공약성이 타자의 자의와 착오에 의한 것이고 타자가 나쁘기 때문이라고 주장하게 되는 것이다. 이처럼 타자성의 계기는 신중하게 배제되고 한편에서는 보편성의 전수자로서 자기가 중요하다는 것을 확인하고 다른 한 편에서는 그 가치의 공약성을 강조하게 되는 것이다. 이것은 확실히 타자의 타자성의 말살을 뜻한다. 아마도 일원론적인 역사가 가지는 사명은 다음과 같은 문장에 가장 잘 요약되어 있는 듯하다. "그들은 흡사 우리와 같다." 이 문장은 다음과 같은 문장과 다르다는 것을 분명히 해두자. "우리는 흡사 그들과 같다." 후자에서는 우리의 중심성이 보장되지 않고, 우리는 열성(劣性)의 위치에서 그들을 모방하는 것으로 이해된다. 그러나 이 두 가지 문장들의 차이에도 불구하고 이 대칭적인 두 가지 명제는 상보적인 대(對)를 이루고 있다.

물론 일원론적인 역사는 현재에 이르기까지 그 폭력성을 미치고 있는 역사상의 특정한 지배를 보강하는 역할을 해왔다. 그러나 타카야마는 일원론적인 역사의 발전에서 전환점을 보고 그것을 파악하려고 한다. 즉 세계사라는 다른 역사를 허용하는 역사가 생겨나고 있다는 것이다. 그리고 이 전환점은 역사의 주체와 그 타자와의 관계가 근본적으로 변한다는 것을 나타내고 타자가 배제되어 있는 일원론적인 역사가 사실은 불가능하다는 것을 나타낸다. 이 새로운 역사관에 따르면 복수의 역사와 그 역사들 사이의 상호작용이 주요 관심사가 되고 그런 의미에서 공간성이 역사에 편입되고 공간과 시간의 총합이 가능해진다.

역사는 하나의 주체에 의해 만들어지는 것이 아니라 주체가 연속적으로 확대하고 주체에 있어서 이질적인 것을 흡수해가는 직선적인 것으로 생각할 수 없다. 역사의 주체는 복수이고 역사적 주체의 위치는 일원적으로 결정할 수 없으며 다원적인 결정을 고려해야만 하는 것이다. 즉 하나의 역사의 주체는 다른 역사에 있어서 대상이고 '세계사'는 불가피하게 복수의 역사 주체들 사이의 작용과 반작용을 포섭해야만 한다. 이처럼 타카야마가 주장하는 '세계사'는 단선적인 역사에 대항하는, 참으로 다원적인 역사처럼 들을 수 있다. 만일 이 주장을 진심으로 파악하면 일원적 역사로부터 다원적인 '세계사'로의 이행은 근본적인 역사의 변화를 나타내고, 새로운 역사적 환경으로부터 문화적, 국민적 그리고 역사적 특수성이 그 특수성에 있어서 존중되는 듯한, 진정으로 이전과는 다른 정치적인 정세가 생겨난다고 생각하게 될 것이다. 그 경우 각각의 문화세계는 코우사카가 '유적보편'(有的普遍)이라고 부르는 것에 의해서가 아니라 '무적보편'(無的普遍)[12]에 의해 서로 매개되게 된다. 더욱이 이러한 사태가 진정으로 실현가능하다면 근대의 피안, 즉 참된 후근대성을 늘 보게 되는 것도 꿈은 아닐 듯하다.

무엇보다도 여기서 확인해야 할 것이 있다. 그것은, 타카야마도 코우사카도 다원적인 역사의 주체를 국민국가의 주체성과 동일시한다는 점이다. 다만 그들이 생각하는 국민국가는 무매개적으로 인종 및 민족과 등치되어서는 안된다. 그들이 말하는 국가는 다른 국가에 대립하는 대자존재이고 그런 의미에서 '세계' 안에 존재하는 것이다. 다른 국가와의 관계에 의해 매개되고 그 결과 자기반조적(自己返照的) 존재, 즉 주체라는 이유에서 국가는 인종과 민족, 씨족, 가족과 확실하게 구분되지 않으면 안 된다. 한편에서 민족은 자연스럽게 기초하는 공동체, 사람이 거기서 태어나서 죽는 공동체를 의미하고, 그 구성원은 피, 생식, 대지라는 끈에 묶여 있으며, 어머니와 자식의 관계가 자연스럽다는 것과 같은 의미에서 자연공동체인 것이다. 그러니까 타카야마는 민족과 국가를 동일시하는 듯한 생각을 경고한다. 그러한 자연공동체를 주체라고 부를 수는 없다는 말이다. 왜냐하면 보편자에 의해 매개되지 않기 때문이다. 자연공동체(코우사카는 기체(基體)라고 부른다)는 주체가 아니고 이성화되지 않으면 안된다. 국가가 자연공동체를 표상=재현하고 국가를 통해서만 자연공동체는 대자적인 국

---

12) 高坂正顯, 「歷史的世界」, 『高坂正顯全集』第1卷, 理想社, 1964 (初版, 1938年), 176-217.

민으로서 동일화된다. 그리고 이 자기에 대한 표상=재현(represen-tation to itself)을 통해서만 민족은 역사성을 얻고 그리고 자기의 문화와 고유한 역사세계를 창출할 수 있게 된다고 타카야마는 말한다. 이 단계가 되어야 비로소 민족은 국가를 그 주체로 하는 자기고유의 역사세계를 만들어낸다는 것이다.

일원적 역사의 연장인 헤겔철학을 거절하는 반면, 타카야마는 헤겔의 이론체계를 충실하게 재현한다. 즉 '근대적인' 모든 조건들을 모두 납득한 후 타카야마는 역사관만을 변화시키려고 한다. 다원적인 세계사를 도입함으로써 근대를 넘어섰다고 선전하는 한편, 일본의 국가가 근대화의 이름으로 확립한 제도를 모두 긍정해 버린다. 그리고 일원론적인 역사를 비판하는 가운데 표명된 서양 및 근대의 비판은, 다시 말해 그들의 무원칙한 근대찬가를 은폐하기 위한 막일뿐이었다는 사실이 드러난 것은 타카야마와 코우사카가 당시의 중일관계라는 긴박한 사태에 대처하려고 한 것이었다. 1941년 11월에 열린 좌담회에서 코우사카와 타카야마는 역사적 발전과 민족의 도의성에 대해 말한다. [13]

타카야마: 독일이 이겼다고 말하는 것을 두고 저는 독일민족의 도덕적인 에너지가 이겼다는 식으로 말합니다—세계사는 세계심판이라고 이야기되지만 어느 것이든 세계사의 바깥에서 신의 모습을 보고 그것을 심판한다는 것은 아닙니다. 국민 자체가 자기자신을 비판하고 사기자신을 심판하는 거라고 생각합니다. 나라가 망한다고 하는 것은 밖으로부터의 침략이나 뭔가 외적인 원인에 근거를 둔것이 아니죠. …나라가 망하는 것은 사실은 국민의 도의적인 에너지가 고갈되었기 때문입니다. [14]

---

13) 高坂正顯・鈴木成高・高山岩男・西谷啓治, 「世界史的立場と日本」, 『中央公論』, 1942年 1月號
14) 같은 책, 184.

여기서도 타카야마는 분명히 역사적인 사건과 도의성 사이에 평행 관계가 있다고 본다. 그에게 있어서 역사는 정의의 법정이고 그런 의미에서 타카야마는 19세기의 역사주의에 충실하다고 말할 수 있다.

타카야마: 모랄 문제-에너지의 주체는 국민이라고 봅니다. 민족이라는 것은 19세기의 문화적 개념이지만 오늘날에 과거의 역사는 설령 어떻게든 있다고 본다고 할지라도 '민족'이라고 말하는 것에는 세계사적인 힘이 없습니다. 원래의 의미에서 '국민'이라는 것이 모든 것을 해결하는 열쇠이죠. 모랄 문제-에너지는 개인윤리도 인격윤리도 아니고 순결한 피도 아닙니다. 문화적이고 정치적인 '국민'이라는 것에 집중하는 것이 모랄 문제-에너지의 중심은 아니라고 생각합니다.

코우사카: 그렇습니다. 민족이라는 것도 단순히 민족으로서만은 소용없죠. 민족이 주체성을 가진 경우 민족은 어떻든지 간에 국가적 민족이라는 의미를 가져야 합니다. 그것이 주체성을 갖지 않고 자기한정성을 갖지 않는 민족, 즉 '국민'이 되지 않는 민족은 무력합니다. 그 증거로 아이누족 같은 경우 결국엔 독립한 민족의 의미를 갖지 못하고 다른 국가적 민족 속에 흡수되어 버립니다. 유대민족도 그렇지 않습니까. 세계사의 주체는 그런 의미에서 국가적 민족이라고 생각합니다. 15)

여기서 제시된 세계사의 주체성이라는 사고방식과 19세기 역사주의의 사고방식을 구별하는 것은 매우 어렵다. 여기서 서술되고 있는 것은 첫째 근대적 민족은 자기한정성(의지)의 구현이라는 점이다. 즉 국민의 주체는 동시에 자기를 한정하는 주체이고 또 한정된 자기로서의 주체이지 않으면 안 된다는 것이다. 그리고 근대국민은 자각을 갖기 위해 자기를 외화하고 그 의지를 실현한다. 따라서 근대적인 국민은 예외없이 국가에서 자기를 표상하고 그런 의미에서 민족(비합리성)과

---

15) 같은 책, 185.

국가(합리성)의 총합이다. 국민은 개별성에서 구체화된 이성이고 국민과 민족은 무매개적으로 일치할 수 없다. 즉 강한 민족은 강한 민족을 정복 종속시키지 않으면 국민을 형성할 수 없다.[16] 소수민족의 정복 혹은 박멸은 근대에만 한정된 것은 아니지만 근대에서 가장 철저하게 나타나고 근대성의 가장 중요한 지표들 중의 하나이다. "그 증거로 아이누족 같은 경우 결국엔 독립한 민족의 의미를 갖지 못하고 다른 국가적 민족 속에 흡수되어 버린다"는 것이다. 이것은 일본 근대화의 부정할 수 없는 측면이다. 물론 이것은 일본에만 한정된 것이 아니다. 오히려 근대 일반의 특징이라고 해도 좋다. 그런데 타카야마와 코우사카가 단순하게 근대를 역사적인 필연으로 인정할 뿐만 아니라 근대의 필연성을 통찰하는 그들 자신의 역사적 통찰력을 자만의 씨앗으로 삼을 때 그들의 반근대 수사학이 도대체 무엇이었던가를 깨닫게 될 것이다. 결국 그것은 그들의 다원주의라는 본색이었을 뿐이다.

동시대의 역사적 현실이라는 문맥에서 다원적인 '세계사'를 말할 때 그들의 반근대 수사학이 얼마나 허약한지 점점 더 분명해진다. 앞에 말한 좌담회가 열린 지 석달 후에 개최된 '동아공영권의 윤리성과 역사성'이란 제목의 좌담회에서 발표 참가자들은 역사 문제를 당시의 중일관계에 결합시켜 말하고 있다.

코우사카: …지나(支那) 사변은 여러 가지가 심하게 착종되어 있지만 일본인의 모랄 혹은 도덕이라는 것과 지나인의 모랄이라는 것 사이의 우열이라는 것이 최종적인 결정권을 가진 게 아닐까. 물론 정치적 문화적 공작이라는 것도 매우 필요하지만 우리들의 지나인에 대한 도덕적인 태도라는 것이 상당히 중요하다고 봅니다. 예를 들어 도덕적으로 뛰어난 사람이 많이 상대쪽으로 나가려고 하면, 도덕적인 에너지로부터도 상대쪽 사람이 될 정도라고 납득하게 될 것이다. 이와 같은 각오도 필요하지 않을까. 지

---

16) 高坂正顯, 「歷史的世界」, 192.

나사변에는 모랄의 투쟁이라는 의미가 있다. 특히 이번 대동아전쟁으로 더 넓게 동양의 도덕과 서양의 도덕 사이의 싸움이 일어나게 됐죠. 혹은 이렇게 말하는 편이 나을 겁니다. 어느 쪽의 모랄이 세계사 가운데에서 장차 더 중대한 의의를 가지게 될까라는 문제란 말입니다….[17]

여기서 놀라운 점은, 그들이 단순히 일본국민의 도덕성만이 아니라 일본국민의 중국인에 대한 도덕적인 우위를 말할 수 있다고 생각한다는 것이다. 이런 발언이 나온 당시 일본의 분위기를 상상해볼 때 코우사카가 좌담회에서 농담을 하고 있는 게 아니냐는 억지 의심을 품어볼 수도 있다. 그러나 적어도 다음과 같은 사실은 지적해두어야 할 것이다. 즉, 여기서 일본과 중국의 도의의 관계는 일종의 변증법적인 대립에 놓여있다는 것이다. 흡사 모든 것이 일본의 군사적인 우위에 의해 보증되듯이 일본인의 도덕적인 우위성도 결국 증명된다고 코우사카는 믿어 의심치 않는 것으로 보인다는 말이다.

코우사카가 생각하기에 역사적인 과정은 일련의 피할 수 없는 대립을 포함하고 그 대립을 통해 어느 국민의 도의성은 다른 국민의 도의성에 대비되어 심판된다는 것이다. 이 점에서 지나사변은 도의적인 전쟁이고 태평양전쟁은 전인류라는 전체에 있어서의 궁극적인 도의라는 관점에서 본 동양과 서양의 도의적 우위를 가르는 전쟁이라는 것이다. 따라서 그들이 생각하는 역사란, 인류 모두에게 있어서 도덕을 확립하고 전인류의 궁극적인 해방을 위해 도덕이 발달하는 역사인 것이다. '휴머니즘'이란 말을 몇 번이고 거절하긴 했지만 코우사카는 기존의 사실을 휴머니즘이라는 이름으로 더 정당화하려는 매혹에 저항할 수 없었다. 달리 말하면 그의 휴머니즘과 근대비판은 실제로 위장된 휴머니즘이자 근대찬가일 뿐이라는 것이다. 더욱이 중국과 일본의 관

---

17) 高坂正顯・鈴木成高・高山岩男・西谷啓治, 「東亞共榮圈の倫理性と歷史性」, 『中央公論』, 1942年 4月號

계를 두 국민간의 도덕의 투쟁으로 생각함으로써 다원적인 세계사라는 발상을 폐기하고 변증법적인 발전과정을 통해 일본의 도덕의 보편성과 중국의 도덕의 특수성이 증명된다고 본 것이다. 즉 이러한 과정은 필연적으로 특수성이 보편성의 지배에 종속되는 사태를 흉내낸 것이다.

> 타카야마: …지나인에게는 주관적인 중화의식은 있지만 객관적인 '세계'의식'은 없다.18)

여기서 나타난 것은 보편주의의 가장 추악한 측면이다. 중국에 대한 일본의 승리가 전제되어 있을 뿐만 아니라 일본인의 도의적인 우위성이 분명하게 보증되어 버리는 것이다. 당시 국내매체들에 의해 날조된 단기적인 일본의 군사적 우위를 뽐내 중국인에 대해 업신여기는 말을 할 수 있는 권리가 있다고도 생각하는 것이다. 이 보편적 도덕과 특수적 보편의 변증법이 그들이 생각하는 대로 전개된 경우, 일원적 역사를 비판하는 가운데 어느 정도 열띠게 이야기된 많은 역사와 전통의 다원적인 공존은 결국 배제되어 버리고 마는 것이 아주 분명하지 않을까. 보편주의, 특수주의의 대라는 도식에서 복수의 주체는 점차적으로 보편주의의 단일한 중심 아래에 종속된 복수의 특수성으로서 재편되어 버릴 것이다. 그렇다면 그들은 그들이 어느 정도 혐오했던 일원적 역사를 어떻게 극복할 수 있을까.

그들의 '세계사'는 하나의 중심에 의한 완전지배를 지향하는 진보의 역사와 조금도 다르지 않다. 그러니까 그들은 중국인이 세계사 의식을 갖고 있지 않다고 말할 때 무례함만 보이는 것이 아니라 결론적으로는 중국인의 특수주의를 비난하는 것이다. 이러한 비난은 그들에게

---

18) 같은 글, 129.

있어서 당연한 것으로 여겨진다. 즉 타카야마, 코우사카는 스스로가 보편주의의 입장에서 말하고 있다고 생각하고 있는 탓이다.

이렇게 해서 다원적인 '세계사'는 결국 일원적 역사의 한 종류일 뿐이라는 것을 분명히 해두자. '세계사'의 주체가 '국민'과 동일시되는 한 이러한 결론은 불가피하다고 나는 생각한다. 그러니까 역사적 실천의 궁극적인 기반을 국민적인 동일성(national identity)에 두고 그렇게 해서 규정된 국민에 자기를 동일화하는 것을 긍정하는 한, 근대에 대한 유효한 비판이 있을 수 있다는 생각을 나는 상상할 수조차 없다. 그리고 그들의 근대비판은 기껏해야 반제국주의의 자세를 암시함으로써 일본의 팽창정책을 포함한, 불가피하게 생겨나는 근대의 여러 가지 결론들을 원칙 없이 허용하게 되어버린다. 일원적 역사 가운데에서 그들이 허용하기 어렵다고 느낀 것은 서양중심적인 권력배치 때문에 세계의 많은 사람들이 억압되고 스스로를 비하하지 않으면 안 된다는 사실이 아니라 서양중심적인 권력배치의 중심에서 가끔씩 '일본인'이라 불리는 상상된 '국민'(the putative unity of the Japanese)이 배제되어 버리고 있다는 사실이다. 그리고 그들이 실현하고자 했던 점은 세계를 변혁하는 '일본인'이 중심의 위치를 차지하고 '일본인'의 보편성에 따라 다른 사람들을 특수성으로 규정할 수 있는 주체가 '일본인'이라는 것이었다. 그들은 이 목표를 달성하기 위해서 근대국민국가의 구조에 합치하는 한 서양의 것은 무엇이든 긍정하고 수용했던 것이다. 그들을 자극시켜 움직이게 했던 것은 반서양, 반근대의 지향과는 거의 거리가 멀며, 근대화의 과정을 철저하게 하려고 했던 의지였다. 중앙집중화와 균일화가 근대화의 본질적인 계기인 한 그들이 말하는 '세계사의 철학'은 다수의 중심이 공존하는 것을 불가능하게 만듦으로써 전쟁의 불가피성을 역설적으로 증명하려고 한 것이다. 그리고 이러한 철학이 비참하게 좌절한 것은 일본이 이미 지극히 많이 근대화되어 있기 때문에 필연적으로 보편주의를 지향하며, 반근대의 수사학에도 불구하고 보편화하고 전체화하는 충동에서 벗어날 수 없었다는 사실을 분명하게 제시해 준 것이다.

아마도 '세계사의 철학'의 철학자들은 일본은 서양의 바깥에 있는 것이 아니다라는 사실에 결정적으로 맹목적이었던 것 같다. 그 특수주의에 있어서조차도 일본은 편재하는 서양에 이미 들어가 있고, 역사적으로도 지정적인 의미에 있어서도 일본을 서양의 외부로 볼 수 없다는 것이다. 마찬가지로 일본과의 관계에 있어서 서양을 비판하기 위해서는 먼저 일본비판으로부터 시작하지 않으면 안되고 일본에 대한 비판은 서양에 대한 철저한 비판을 포함할 수밖에 없다는 것이다. 그러니까 '우리'라는 입장, 즉 서양 혹은 일본이라는 상상된(the putative unity of either the West or Japan) 입장에서 말할 수 있으려면 보편주의·특수주의라는 대당의 지배로부터 벗어날 수 없고, 아무리 과격한 척 한들, 그 비판은 단순한 불만, 불평 그리고 비판 대상에 대한 혐오감의 표명일 뿐이다.

다케우치 요시미[竹內好]의 "저항"

1945년 일본의 패전 후 다케우치 요시미는 중국에 대한 일본의 도의성을 진솔하게 검토하고 무엇보다 분명하게 일본이 패한 전쟁은 **일본**인과 중국인의 도의성의 전쟁이었다고 말한 적지 않은 지식인들 중의 한 사람이었다. 다케우치는 사회-경제적인 기반과 도의적 기반 양 측면에서 일본의 패배는 피할 수 없는 것이었다는 사실을 훌륭하게 보여주었다. 일본은 자기의 토양 위에서 도덕적으로 패배했다. 그러나 다케우치는 싫든 좋든 할 것 없이 다원주의의 수사학을 뒤쫓아간 충동이 올바르다고 보는 논의를 거절하고, '세계사의 철학'의 철학자를 포함한 많은 사람들을 무시하는 것을 거부한 몇 안 되는 지식인들 중의 한 사람이기도 했다. 그는 여러 가지 수단을 써서 서양의 지배문제에 관해 지적인 관심을 계속 나타내었다. 왜냐하면 일본의 패전과 더불어 이 문제가 없어질 것은 아니었기 때문이다.

타카야마의 일원적 역사에 대한 정의가 보여주듯이 비서양에 있어서의 근대는 서양지배의 귀결인 탓에 서양지배를 의외로 이해하기 불가능할 것이다. 타카야마와 비슷한 방식으로 다케우치는 다른 것으로부터 강제된 비서양의 근대의 성격에 주의를 기울인다. 다케우치의 경우에도 근대란 그저 시대적이거나 연대기적인 관념 정도가 아니라, 비서양에 있어서 근대의 의의를 서양에 대한 비서양의 공간적인 관계로만 볼 수 없다는 의미를 가진 공간적인 관념이었다. 다케우치에 의하면 동양의 근대라는 것은 서양의 정치적 군사적 경제적인 지배에 동양이 종속되었다는 데에 첫 번째 의의가 있는 것이다. 서양에 의해 침략당하고 파괴되고 착취당했을 때 근대적인 동양이 생겨났다. 즉 동양이 서양의 '대상'이 되었을 때에 비로소 동양이 근대에 들어섰다는 말이다. 따라서 비서양에 있어서 근대의 본질이란 서양에 대한 반작용이자 반발이다. 그리고 서양의 주체적 동일성에 관한 문제기제(問題機制)라는 문맥에서 근대가 형성된 과정을 생각해볼 때 비서양에서 근대란 서양에 대한 반작용＝반발로밖에 생각할 수 없다고 다케우치는 주장한다.

근대란 유럽이 봉건적인 것으로부터 자기를 해방시키는 과정에서(생산의 측면에서 말하자면 자유로운 자본의 발생, 인간의 측면에서는 독립하고 평등한 개체로서의 인격의 성립), 그 봉건적인 것으로부터 구별된 자기를 자기로 하고 역사에 있어서 바라보는 자기인식이기 때문에, 첫째로 유럽이 가능하게 된 것이 그와 같은 역사에서라고도 말할 수 있고, 역사 그 자체가 가능하게 된 것이 그와 같은 유럽에 있어서라고도 말할 수 있지 않을까 생각되는 것이다. 역사는 공허한 시간의 형성이 아니다. 자기를 자기답게 낙인찍는, 그러기 위해서 그때 생겨나는 곤란한 점과 싸우는 무한한 순간이 없다면 자기는 상실되고 역사도 잃어버릴 것이다.[19]

서양(유럽)은 끊임없이 자기갱신을 도모하는 경우 외에는 계속해서 서양일 수 없다―서양이라는 것은 즉자적으로 존재하지 않고 반조적으로만 존재한다. 그러니까 서양은 필연적으로 자기확장적이고 비서양에 대한 그 침략성은 서양의 주체성을 구성하는 데 필수적인 계기가 된다. "자본은 시장확대를 욕구하고 선교사는 신의 나라를 넓히려는 사명을 자각한다. 그들은 부단한 긴장에 의해 자기이고자 한다. 끊임없이 자기이고자 하는 움직임은 단순히 자기에 머무는 것을 불가능하게 만든다. 자기가 자기이기 위해서는 자기를 잃을 위험도 감내해야 한다."[20] 이 끊일 줄 모르는 자기탐구, 부단한 자기중심화의 과정을 생각하지 않으면 진보의 관념 그리고 역사주의의 사상은 이해할 수 없게 되어버릴 것이다.

서양의 자기해방은 필연적으로 동양에 대한 침입이라는 결과를 낳는다. 동양에 침입함으로써 "이질적인 것과 충돌하게 되고 그 역으로 자기가 확립되는 것이다. 동양에 대한 서양의 동경은 옛부터 있었지만(오히려 유럽 그 자체가 본래 일종의 혼효(混淆)이다), 침입이라는 형태의 운동은 근대 이후임"[21]과 동시에 유럽의 동양에 대한 침입은 동양에 자본주의를 가져다주었다. 물론 동양에 있어서 자본수의의 성립은 서양의 자기보존=자기확장의 결과를 의미하고 세계사의 진보, 이성의 승리를 증명하는 것으로 여겨졌다. 동양은 서양의 자기확장에

19) 竹內好, 「近代とは何か」, 『竹內好全集』 第4卷, 筑摩書房, 1980(初版, 1948年), 130.
20) 같은 책, 130.
21) 같은 책, 130.

반응하고 그것에 대한 저항을 낳았다. 그러나 이 저항에 있어서도 동양은 서양의 지배에 짜넣어지고, 저항함으로써 점점 더 유럽 중심의 일원적 역사를 완전한 것으로 만든 요소로 작동했던 것이다. 이 도식에 있어서 동양은 서양이라는 자기를 확신한 자기의식이 그 확신을 얻는 데 필요한, 자기자신을 잃은 노예의 자기의식이라는 역할을 한다. 더욱이 동양은 서양이 아는 주체로서 자기구성하는 데 필수적인 알려진 대상의 역할도 한다. 그렇기 때문에 이렇게 해서 알려진 동양은 자기에 대해 대상이 되는 것이 아니라 서양에 대해서만 대상으로 표상되는 것이다. 즉 동양은 아는 주체가 될 수 없고 말하자면 서양의 눈을 통해서만 스스로를 알 수 있다는 것이다.

한편으로 서양은 이질적인 것에 대립하는 한에서밖에 자기를 구별할 수 없고 자기동일성을 갖기 위해 타자를 필요로 한다는 점을 잊어서는 안 된다. 그런 의미에서 서양은 제약되어 있다. 다른 한편으로 지(知)의 보편적 타당성을 가능하게 하는 조건이라는 자격인 한에서, 서양은 편재하는 투명한 존재이다. 그러나 근대라 불리어지는 언설형태에 있어서만 보편성은 서양적인 보편성으로 가능하다. 그리고 여기서 타케우치는 "동양은 저항한다"고 말한다. 그는 이 저항이라는 말을 다시 세 번이나 바꾸어가는데 그 말은 이러한 문맥에서 나온 것이다.

동양은 저항한다—동양은 서양의 지배를 교란시킨다. 동양의 근대화는 이것에 의해 만들어졌다는 점은 기억해 두어야 할 것이다. 만일 저항하지 않았다면 동양은 결코 근대화하는 일이 없었을 것이라는 점을 다케우치는 특히 강조한다. 따라서 일본의 근대화에 나타난, 저항하는 허약한 의지를 제외하고 동양의 근대화를 서양문물의 단순한 모방으로 생각해서는 안될 것이다. 그러나 서양에 저항하기 위해 근대화하고 서양문물을 채용하지 않으면 안되었다는 사실에 의해 나타나듯이 동양의 근대화는 서양의 우위와 그 주체성을 승인할 수밖에 없고 그런 의미에서 동양의 근대화는 동양의 서양화, 유럽화 이외의 형태를 취할 수 없다. 즉 저항에 있어서조차 동양은 서양에 의해 지배당한 표현형식에 종속될 수밖에 없다. 그리고 동양의 저항하려는 시도는 반드시 좌절하고 만다. 동양은 주체의 위치를 차지할 수 없다. 거꾸로 동양을 결코 주체가 될 수 없는 것으로 정의할 수 없을까.

물론 서양도 동양도 직접적인 지시대상물은 아니다. 서양이라는 통일체는 저항이 서양의 주체적 동일성을 구성하기 위해 어떻게 대처하느냐에 따라 어떻게든 변한다. 이 점에서 다케우치의 저항이라는 말의 설명방식은 두 개의 이질적인 독해 가능성 사이에서 동요한다고 볼수 있다.

참으로 다케우치가 지적하듯이 동양은 그 이름하에 포섭된 다양한 영역에 공통되는 내재적 원칙을 의미하는 것이 아니다. 중근동부터 극동에 이르는 지역에 공통된 종교적, 언어적 혹은 문화적 요소를 발견하는 것은 거의 불가능하다. 동양은 종교적 언어적 문화적 통일체가 아니고 단순히 통일된 세계를 공유하는 것도 아니다. 이 영역들에 공통된 것은 사실 그 바깥에 있다. 동양에 막연한 통일성을 부여하는 것은 서양의 진보에 있어서 서양으로부터 배제되고 서양에 의해 대상화되어 있다는 사실뿐이다. 즉 처음부터 동양은 서양의 그림자로 규정되어 있는 것이다. 만일 서양이 존재하지 않는다면 동양도 존재할 수 없다. 다케우치에게 있어서 근대란 먼저 자기의 주체성이 박탈당한 상태에 있는 것을 말한다. 그렇다면 비서양은 주체성을 획득하지 않으면 안되는 운명에 있는 것일까.

왜냐하면 거기에는 저항이 없기 때문이고, 다시 말해, 자기를 보존하고 싶다는 욕구가 없기(자기 그 자체도 없다) 때문이다. 저항이 없다는 것은 일본이 동양적이지 않다는 것이고 동시에 자기보존의 욕구가 없다(자기가 없다)는 것은 일본이 유럽적이지 않다는 것이다. 즉 일본은 아무 것도 아니다.[22]

다케우치는 "일본은 아무 것도 아니다"라고 말한다. 그렇다면 일본은 자기중심화의 의향을 전혀 갖지 않는 무정형의 존재일까. 자기이려고 하지 않고 자기갱신하려고 하지 않는 일본은 자기라는 것에 실패하고, 따라서 서양이라는 것에도 실패하고 있다고 다케우치는 주장한다. 그의 현대일본 비판에는 마치 일본은 자기표현을 하지 않고 많은 제도들에 의해 구체화된 자기를 갖지 않는 것처럼 표현되어 있다. 그렇게 되면 마치 일본이라는 영토 안에 사는 사람들에게 '국민'이라는 의식을 강제하는 국가가 존재하지 않는 것처럼 되고, 영토 안에 사는 사람들이 자기를 '국민'과 동일시함으로써 (대문자의) '주체'에 종속하는 (소문자의) '주체'로서, 스스로를 구성할 수 없는 것처럼 되며, 또 일본이라는 '국민'이 마치 몇 천년 동안 자연적으로 존속해왔던 것처럼 되어버린다.

일본은 근대적 국민(nation)이다. 일본이라는 영토의 주민은 자기를 보존하기 위해 스스로를 '국민'으로 조직하고 국가 안에서 자기표현하지 않았는가. 국민적 동일성이라는 의식을 갖지 않은 국민이 15년에 걸치는 막대한 인적 경제적인 파괴를 가져온 전쟁을 어떻게 수행할 수 있었을까. 마치 서양이 주체적인 동일성에 연관되지 않는 자연공동체가 아니듯이 일본도 자연공동체라고 생각할 수 없다. 일본은 자기를 표상하려고 하고 언설에 의해 그 통일체의 이미지를 세웠을 것이다. 일반적으로 국민통일의 이미지를 구성하는 유일한 수단은 언설뿐이지만 근대일본의 경우에도 다른 근대국가와 마찬가지로 일본 혹은 일본인 등으로 불리는 '국민'의 통일은 제도적으로 확립되고 '일본인'이라는 상상체는 한 세기 정도 언설의 지배적인 장치로 기능해왔을 것이다. 이 점에서 보면 가령 '아메리카인'이라는 상상체가 언설에 의해 만들어진 효과라는 것과 '일본인'의 경우가 전혀 다르지 않은 것이다. 즉

---

22) 같은 책, 145.

일본은 극단적으로 '유럽적' 혹은 '서양적'이라는 말이다. 문제는 다케우치의 생각과는 거꾸로, 일본은 지극히 강고한 국민적 동일성을 가져버렸기 때문에 불가피하게 자기를 확장하는 길을 밟기 시작했던 것이다.

그렇지만 다케우치의 견해는 그의 깊은 사고에서 나온 것이고 그의 사고에 따르면 서양의 침략성에 반대하기 위해서 비서양은 '국민'적 통일을 이루지 않으면 안된다는 것이다. 서양에 있어서 이질적인 것은 서양에 대한 일괴암적인 저항으로 조직되지 않으면 안될 것이다. 즉 비서양적인 국민으로서는, 서양에 대한 이질성으로서 서양에 대립하지만, 국민적 통일의 내부에서는 이질성이 배제되고 균질적인 것이 지배해야만 한다는 것이다. 헤겔이 '보편적 균질성의 영역'이라고 부른 것을 구축하지 않으면 '국민'적 통일이란 불가능할 것이다. 그렇지만 국민적인 통일의 달성은 '국민' 내부의 이질성을 제거하게 되지 않을까. 즉 국민적인 통일을 목표로 하는 근대화의 과정에서, 서양과 비서양의 관계 및 동형(同型)의 관계가, 국민일반과 국민 안의 이질적인 사람과의 관계 사이에서 나오는 것이 아닐까. 그러니까 이러한 문맥에서는 '국민'은 늘 국가에 의해 표현＝대표되는 것이라고 해도 좋을 것이다. 즉 '국민'이란 국가와 동일화하고 국가에 종속되는 한에서 그 주체성을 갖는 사람이 되고, 이질적인 사람은 주체적 동일성을 박탈당하고 그런 한에서 국가와 동일화하는 데 실패한다는 것이다.

다케우치는 상호적이고 대칭적인 인지관계를 서양과 비서양 사이에 세운 것일까. 근대가 궁극적인 이상적인 사회관계로서 정립한 상호인지로, 역사가 최종적으로 우리를 이끌고 간다고 믿었던 것일까. 전 인류의 해방이라는 신념을 방기하지 않는다는 점에서 본다면, 다케우치는 확실히 근대주의자였다. 그러니까 그는 일원적 세계사는 결국 불가피한 것이고, 전 인류의 해방은 서양에 의해서가 아니라, 그리고 동양에 의하지 않고서, 수행된다고 믿은 것이다. 그는 역사에 있어서 궁극의 주체는 동양이라고 말한다. 그런데 지금까지 역사의 주체로서의 국민을 창출하기 위해 이질성의 소거라는 사태를 감내하지 않으면 안 되었다. 이렇게 본다면 다케우치를 반근대주의자로 간주하는 견해가 어떻게 틀린 것인지 알 수 있을 것이다. 그는 근대화의 제한된 측면만을 부정했고 그의 근대비판은 '근대화론'으로 대표되는, 서양의 비서양에 대한 차별적인 태도와 착취의 흔적을 깨끗하게 제거해버린, 부드럽게 예정조화적인 과정으로서 근대화를 생각하는 입장을 지향한 것이다.

그런데 저항이라는 말에 대한 또다른 독해를 암시해주는 다른 맥락을 보여줄 수도 있다.

동양에 있어서 저항은, 주체적 동일성의 구축에 도움이 되지 않은 것으로 생각된다. 달리 말하면, 부정이란 부정된 항에 대립하는 항으로서 주체가 정립되는 것이라면, 저항은 부정이 아니다. 오히려 저항은 부정과는 명확하게 구별된 의미로서의 '부정성'에 가깝다. 즉 주체가 자기자신과 충족적 관계를 이룬다고 여겨지는, 가상된 안정상태를 요동시키는 것으로서의 '부정성'에 다케우치의 저항이 가깝다고 생각한다. 이 점에서 다케우치는 근대와 서양의 문제 전체에 관해 근본적인 뭔가를 생각하고 있다.

그러나 그렇다고 해도 저항이란 뭔가라는 문제는 나도 아는 것이 아니다. 저항의 의미를 깊이 파고들어 생각할 능력이 나에게는 없다. 나는 철학적인 사색에 익숙치 못하다. 그러한 것은 저항도 아무 것도 아니다라고 말한다면 그 말 그대로일 뿐.
다만 나는 자기가 거기에 놓여져 있다는 것을 느낄 뿐이고 그것을 꺼내 논리적으로 맞출 수는 없다. 그건 내가 무력하다는 것뿐이지 불가능은 아니다. …그러나 그 가능성은 매우 멀기 때문에 그 앞에 서서 나는 어떤 두려움을 느끼고 그 두려움을 느끼는 자기에게서 꺼림칙함을 느낀다. 나에게 있어서 모든 것을 꺼낼 수 있다는 합리주의의 신념은 두려운 것이다. 합리주의의 신념이라기보다 그 신념을 완성시켜내는 합리주의의 배후에 있는 비합리적인 의지의 압력이 두려운 것이다. 그리고 그것은 나에게는 유럽적인 것으로 보인다. 나는 나의 두려움의 감정을, 그런 것으로 느끼지 못한 채 지내왔다. 일본의 많은 사상가, 문학자들이 소수의 시인을 제외하고는 내가 느낄 수 있는 듯한 것을 느끼지 않는다는 것, 그들이 합리주의(유물론을 포함하여)라 부르는 것이 나에게는 도대체가 합리주의로 보이지 않는다는 것을 느끼는 탓에 나는 불안했다. 그리고 나는 그때 노신(魯迅)을 만났다. 그리고 노신이 내가 느끼고 있는 공포에 몸을 던져 감내하는 것을 보았다. 무엇보다 노신의 저항으로부터 나는 자기를 이해할 방도를 찾았다. 저항이라는 것을 내가 생각하게 된 것은 그 후다.
저항이란 뭔가라고 묻는다면 노신에게 있는 것과 같은 것이라고 대답할 도리밖에 없다. 23)

저항은 모든 것을 현전화(現前化)시키려는 의지, 근대적인 주체성에 있어서 필수적인 의지에 대한 깊은 공포에서 생겨난다. 그렇게 본다면 노신은 주체성에 대한 저항, 주체성에 종속하는 것에 대한 저항, 그리고 최종적으로는 (국가, 국민으로서의) 주체에의 종속에 대한 저항을 구현하려고 한 것이다. 다케우치는 노신의 소론 「현자와 바보, 그리고 노예」를 인용하며 저항에 대해 다음과 같이 말한다.

노신은 휴머니즘을(그리고 모든 것을) 거부한 사람이다. 그가 현자를 증오하고 바보를 사랑한 것은 진실이지만 그것은 특별한 것이 아니라 현자를 증오하는 것이 바보를 사랑하는 것이었다. 노신에게 현자와 바보가 가치적인 대립으로 비쳤던 것은 아니다. 그러한 조망하는 입장, 즉 휴머니즘의 입장이라는 것은 노신에게 성립하지 않는다. 왜냐하면 휴머니즘이

---

23) 같은 책, 144.

희망하는 것은 바보는 노예를 구할 수 없다는 것이기 때문이다. 바보가 노예를 구하려면 바보는 노예로부터 배척되어 버릴 것이다. 배척되지 않으려면, 따라서 노예를 구하려면 그는 바보라는 것을 그만두고 현자가 되는 것 외에 방도가 없다. 현자는 노예를 구할 수 있지만 그것은 노예의 주관에 있어서의 구원이다. 즉 불러도 술깨지 않는 것, 꿈을 보게 하는 것, 바꿔 말하면 구원되지 않는 것이 노예에게는 구원이다. 노예의 입장에서 볼 때 노예가 구원을 구하는 것, 그것이 그를 노예로 만드는 것이다. 그러니까 이러한 노예가 불러 술이 깼다면 그는 '가야 할 길이 없는', '인생에서 가장 고통스러운' 상태, 즉 자기가 노예라는 자각의 상태를 체험하지 않으면 안된다. 그리고 그 공포를 감내하지 않으면 안된다. 만일 공포를 이겨내지 못하고 구원을 구한다면 그는 자기가 노예라는 자각조차 하지 못하게 될 것이다. 바꿔 말하면 '가야할 길이 없는' 것이 꿈에서 깨어난 상태이기 때문에 길이 있다는 것은 아직 꿈을 꾸고 있다는 증거인 것이다. 노예가 노예인 것을 거부하고 해방의 환상을 거부하는 것, 자기가 노예라는 자각을 품은 노예라는 것, 그것이 '인생에서 가장 고통스러운' 꿈에서 깼을 때의 상태이다. 갈 길이 없는 것이 가지 않으면 안되는, 오히려 갈 길이 없다는 것으로부터 가지 않으면 안된다고 하는 상태이다. 그는 자기라는 것을 거부하고 동시에 자기 이외의 것이라는 것을 거부한다. 그것이 노신이 생각한 것이다. 그리고 노신 그 자체를 성립시키는, 절망의 의미이다. …거기에는 휴머니즘이 끼어들 여지가 없다.[24]

먼저 여기서 말해두지 않으면 안될 것은 저항이란, 자기와 자기이미지를 결합시키고 있는 표상관계를 착란시키는 것이라는 점이다. 그것은 사람들을 여러 가지 제도에 종속시키는 각종의 동일성의 형성을 거절하는 뭔가라는 것이다. 그러나 저항은 사람들을 해방시키지 않는다. ―저항은 해방을 낳지 않는다. 왜냐하면 해방이란 말에 의해 사람들은, 가장 두려운 것에 눌려있었기 때문이다. 다분히 "큰 소리를 내면서 의식이 약간 분명한 수 명의 사람들을 일으키고, …그 불행한 소

24) 같은 책, 155-157.

수에게 어떻든지 간에 도움도 되지 않는 임종의 괴로움을 주는"[25] 대
신에 그들을 잠든 채로 놔두어야 할지도 모르겠다. 그러나 만일 꿈에
서 깬 상태로 만들려면 적어도 저항이 해방을 낳는다는 희망에 저항하
지 않으면 안될 것이다.

다케우치는 근대를 긍정적인 것으로 보았지만 근대에 대한 비판적
인 태도를 잃은 것은 아니다. 이 비판은 그의 이러한 저항관에서 비롯
하는 것이고 이 저항관이야말로 근대를 초극할 가능성을 단순하게 믿
은 사람과 다케우치를 분명하게 구별짓는 것이다. 근대주의에 깊이
빠져 있었지만 근대주의에 대해 유효한 비판을 전개할 수 있었던 것은
다케우치가 해방의 이데올로기를 거절하였기 때문이다. 그러니까 그
는 노신이 목표로 한 것을 이 정도로 잘 볼 수 있었다는 말이다.

후근대라는 말이 환기시키는 불확실성의 느낌은 이러한 저항이 점
차적으로 산종 (disseminate) 시키는 사태를 의미하는 것인지도 모르겠
다. 그리고 다케우치가 노신에게서 본 것에 강인하게 결합되어 있는
것을 볼 때 나는 '유희'(=le jeu) 라는 말을 가장 잘 이해할 수 있을 듯
하다.[26]

아마도 이 단계에서 비로소 희망에 대해 주저주저하지만 말할 수 있
는 것이 아닐까.

희망이라는 것에 생각이 미치자 돌연 나는 심장이 멎는 듯한 기분이 들었
다. 불안정한 땅(閏土)이 향로, 향촉, 향대를 바랄 때 그의 변하지 않는

---

25) 魯迅, 『魯迅選集』 第1卷, 竹內好 譯, 岩波書店, 1956, 12.
26) Jacques Derrida, "La pharmacie de Platon," in *La Dissemination* (Paris: Edition du Seuil, 1972) 참조. 그 주제의 선택에 있어서도, 또한 시점의 선택방식에 있어서도 전혀 다르지만 이 문제에 대한 관심을 나타낸 논문으로서 카토우노리히로(加藤典洋)의 「이웃사람의 춤에서 본 조망」(『中央公論』 1986年 六月號)이 거론된다. 이외에 워크숍 자리에서 아사다 아키라씨가 지적했듯이 80년대의 미셸 푸코의 논문들 중 많은 것이 이 문제를 다루고 있다.

우상숭배의 모습을 생각하고 오로지 뭔가 잊었다는 기분이 들자, 마음 속으로 몰래 그를 비웃었지만 지금 내가 말하는 희망이라는 것도 나 자신이 손으로 만든 우상은 아닐까.

내 눈에 어렴풋이 저 멀리 해변가 모랫펄이 떠오른다. 머리 위 푸른 바위 같은 색의 하늘에는 고리같은 황금빛 둥근 달이 걸려 있다. 생각컨대 희망이란 본디 있는 것이라고도 말할 수 없고 없는 것이라고 말할 수도 없다. 그것은 지상의 길 같은 것이다. 본래 대지에는 길이 없다. 걷는 사람이 많아지면 그것은 길이 된다.[27]

---

27) 앞의 책, 84-85.

2장 국민공동체의 '속'과 '겉'
—마루야마 마사오[丸山眞男]와 충성

북해도 대학의 마루야마 교수를 둘러싼 토론회에서 토론자로 초대 받았을 때 나는 어떤 것을 할 수 있을까, 그리고 토론회의 조직자는 나에게 무엇을 기대한 것인지 심각하게 생각할 수밖에 없었다. 원컨 대 마루야마 교수의 과거 업적에 대한 역사적인 평가 혹은 현 시점에 서의 의의 같은 주제에 있어서는 나보다 분명히 더 적임인 사람이 일 본에는 무수히 많다고 생각했기 때문이다. 비교적 입수하기 쉬운 서 적을 통해서만 마루야마 교수의 업적을 접한 나로서는 그의 교육활동 혹은 학계에서의 활동에 대해 아는 바가 전혀 없었다. 나에게 있어서 마루야마는 사회적으로도 물리적으로도 먼 곳에 사는 한 사람의 저자 이고 그 외의 자격으로 그를 말할 수 없다. 이러한 나의 편협한 시각 은 그의 저작을 읽는 데에도 무시할 수 없는 제약을 가했다. 그의 저 작활동이 갖는 정치적 실천으로서의 성격에 있어서 그 역사적이고 사 회적인 문맥을 전혀 모르기 때문에 편향되었다고 생각되는 판단을 할 가능성이 매우 높았다. 마루야마 교수의 저작을 다른 텍스트에 참조 시킬 때 참조된 다른 텍스트들을 편향되게 선택할 가능성이 클 것이기 때문이다. 이 점에 대해 이해를 구한다는 전제하에 만용을 부리긴 하지만, 그래도 곤란할 수밖에 없는 나로서는 힘든 짐을 임무로 받아들였다고 생각하고 싶다. 사실 이번 토론회 조직자 쪽도 나의 해석력이나 정치사상사에 대한 조예를 고려한 것이 아니라 참으로 처음 들어보는 이야기라는 점을 인정하여 나에게 이런 기회를 준 것이 아닌가 짐작할 뿐이다. 어쨌든 조직자의 기대에 부응코자 노력해갈 뿐이다.

『충성과 반역』에 실린 논문은 여러 갈래로 전해졌고 많은 문제가 토론회에서 제시되었다. 이미 많은 평자들이 지적했듯이 그 발표 시기도 1940년대부터 1970년대 사이로서 그동안 역사적인 상황도 무척이나 많이 변했다. 이러한 다양성을 끊임없이 지워버렸을 때 나의 관심에서 지워버릴 수 없는 것으로서 다음 두 가지 문제가 남아 있다. 첫째는 어떤 행위자에 대한 단순한 순종과 배신을 넘어 충성과 반역이라는 태도를 취하게 하는 것을 가능하게 만드는 일정한 공동체로의 귀속에 모여드는 일련의 문제들이고, 두 번째는 이러한 공동체의 표상의 문제와 동일성에 연관된 일련의 문제들이다. 첫 번째의 문제들을 운명공동체와 귀속의 문제들, 두 번째 문제들을 공동체의 근대세계에 있어서 표상의 문제라고 부를 수 있는 바, 여기에 바탕해 나의 이 저작 중 중심 논문인 「충성과 반역」(「忠誠と反逆」)에 대한 독해를 시작해보자.

운명공동체와 귀속

충성과 반역이라는 상반된 태도는 상급자-집단-제도에 대한 것이고 이 집단에는 가족, 무사단(武士團), 정당, 교회, 기업, 국민공동체, 국가 등이 당연히 포함된다고 말할 수 있다. 이 집단들의 관계에서 충성과 반역을 규정하는 마루야마 교수의 논의에서 우리가 간과하지 말아야 할 것은 충성도 반역도 행위자 혹은 마루야마 교수가 '자아'라고 부르는 것에 있어서 그 대상이 되는 집단이 선택된 것이라는 사실에서 그 가능성을 갖는다는 점이다. 자아가 그 집단들에 자연적으로 귀속한다고 상상할 때 충성과 반역의 문제 자체가 생길 수 없다는 점은 깊이 인식해둘 필요가 있다고 여겨진다. 그러나 이것은 집단 안에 자연적인 집단과 비자연적인 집단이 사실적으로 존재한다는 것을 의미하지 않는다. 물론 기존의 집단을 비자연적인 것으로서 선택의 대상으로 삼을 수 있다는 점에 논의의 핵심이 있다고 생각할 수 있다. 사람은 집단에 귀속하는 것을 욕망함으로써 그 결과 그 집단에 귀속한다는 귀속의 방식이 여기서 논의되고 있다고 생각해야 할 것이다. 마루야마 교수는 이 사이의 사정을 다음과 같이 정식화한다. "여기서는 **자네, 자네스럽지 않으면 떠나가게**라는, 말하자면 담백한―그런 한에서 무책임한―행동원리를 단념하는 데에서 생겨나는 인격내부의 긴장이 오히려, 참으로 주군(主君)을 향하는 집요하고 격렬한 움직임의 동기가 된다."(『忠誠と反逆』, 筑摩書房, 1992, 19, 강조는 원저자) 단념은 의도적인 선택이어야 한다. 그것은 일종의 부정적인 의미에서의 투자이고 그 투자를 뒤돌아보는 것으로서 상급자에 대한 '반역'을 정당화하는 근거가 획득되는 것이다. 그것은, 집단에 대한 귀속의 사실을 스스로의 선택으로 변환시키는 기제이고 이 기제가 기능할 수 있으려면 암묵적으로 집단으로부터의 이탈가능성이 정립되지 않으면 안 된다. 물론 집단으로부터의 이탈은 그 집단으로부터 물리적으로 떨어지는 것이 아니다. 집단에의 귀속과 이반(離反)은 자아의 집단에 대한 '주체적인' 관여방식에서 구해야만 한다. 마루야마 교수에 의하면 이러한 집단에의 귀속을 선택하는 '비합리적인 주체성'의 모델은 전투자로서의 무사의 행동양식에서 얻어진다. 그것은 먼저 주군에 대한 인격적인 충성으로서 주군을 위해 죽는 각오로 표현된다. 따라서 집단으로부터의 이탈가능성은 그 단계에서 죽음의 선택에서 벗어날 가능성과 겹쳐진다. 개(個)로서의 죽음의 가능성을 주군이라는 인격에 대한 충성을 매개로 하여 집단에의 귀속에 결합시키는 것이다. 참으로 죽음을 도박에 건 것으로서의 집단은 죽음이 의지될 수 있는 것으로 표상되는 한 실존적인 선택대상으로 주어져 있기 때문에 사람은 이러한 상황에서는 집단에 즉자적 혹은 자연적으로 귀속한다고 상상할 수 없다. 전투자로서의 무사의 행동양식이라는 비유는 집단에의 귀속을 자아의 주체성 문제로 환원시키기 위한 장치로서 기능한다는 점을 간과할 수 없다.

죽음이 각성의 목적이 될 수 있는가, 도대체 사람은 무엇을 위해 죽을 수 있는가, 죽음은 주체성에 있어서의 사태인가, 더 나아가 죽음을 집단의 표상 안에 집어넣는 것이 가능한가라는 물음에 대해서는 다른 곳에서 논의했기 때문에 여기서는 반복하지 않겠다(사카이 나오키, 「西洋への回帰/東洋への回帰」, 『思想』, 1990年 11月). 적어도 충성의 대상으로서의 집단이 근대에 있어서 그 선택폭을 좁혔다는 점은 주목해둘 필요가 있을 것이다. 충성의 대상이 되는 집단으로 가족, 당, 기업 등을 생각할 수 있지만 근대의 국민국가의 성립은 궁극적인 충성의 대상을 국민공동체로 일원화하는 과정이었다는 정식화는 허용될 수 있지 않을까. 물론 당, 교회가 충성의 대상이었던 사람들도 존재했다. 이 사람들에게 있어서 충성의 대상간의 상극(相剋)은 심각한 사태를 초래하고 원리에 대한 충성이 가장 첨예한 모습으로 나타났다. 또한 최근에 국경을 넘어 활동하는 기업에 대한 충성이 국민공동체에 대한 충성을 앞서고 있고 그것이 사회변화의 원동력이 되는 상황이 국제적으로 점점 더 눈에 띄게 되었다. 그러나 일반적으로 말해 자아의 충성의 대상으로서의 집단이 국민공동체 혹은 국가로 일원화되어 가는 과정이 근대의 기본적인 규정이라는 점은 간과하지 말아야 한다.

오늘날 세계에 있어서 '네이션'(nation)은 충성시장에 있어서, 설령 독점체는 아니라고 하더라도, 적어도 과점체로 공인되어 있다. 그러나 인류사의 긴 발전과정에서 보면 그것은 지극히 새로운 현상이고 인간의 충성 대상은 오히려 종교상의 절대자(또 그 대리인 및 교리)에게로, 압도적인 비중을 갖고 향해 있으며 오늘날에도 광범한 '발전도상 지역'에서는 의연하게 그러하다. 세계사상 정치적＝세속적 권력과 종교적＝교회적 세력은 충성의 쟁탈을 둘러싼 곳에서 격렬한 갈등을 만들고 넓혀 왔다. 국가라는 통치체(body politic)의 모델을 만들어낸 유럽에 있어서 국가와 교회 사이의 관계가 오로지 사상사로서만이 아니라 넓게 문화사 및 정치사를 관통하는 주요 선율을 이루어왔다는 것은 주지의 사실이다. 더욱이 현실생활상의 국가적 충성이 결정적으로 우위에 선 것은 멀어봐야 19세기 이후의 일이다(같은 책, 58-59).

즉 마루야마 교수의 논의는 국민국가에 집중하는 근대의 충성과 반역이라는 문제에 치열한 관심을 나타내는 것이고 과거를 참조한다는 형태를 띨 수밖에 없었다고 여겨진다. 그는 그 스스로 후쿠자와 유키치〔福澤諭吉〕*에게서 다음과 같은, 봉건적 충성으로부터 공적인 것(public)으로의 변환을 볼 수밖에 없었다. "본래 충절도 존재하지 않았던 자는 결국 반역한다'라는 것이 '엽은'(葉隱)의 역동성이었다면 거꾸로 모반할 수 없는 '무기력'한 인민에게서 원래의 네이션(nation)에 대한 충성을 기대할 수 있을 거라는 것이, 막부 말기 이래 10여년 간의 시이에 인심의 **추**이를 본 후쿠자와의 마음 깊은 곳에서 휘몰아친 문제였다"(같은 책, 44-45).

즉자적인 민족공동체로부터 어떻게 하면 개(個)의 주체적인 선택에

---

* 1835-1901, 慶應大學 설립자. 주저 『문명론 개론』. 갑신정변의 김옥균 박영효와 관계있는 인물로서 문명사를 미개/반개/문명으로 나누고 반개(半開)의 상대주의적인 논리를 편 인물. 자세한 점은 고모리 요이치의 『포스트콜로니얼』, 삼인, 2002, 33-36 참조. -역주

바탕을 둔 국민공동체를 제작할 것인가 하는 『일본정치사상사연구』(日本政治思想史研究) 이후의 마루야마 교수의 업적을 관통하는 강렬한 문제의식을 여기서 읽어낸 것은 나만이 아닐 것이다. 그것은 원리적인 것을 경유하여 얻어지는 주체적인 선택대상으로서의 국민공동체에 대한 충성과 동시에 "구체적인 인격 혹은 관부(官府)에 대한 충성으로부터 네이션에 대한 충성의 박리(剝離)"(같은 책, 52)를 필요로 하는 것이다. 국민공동체는 이 문맥에서 이중으로 분절되지 않으면 안된다. 자아에 의해 내면화된 보편적인 원리를 공유하는 자의 집단이라는 규정이 그 중 하나이다. 즉 정치권력이 원리를 유린한 경우에는 그러한 정치권력을, 우에키 에모리(植木枝盛)가 했던 것처럼 인민에 대한 모반으로 파악하게 해주는 국민공동체의 규정이다. 이 규정에 따라 국민과 국가의 변별이 가능하게 된다. 그런 한에서 국민공동체에 대한 충성은 인격적인 것에 대한 충성으로부터 탈피하여 비인격적인 원리로 향하는 것으로 여겨진다. 그러나 국민공동체는 원리의 일반성으로 해소될 수 없다. 자아가 충성의 대상으로 삼는 보편적 원리는 일반적 타당성으로 해소되어서는 안된다. 그것은 어디까지나 일반성으로 환원시킬 수 없는 것으로서 자아의 행위를 규율짓지 않으면 안된다. 그리고 바로 그 차원에서 인격적인 것으로서의 국민공동체의 성격이 유지되는 것이다. 정치권력의 전횡과의 관계에서 인민 혹은 국민공동체는 일반성에 있어서 파악되지만 원리의 추상성과의 관계에서 국민공동체는 인격적인 모습을 나타낸다. 아마도 여기에, 사람은 인격적인 것에 대해서만 역사적 행위로서 충성 혹은 반역을 할 수 있고, 행위에는 반드시 감성적(파토스적)인 것이 덧붙여지는 한 인격적인 것을 결여할 때 사람은 행위를 결단하는 것이 불가능하지는 않다고 해도 참으로 어렵다는 통찰이 있을 것 같다는 생각이 든다. 감히 말하건대 사람이 죽을 각오를 할 때까지 행위하는 것은 인격적이기 때문이다라고 할 수 있다. 따라서 국민 혹은 국민공동체에 자기의 생애를 걸 정도까지 행위하기 위해서는 국민공동체 전체가 인격적인 것으로 형상화되지 않으면 안된다는 『일본정치사상사연구』 이후의 마루야마 교수의 신념을 여기서 읽어내야 할 것이다.

국가에 대한 저항은 종종 저항하는 자의 죽음을 가져온다. 마루야마 교수의 논의에서 주제적으로 취급되지는 않았지만 식민지체제 아래에서의 국민공동체가 자립하기 위한 저항운동으로 대표되듯이 거의 모든 경우 국가의 폭력성을 고려하지 않고 저항을 생각하는 것은 현실적이지 않다. 일반적으로 말해 식민지체제 아래에서의 종주국은 독립을 목표로 하는 국민주의자들에게 있어서 충성의 대상이 아니기 때문에, 그들의 역사적인 실천을 그대로 마루야마 교수가 고찰하고 있는 의미에서의 반역이라고 부를 수 없지만, 국가의 폭력성에 대결할 수밖에 없다는 점에서는 동일한 문제를 품고 있는 것이다. 국가에 대한 반역은 궁극적으로는 행위자의 죽음의 문제를 제시한다. 그리고 주체적 능동성의 구현으로서의 반역하는 자에게 있어서 충성의 대상이 되는 인격적인 것은 원리의 일반성 이상의 것일 수밖에 없다. 종주국에 대한 반역을 통해 죽음을 걸고 지키지 않으면 안되는 것으로서의 국민공동체의 형상이 가능해진다. 그러니까 현재 세계의 많은 국민국가는 반역의 건국신화를 갖고 있다는 것이다. 다만 여기서 주의해야 할 것은 이러한 반역도 신화 특유의 역사적인 전도에서 벗어나지 못한다는 점이다. 혁명이라는 신화가 사회주의국가에 있어서 뿐만이 아니라 근대의 국민국가에 있어서도 이 정도로 중요성을 갖는 것은 그 때문이라고 말할 수 있을 것이다.

국민공동체가 민족적인 것에 결합될 수밖에 없는 것은 이 신화작용 때문이다. 성원의 구성이라는 점에서 국민에 대응하고 더욱이 역사적 특수성을 안고 있는 집단은 민족이라는 이름으로 불려지며 국민은 다른 국민에게는 없는 고유성을 민족에게서 획득하고 그 의미에서의 국민공동체의 인격성은 민족에 있어서 성립한다는 논의가 이루어지는 것은 그 때문이다. 많은 경우 원리를 공유하는 자들이라는 한에서 국민공동체에는 과거로부터 온 유산이 성립요건으로 들어가지 않는다. 인종과 문화라는 둘도 없는 혹은 대치(代置)할 수 없는 국민공동체가 좋아하든 싫어하든 받아들일 수밖에 없는 존재피구속성은 민족 쪽에서 온다고 생각하는 것도 당연한 것처럼 여겨진다. 민족이 국민에 연대기적으로 선행하고 인종과 국민＝민족문화라는 범주 자체가 역사적으로 타당하다는 (매우 의심스럽지만) 전제에 서있는 한 인격적인 것으로서의 국민공동체는 민족의 문제를 피해 자기인식에 도달할 수 없을 것이다. 그런 의미에서 국가에 저항하는 국민에 관한 역사적 실천을 생각하기 위해서는 민족의 문제를 피해갈 수 없는 것이다.

마루야마 교수의 논의는 종종 서구근대를 일반적으로 이상으로 하고 일본의 현재 상황을 비판 계몽하는 것이라는 비난이 있지만 내가 읽은 한에 있어서 그것은 올바르지 않다고 말할 도리 밖에 없다. 『충성과 반역』에서 명시된 것은 과거의 유산을 받아들여 일본의 국민공동체에 대해 어떻게 하면 충성과 반역의 가능성을 모색할 것인가라는 문제이고 이 한에서 마루야마 교수는 이미 일본의 국민공동체에 대한 충성을 고백한 것만이 아니라 근대화에 대한 일본 고유의 가능성을 강하게 나타낸 것이다. 그의 지적인 투쟁은 분명히 일본의 국민공동체 내부에 설정된 시야에서 구상된 것이고 일본사회에 대한 내재적인 비판으로 전개된 것이다. 학문을 통한 역사적인 실천이 그의 경우에는 일본인 지식인으로서의 존재피구속성을 거의 비합리적으로 받아들인 데에서 출발한 것처럼 구성되어 있다. 즉 마루야마 교수는 시종일관 국민주의자로서 일을 하고 있는 것이다.

논의 연구하지 않으면 안되는 것은 그가 국민공동체에 대한 (상상된) 귀속을 어떻게 분석할 것인가 하는 점이고 자기의 지적인 투기를 위치설정하는 데 있어서 민족적인 것이 어떻게 그의 논의의 틀을 만들었는가 하는 것이다. 민족의 문제란 정치에 있어서 신화와 상상력의 문제이기 때문이다. 『충성과 반역』에 수록된 '역사의식의 "고층"(古層)'을 출발점으로 하는 논고에서 마루야마 교수는 충성과 반역이라는 모습으로 국민공동체에 관한 것의 입장에서 일본의 사상상황을 일본 지식인이 받아들일 수밖에 없는 존재피구속성의 문제로 해명하려고 한다. 이 작업은 '충성과 반역 **양쪽으로부터의** 은밀한 퇴각에 다름 아니고' '내면적인 피박감(被縛感) 및 그것과 불가분으로 묶여있는 충성의 자발성…의 이완'(같은 책, 88, 강조는 원저자의 것)에 대한 저항으로서 이루어져 있고 이러한 문제의식 그 자체가 이미 일본사회의 현상에 대한 비판이 되고 있는 것이다. 한편에서는 국민적 주체의 구성에 대한 장애물로서의, 일본의 사상이라는 것에 값할 수 있는 것이 생성될 때, 지식인이 짐으로 지고 있을 수밖에 없는 민족적인 것, 그리고 다른 한편에서는 원리의 일반성에 대한 인격적인 것으로서의 일본 사회의 개성 혹은 국민성으로서의 민족적인 것이 그의 저작에 주제화 되어 있는 것이다.

그러나 이러한 양의적인 평가를 받는 존재피구속성으로서 제시된 민족적인 것은 일정한 구조를 갖는다. 일정한 구조를 갖는다 함은 민족적인 것도 구성되고 재현＝표상되지 않는 한 우리들은 그 존재를 알 수 없기 때문이다. 민족적인 것의 구조는 그것이 재현＝표상될 때의 구조에 제약을 받는다. 따라서 존재피구속성은 반드시 다른 집단과의 관계를 갖는다. 예를 들어 흑인은 자기의 피부색을 존재피구속성으로 의식하는 경우가 많지만, 말하자면 백인이 그런 경우는 비교적 적다는 말이다. 흑인은 백인과의 관계에서 자기의 존재피구속성을 의식한다. 또한 방언을 하는 사람은 바로 최근까지 자기의 방언을 존재피구속성으로 느끼는 경우가 많았지만 표준어를 하는 사람은 그러한 느낌을 갖는 경우가 적었다. 감성적으로 내면화된 권력관계의 제도에 있어서 열위(劣位)에 있는 것이 가장 날카롭게 존재피구속성을 의식할 수 있다는 점을 일반화할 수 있다고 말할 수 없는가. 즉 존재피구속성은 늘 대조항과의 관계에서 규정되고 근대세계에서 많은 경우 참조되는 것은 '서양'이었다. 따라서 마루야마 교수의 경우에도 일본의 지식인으로서의 존재피구속성에 대한 자각은 스스로의 '성'(性)에 의한 것도 아니고 또한 지방적인 것 혹은 계층적인 신분에 의한 것도 아니며 오로지 '서양'과의 관계에서만 생긴 것이라고 말할 수 있을 것이다. 물론 그의 경우 여기서 말하는 '서양'적인 것은 실정적으로 보이는 서유럽과 북아메리카의 사회편제를 바로 가리키는 것이라고 말할 수는 없다. 문제는, 타(他)인 '서양'에 대조되고 정립된 자(自)가 전혀 무규정적으로 '일본'으로 주어져 버렸다는 것이다. 보통 마루야마 교수를 민족주의자라고 부르는 사람은 없지만 그의 논의에는 민족적인 것이 은밀하게 숨겨져 있다고 생각할 도리 밖에 없는 것은 이 때문이다. 더욱이 고대일본 때부터 존재피구속성이 연속되는 것으로 파악되어버리는 경향이 그의 역사론의 이야기구성에 있는 것으로 여겨진다. 물론 단순한 일본인론이나 저팬패싱(Japan Passing: 일본비판론) 논의처럼 균질화된 현대의 일본 공동체에 대한 사고를 그대로 과거로 투사하는 듯한 인종주의적인 논의를 그가 하고 있다는 비난을 하지는 말아야 할 것이다. 그럼에도 불구하고 일본사상의 '안'과 '밖'이라는 구별이, 구별 그 자체가 어떻게 구성되었는가라는 시점을 말하지 않고, 말하자면 실체의 '안'과 '밖'처럼 그의 사상사의 틀로 받아들여져 버렸다는 생각이 든다. 이것은, '일본'을 대조적으로 파악하기 위해서는 대조되는 두 항 사이의 구분을 유지하지 않으면 안되고, 양자의 겹쳐지기도 하고 연속하기도 하는 점을 과소평가할 수밖에 없던 방법론적인 요청에 의한 것이다. 또한 일본민족의 일본국민에 대한 선행성이라는 전제를 무비판적으로 받아들였기 때문이라는 생각도 든다. 거기에는 사실 민족이라는 공동성의 모습은, 인종이라는 사회미학적-감성적 범주가 그렇듯이 국민공동체의, 혹은 근대적인 세계의 성립의 결과가 아닐까 하는 물음이 분명하게 배제되어 있다. 즉 명치체제 아래의 전근대적인 것에 대한 비판에 대한 관심이 전혀 없었기 때문이거나, 프랑스혁명과 미국의 독립같은 근대적인 건국신화도 역시 신화에 지나지 않는다는 점이 간과되어 버렸기 때문일 것이라는 말이다. 바꿔 말해 고대신화라고 하는 것도 또한 근대적인 것이라는 시야가 없다는 말이고 명치헌법 아래의 건국신화의 기초가 되고 있는 연속사관 그 자체의 근대성이 무시되는 결과가 나타나며, 민족의 자립으로서의 국민이라는 줄거리를 강조하는 데 어울리고 민족의 자립이라는 사고 그 자체에 머무는 근대적인 신화성을 간과하고 있다는 말이다.

근대세계에 있어서 국민공동체의 표상

이미 눈치챈 것처럼 나의 논평은 처음에 이야기한 두 번째 논점으로 옮겨가고 있다.

근대세계에 있어서 말하자면 비서양사회의 지식인이 '서양'을 참조항으로서 자국민의 동일성을 구축했다는 점은 일본에 한정된 것이 아니고, 이 점만을 파악하여 과거의 사상가를 비판하는 것은 아무 것도 아닌 것에 치근거리는 것에 지나지 않는다. 물론 마루야마 교수는 그 일부가 서구어로 번역된 업적을 통해 서유럽 및 북미사회에 대한 비판을 하고 있다는 점을 강조해두고 싶다. 마루야마 교수의 학문은 서유럽의 사상-문화를 곱씹어 나온 것이라는 점은 한눈으로 알 수 있다. 더욱이 그의 교양은 중국-일본의 과거의 문헌에 대한 소양에도 뒷받

침되어 있다. 서유럽의 사상-제도에 의한 지식은 그의 경우 단순한 이식이라는 단계를 초월해 있고 서유럽의 사상-제도에 대한 하나의 본래적인 독해가능성을 제시해주는 것이다. 마루야마 교수의 업적은 서구 특히 북아메리카의 동아시아전문가에 의해서라기보다도 일본 및 중국에 잘 알려져 있지 않은 유럽사상의 전문가에 의해 더 일찍, 더 나아가 그 사상적인 함의에 맞추어 이해된 경우가 많다는 점은 여기서 지적해둘 필요가 있을 것이다. 종종 그의 근대관이 서유럽편향적이라는 이야기가 있었지만 그 이유 중의 하나는 근대를 이끄는 원리들이 서유럽사상에 있어서 대상화되었다는 점에서 찾아야 할 것이고, 특히 북아메리카 합중국의 경우 제2차 세계대전 후의 세계에서 스스로를 근대의 대표로 보는 사고가 강했기 때문에 근대의 역사성에 대한 의식이 희박한 합중국의 국민적 나르시시즘이 마루야마 교수의 유럽중심 근대관에 대한 반발의 한 가지 요인이 되었는지도 모를 일이다. 더욱이 교양의 공통성만이 아니라 마루야마 교수의 업적은 말하자면 '서양'적인 것의 다양성도 보여준다. 서양적인 지(知)는 말하자면 서양인이 독점하는 것이 아니라는 점만이 아니라 '서양'적인 것은 일원적으로 규정할 수 없고 '서양'이라는 동일성 자체의 많은 모순을 포함하고 있다는 것을 보여주는 것이라고 생각된다. '서양'은 일본의 한 지식인에 의해 반복되고 바로 그 반복의 과정에서 참으로 '서양'이라는 동일성에 내재하는 탈구축의 가능성이 보이게 된 것이다.

이러한 사태에 직면할 때 정확한 태도는, 마루야마 교수의 업적은 서구화한 지식인에 의한 것이고 일본 본래의 사상으로부터는 유리된 것이며 원래 일본인의 목소리 혹은 동양인의 목소리는 다른 곳에 있다고 보는 것이다. 서구화되고 전통으로부터 단절되어 있으며 일본의 혹은 동양의 이른바 식민지화된 부분을 대표하는 데 지나지 않는 한 그의 업적은 서양적인 지를 한 몸에 붙인 비서양적인 지식인의 손이 되는 것이고 본래적인 일본 및 동양은 다른 곳에 있게 되는 것뿐이다.

이러한 반응은 '서양'이라는 동일성이 구성되는 방식의 한 면을 훌륭하게 보여준다고 말할 수 있을 것이다. 그 방식은 비서양으로 불리는 장소에서 '서양'에 오염되지 않은 본래성을 가상함으로써, 그것과는 대조되는 장소에서 '서양'의 본래성을 은밀하게 가상함으로써 수행되는 것이다. 물론 '서양'이라는 동일성은 많은 제도들의 착종체(錯綜體)로서 주어져 있기 때문에 이 점만을 강조해서는 안 된다. 그러나 마루야마 교수의 업적이 '서양'이라는 동일성에 있어서 일종의 위협으로 받아들여지는 측면이 있다는 것은 부정할 수 없다. 그것은 그의 작업이 유럽 및 북아메리카의 비서양지역연구를 혐오할 정도의 것으로 비치는, 비서양연구자의 '서양'에 대한 나르시시즘적인 자기언급의 기제를 지탱해주는 '서양'과 '비서양'의 구분을 침해하기 때문이다. 즉 비서양사회의 뛰어난 많은 지식인들의 업적과 마찬가지로 마루야마 교수도 또한 '서양'을 반복함으로써, 서양인으로 '서양'을 잘 알고 있고 비서양인이기 때문에 각각의 '비서양사회'를 (다만 정보제공자로서) 잘 알고 있다는 안이한 분업체제에 의문부호를 붙이고 '서양'이라는 동일성의 자기모순과 근대의 편재성을 보여주었던 것이다. 그런 한에서 그는 '서양인'의 자기 동일성에 위협을 가했던 것이다 .

그러나 이러한 잠재적인 비판성이 마루야마 교수의 경우 관철되어 있다고 말할 수는 없는 것이 아닐까? 그 이유는 「충성과 반역」이라는 논문 안에도 나타나 있다. 근대 이전에 있었던 일본의 무사적 결합에 바탕을 둔 집단에 대한 충성과 게르만적인 충성의 존재방식을 구별하고 근대화 과정에서 무사적 충성이 변해가고 있으며 "단순하게 '봉건적'을 대신해 '근대적'인 것을 바꿔 단 것이 아니라 **현실에서 진행되고 있었던** 해체를 이용하여 그 구성계기의 역할을 전환시키는 데에 있었다."(같은 책, 44, 강조는 원 저자)고 그는 주장한다. 그리고 후쿠자와 유키치[福澤諭吉]에 있어서 이 과정을 다음과 같이 정식화한다. "봉건적인 충성에 있어서 외면화의 경향을 오히려 철저하게 하고 이것을 공적인 것으로 고양시키자. 그렇게 함으로써 사적＝심정적인 계기는 거꾸로 개인의 내면에 정착할 것이다."(같은 책, 같은 부분) 그러나 이 훌륭한 분석은 '서양'의 근대화에서도 똑같은 사태가 일어났던 것이 아닐까라는 질문을 봉쇄해 버리는 것이라고 여겨진다. 여기서 마루야마 교수가 칭찬하고 있는 일본의 과거에서 엿보이는 '개인적인 정의적(情誼的, 사귀어 친해진 정)인 결합'에 해당하는 것 없이, 일본 말고도 어디서든지 간에 근대국민국가에 대한 각각의 국민주체의 충성이 가능할까. 근대의 국민형성에서 일어났던 일은 국민교육과 국민개병제도(國民皆兵制度, 온 국민이 국방의 의무를 지는 제도)를 통해 스스로 죽음을 걸고 국민공동체에 귀속하는 방식을 국민이 배운 것인데, 국민공동체에 대한 충성이란 것이 참으로 그가 일본적인 것으로 특징짓고 있는 것에 다름 아닌 것일까.

그렇다면 서양의 경우에도 충성의 '일본화'라고 말해야 할 것이 일어나지 않는다면 근대국민국가는 가능할 수 없었던 것이 아닐까? 죽음을 건다는 것은 죽음이 사람의 최후를 나타내는 것이라는 의미에서, 어느 집단으로부터 떠나는 것을 최종적으로 단념하는 것이다. 즉 앞에서도 인용했듯이 "여기에는 '자네, 자네답지 않으면 떠난다'는 말하자면 담백한―그런 한에서 무책임한―행동원리를 단념하는 데에서 생겨나는 인격내부의 긴장이 거꾸로 참으로 주군으로 향하는 집요하고 격렬한 운동의 동인이 된다."(같은 책, 19)는 사태가 이루어지지 않으면 안 되는 것이다. 단념은 의도적인 선택이지 않으면 안 된다. 그리고 이러한 의도적인 단념을 하는 자로서 근대적인 국민주체가 제작되어 간다는 점에서는 확실히 양심적인 전쟁거부의 제도 같은 존재가 일본에도 없었다고 해도 대체로 서유럽의 각국도 미합중국도 일본도 그리고 최근에는 중근동 및 아시아의 모든 나라들도 다를 바 없다고 말할 수 있지 않을까. 일본적 충성의 존재방식으로서 그가 추궁하는 것은 근대의 국민공동체의 가장 흔한 주체구성의 전제가 아닐까. 다시 말해 여기서 이야기되는 것은 가장 전형적인 19세기의 국민국가관에 있어서 국민의 국민공동체에 대한 충성의 존재방식에 지나지 않는 것이 아닐까. 이러한 충성관에는 예를 들어(마루야마 교수의 전후 헌법에 관한 많은 발언과 활동에도 불구하고) 헌법 제9조의, 죽음을 매개로 하지 않는 국가에 대한 관계와, 제2차 세계대전 이후 국민개병제가 점차 폐지되다가 결국 최근에 미합중국에서 징병기피자가 대통령에 당선된 사태(다만 이 점을 과대평가하는 것은 위험하다. 미합중국의 내셔널리즘의 제국주의적인 성격은 그 신주의식〔神州意識, 자기 나라를 자랑스럽게 생각하는 의식〕과 더불어 없어져 버린 것은 아니기 때문이다.)에 이르는 문제를 꼬투리로 삼아, 근대국민국가에 대한 의문을 내재적으로 전개할 가능성이 애시당초부터 금지되어 있었다는 것이 내 생각이다.

물론 나는 여기서 마루야마 교수에게 '서양'도 일본의 영향을 받았다는 것을 인정하라고 말하는 것은 아니다. 여기서 문제가 되는 것은, 서양의 많은 지식인에게서 엿보이는 '서양'에 대한 고집을 양화라 한다면, 정확하게 그 음화에 해당하는, 그의 '일본적인 것'에 대한 기묘한 고집이다.

『충성과 반역』에 현저하게 나타나 있고 더욱이 마루야마 교수의 다른 작품에서도 엿보이는, 일본과 서양의 근대에 있어서 공약성의 발상을 금지하는 것이 두 가지 있다. 하나는, 어디까지나 일본과 서양을 구분하고 근대적인 것과 전근대적인 것이라는 최초의 시대구분이라는 것을 동양과 서양이라는 지정적인 구분에 포개 놓으려는 태도이다. 다른 하나는, 앞에서도 말했듯이 이 책 안에 수록된 논문, '역사의식

의 고층(高層)'에 있어서 가장 두드러진 연속사관이라고도 해야 할 것
인데, 중세 서유럽에 대한 고찰이 현재의 서유럽에 대한 고찰로 또한
근세의 일본에 대한 고찰이 현대의 일본에 대한 고찰로 연속적으로 연
결되고 앞에서 일본의 민족공동체로부터 국민공동체로 변환한다고 말
했던 그의 기본적인 발상 그 자체에서 엿보이는, 동일한 민족공동체
가 그 동일성 그 자체는 변하지 않고, 연속적으로 자기 전개한다는 발
상이다.

다만 이러한 두 가지 지적인 금기가 마루야마 교수에게만 해당하는
것은 아니다. 이것은 역사적인 지(知)의 생산이, 일본의 학계에 한정
되는 것이 아니라, 세계 속 거의 모든 곳에서 지탱 받았던 제도의 일
부를 이루기 때문이다. 다만 그의 경우 이 두 가지 금기가 정치적인
기획과 깊이 연결되어 있다는 것도 간과할 수는 없다. 일본사회에 대
한 그의 비판은 이러한 '서양'을 일본에 있어서 부재라고 가정함으로써
가능하게 되었고, 또한 일본에는 부재의 '서양'을 제시함으로써 일본
의 주체적인 자기구성이 가능하게 되었다는 것이다. 즉 일본의 국민
공동체에 충성을 맹세하는 주체는 '서양'에 대한 '일본'의 역사적인 시
차가 가져다주는 결여(缺如) 의식과, 그 결여를 충족시키려는 욕망에
의해 구성된 것이다. 따라서 이러한 주체에게 있어서 일본의 '지체'와
후진성은 서유럽과 일본의 사회편제 사이의 역사적인 시차 정도가 아
니라 국민적 주체의 구성조건이고, 결여의 의식은 일본국민의 주체적
자기구성을 위해 유지되지 않으면 안 된다. '여기에는' 있고 '저기에는'
없다는 결여의식은 '여기'와 '저기'가 두부 자르듯이 구분되는 한에서
의미를 갖고 '여기'와 '저기'의 경계가 애매해질 때 그 의미는 유지되지
못한다. 더욱이 결여가 없어지면 주체를 구성하는 욕망도 없어져 버
린다. 주체는 완전히 구성될 수 없기 때문에, 그 점에서 욕망도 원래
결코 충족될 수 없는 것이지만, 마루야마 교수의 경우에는 다른 이유

에서 욕망이 충족되어서는 안되는 것이다. 그 때문에 가상된 '서양'을 점점 더 이상화하고, 절반 정도 이상과 현실의 차이 같은 것이 되었다고 해도, '서양'에 대한 '일본'의 역사적인 시차를 유지하지 않으면 안된다.

다만 이것은 '일본'도 '서양' 못지 않게 혹은 '서양'보다 앞선 곳까지 진보했다고 인정하면 모든 게 끝나는 문제가 아니다. 서유럽과 북미 사회와 같은 수준까지 일본사회도 '나아갔는가' 나아가지 못했는가를 실증적으로 판정하는 선험적인 기준은 없다. 왜냐하면 사회가 진보하기도 하도 뒤쳐지기도 한다고 생각하기 위해서는 사회를 하나의 전체성으로 총괄하고 진보하는 것으로서의 역사의 틀과 진보를 표현하는 사상(事象)의 범주가 분명하게 선택되지 않으면 안 되기 때문이다. 더욱이 오리엔탈리즘의 분석 등을 통해 이미 잘 알려진 대로 '진보'와 '지체'의 논의는 사회편제의 역사적인 평가에 연관되기보다도 어느 국민 공동체와 다른 국민공동체 사이의 위계질서, 권력관계, 그리고 자기 우위성의 표상을 통한, 자기의 동일성에 대한 확인과 타자의 지배에 대한 정당화에 연관된 부분 쪽이 훨씬 더 크기 때문이다.

그런데 일본의 '지체'와 후진성에 대한 감각이 안개처럼 사라지고 더욱이 '진보'하는 것으로서의 역사와 일본의 문화적 동일성이라는 전제가 그대로 온존할 때, 마루야마 교수가 가장 두려워하는 것처럼, 비판의식 및 사회적 현실에서 능동적으로 움직이는 능력을 갖지 못한 채 현재의 일본의 현실에 만족해하는 인간이 넘쳐나게 될 것이다. 20세기 후반에 개화한 일본적인 경영법이 강호시기에 이미 양성-준비되었는가, 일본이 성공한 이유는 일본 노동자의 우수성이 국민문화의 일부이기 때문이었는가 아닌가를 둘러싸고, 불경기가 2, 3년 계속되면 바람만 살짝 불어도 금방이라도 날아가 버릴 것 같던 기회주의적인 자기찬미의 논의가 횡행했던 기억이 아직도 새롭다. 더욱이 이러한 논의가 나올 정도가 되었다는 어떤 달성감, 비판력을 결여한 국민주의가 1970년대 이후의 일본인들 대다수를 사로잡았던 것은 분명하다. 그러나 이러한 비판력의 퇴영을 '서양'의 이념화된 선진성에 대한 신앙으로 극복할 수 있을까.

'서양'을 이념화하고 가정하는 것은 마루야마 교수의 지금까지의 작업에 현실비판의 기능을 주어왔다. 그러나 '서양'을 이렇게 가정하는 것은 그의 국민주의에 있어서 필수적인 계기였다는 것도 인정하지 않으면 안 된다. 그와 동시에 이러한 설정은 '서양'과 '일본'을 결코 뛰어넘을 수 없는 도랑에 의해 구별된 것으로서 대비적으로 정립해 버리고 말았다. 그리고 바로 이 '서양' 대 '일본'이라는 이항대립을 긍정하는 점에서 그의 업적에 내재하는, 앞에서도 말한 비판의 가능성이 압살되어 버렸다고 말할 수 있을 것이다. 즉 간접적으로 '서양'의 배타적이고 나르시시즘적인 자기구성에 협력하게 되어버린 것이다. '서양'이라는 설정과 '서양' 대 '일본'이라는 이항대립 때문에 그에게 있어서 비판은 비판적 국민주의로서밖에 전개될 수 없었고 국민주의적이지 않은 비판, 즉 비국민주의적인 비판의 가능성은 사라져버린 것이다.

국민주의적이지 않은 비판능력을 상실하는 것도, 사회적 현실에서 능동적으로 움직이는 의욕을 잃는 것도 아니다. 즉 비판의 대상과 역사적 실천의 표적이 되는 것은 '서양'에는 있고 '일본'에는 없는 것도 아니다. 즉 비판의 대상과 역사적 실천의 표적이 되는 것은 '서양'에는 있고 '일본'에는 없는 것이라든지 '서양'에는 없고 '일본'에는 있는 것이 아니라, '서양'과 '일본'이 함께 껴안은 것, 예를 들어 인종주의와 제국주의의 유제(遺制), 그리고 배타적 국민주의(배타적이지 않은 국민주의가 있을 수 있는가 없는가는 매우 의심스럽지만)라고 말할 수 있는 것이어야 하기 때문이다. 물론 '서양'과 '일본'이라는 동일성이 해소되면 이것이 구제할 수 있는 것은 없다. 또한 자기의 정반대에 있는 '서양'(혹은 말하자면 친일집안에서 엿보이는 것 같은, 서양인에게 있어서는 '일본'과 '비서양')에 대한 동화(同化)를 의도적으로 수행하는 것이 비판성을 유지할 리도 없다. 그와 같은 타자에 대한 동일화는 결국 자기에 대한 편집적 혹은 배타적인 회귀를 귀결시키고 말 것이다. 물론 '서양'과 '일본'이라는 주체가 완전하게 자기구성하는 것은 불가능하고, '서양인'은 반드시 '서양인'이 되지 못하고, '일본인'이 진정한 '일본인'인 것은 아니다라는 점을 나는 강조하고 싶다. 그리고 바로 이 불가능성에 역사적인 실천의 윤리가 있다고 여겨진다. 그러나 마루야마 교수의 충성관에는 이러한 역사적 실천에 대한 가능성이 정중하게 불식되어 있다고 밖에 생각할 도리가 없다.

지루한 이야기를 경청해 주셔서 고맙다.

(부기: 본고는 1993년 7월 20일에 열린 북해도대학 법학부 주최 동경대학 명예 교수 마루야마 교수에 대한 보고회에서 발표할 구두보고를 위해 마련한 초고를 수정·첨삭한 것이다)

3장 국제사회 속의 일본국 헌법
─사회성의 비유로서의 "이민"과 헌법

근대를 어떻게 규정할 것인가

　미합중국에서는 미합중국 사회는 뛰어날 정도로 근대적인 사회라는 상식이 통용되고 있다. 유럽처럼 그 이전부터 내려오는 제도의 질곡이 존재하지 않고 원주민과 완전하게 단절된 곳에서 근대가 되면서 생겨난 사회라는 미합중국이 갖는 식민자문화로서의 성격을 그 이유로 들기도 한다. 또한 근대적인 가치를 중심축으로 하여 유럽의 전제정치에 대결하는 것으로서 거의 인공적으로 만들어진 사회라는 점을 지적하기도 한다. 근대국가로서의 미합중국이 어떠한 과정에서 나타났든 현재 미합중국민 대다수는 미합중국이야말로 근대의 구현이고 근대적인 국민국가의 전형이며 근대 이전의 유제가 미합중국에 가장 적다고 믿고 있다. 그러나 미합중국이 구현하고 있는 '근대'의 내용을 보면 몇 가지 의문을 갖게 된다.

　국제법에 대한 존중으로 구체화된 보편적인 가치의 공유를 전제로 하는 국제적 평등권에 따르고 있고 종교적 권위 등의 초국가적 권위에 대항하는 주권을 가진 국민국가가 동렬적으로 병존하는 국제사회의 성립을 근대로 보는 견해가 있다. 최근 그레나다와 파나마 침공 때의 미국 국내여론의 존재방식에서 보아도 명료하듯이 미합중국민은 이러한 국제적 평등권을 자기 것으로 만들고 있지 못하다. 그들은 파나마와 같은 실질적으로는 미합중국의 식민지인 작은 나라도 국제사회에서는 불완전하나마 주권국가라는 것을, 말하자면 잊어버리고 있다는 것이다. 즉 국민국가의 병존이라는 계기를 결여한 무매개적인, 혹은 '중심으로서의 미합중국으로부터의 방사적인 분산'으로 세계를 보는 중세적인 보편주의가 미합중국이 국제사회에서 보이는 행동의 규율을 정하고 있다는 인상을 주는 것이다. 제2차 세계대전 이후의 팍스 아메리카나가 이러한 미합중국의 '전근대성'에 의해 지탱되고 있다는 점을 부정하는 것은 어렵지 않을까.

그건 그렇다치고 미합중국의 '전근대성'을 더 정확하게 고찰하기 위해서는 걸핏하면 근대의 지표라고 무비판적으로 받아들여지는 모든 전제들을 조금 검토해보는 것이 좋을 듯 싶다.

근대에 대한 지금 하나의 규정으로서 국민국가의 성립이 있다. 그리고 근대를 국민국가의 성숙과정으로 묘사하는 것은 가능할 것이다. 국민국가에서는 국민언어, 국민사라는 과거의 이미지, 민족전통, 국민교육제도, 국민문학 등의 제도를 공유하는 의식을 가진 '국민'이라는 공동체가 성립해야 하는 것이지만, 국민국가의 성숙에 따라 이들 제도는 구체적인 보편성을 획득해간다. 공동체의 성원이 동일한 언어, 동일한 역사의식, 동일한 교양을 갖는 것으로 된다는 것이다. 이러한 국민적 제도의 보편화는 그와 동시에 국민공동체의 균질화로서 표상된다. 더욱이 국민국가의 성숙에 따라 국민국가 사이의 병존이라는 의식은 이렇게 내면화된 국민적인 모든 제도들의 총체로서 표상되는 국민문화의 병존으로서 형상화하게 된다.

    따라서 국민국가의 성숙은 국민적 동일성을 다른 병존하는 국민문화와 대조적인 구조에서 파악하는 것을 국민 한 사람마다 가르치게 된다. 다른 나라의 문화동일성과는 대조적으로 나는 자기의 국민적 동일성을 이해하게 되는 것이다. 문화적 차이를 만나는 것은 상대방이 있기 때문인 이상, 국민국가의 병존이라는 사태에 대한 이해가 필요하게 되는 일차적인 장면은 이러한 두 나라간의 대조적인 관계가 문제가 될 때일 것이다. 더욱이 문화적 차이는 계급적인 차이, 지역 차이, 성적 차이 등 국민적 차이 이외의 것에서도 만날 수 있지만 이러한 차이들의 문맥은 모든 균질적인 국민문화의 원칙 위에서 묵살되어 버린다. 즉 국내에서의 차이를 균질적으로 만듦으로써 모든 차이들을 국경 안으로 밀어넣고 '국내에서는 모두 똑같고 바깥 사람에 대해서는 전혀 다르다'는 일정한 분배배치를 만들어내는 것이다. 넓게 확산하여 존재하여야 할 타자성이 다른 국민국가와의 차이의 타자성에 집중되고 그 이외의 타자성을 예상할 수 있는 능력을 잃어버리는 것이다. 모든 타자성이 자기의 국민적 동일성을 반조적으로 구성하는 역할을 하는, '바깥 사람(外人) = 다른 국민국가의 인간'이라는 국민적 타자성으로 환원되어 버리는 것이다. 그렇게 되면 국민적 동일성은 간단하게 문화적 공약성으로 자리를 바꾸기 시작할 것이다. 국민적 동일성이 국민문화적 동일성과 같은 것으로 되어버리고 또한 문화가 공간적인 영역의 비유로 치환되고 국민적 공동체가 문화의 통일체와 겹쳐지듯이 표상되고 만다. 즉 국민공동체는 유기적인 통합체로서의 문화의 국체(國體)가 되고 마는 것이다.

    거꾸로 뒤집어서 근대적 국민국가의 성숙을 저해하는 전형적인 요소 한 가지를 들어보자.

    그것은 이민이라는 원칙이다. 이민은 관습의 공유, 원활한 언어전달, 지식의 보편화 등, 사회구성원들 간의 상호교환성과 간주관적인 공약성의 증가를 긍정적인 지표로 삼는 균질지향 사회성에 정면으로 대립한다. 만일 균질적이고 조화로운 국민문화를 만들어내고 싶다면 제일 먼저 피해야 할 것은 해당국의 언어, 일상어, 습관하고도 다른 사람들을 국경 안으로 들여놓는 일일 것이다. 국민교육을 아무리 노력해 실시해도 이민을 와버리면 교양의 공유도 원활한 이심전심적인 전달도 불가능해질 것이다. 국민문화의 성립을 향해 일보 전진했다는 생각이 들면 이보 후퇴한 결과가 되어버리고 말 것이다. 그것은 국민국가의 성숙으로서 정의된 근대로 향하는 진보를 끊임없이 전근대로 향하게 만드는 장치라고 말할 수 있다. 일차원적인 진보 안에서 근대가 완성되지 않게 하기 위한 장치인 것이다. 더욱이 이민이 다른 나라로부터 국경을 넘어오는 것이라는 점에서 국민문화간의 대조적인 차이를 애매하게 만들고 탈구축하는 결과가 된다. 즉 국민국가 간의 상호교환적인 병존관계가 성립하고 '국내에서는 모두 같지만 외인에 대해서는 다르다'는 이코노미가 성립하는 것을 방해하는 것이다. 그러니까 국제세계에서의 행동이라는 점만이 아니라 국민국가의 성숙으로서의 근대라는 정의에서 보더라도 '이민의 나라'라고 자처하는 미합중국은 지극히 '전근대적인' 나라라고 말하지 않을 수 없다. 그리고 미합중국의 상식화된 근대관에서도, 또한 국민국가의 성립에 중점을 두는 근대관에서도 자각되지 않았던 시각, 즉 근대란 하나의 과잉규정성이고 서로 모순되는 규정들의 군(群)이라는 시각이 명확해질 것이다. 즉 근대를 일차원적인 연대순배열로 생각해서는 안될 것이다. 그러니까 근대적인 가치로 상찬되는 각종 사회적 행위의 규범이 오래 지속하는 사회편제를 생각한 상태에서, 비근대 혹은 전근대적인 것의 공존은 단순하게 역사의 진보에서 극복되어야 할 장애로만 생각되는 것이 좋은가 하는 것은 문제로 남는다.

즉 지금 여기서 물어보지 않으면 안 될 것은 근대가 내재적으로 갖

고 있어야 할 잡종성이고 일면적인 근대관이 추천하는 균질적인 것=
합리적인 것에 대한 저항이라는 것이다. 물론 나는 전근대적인 것의
공존이라는 것을 두고 옛 시내의 집의 보존이라든가 무형문화재의 원
조같은 것을 지칭하는 것이 아니다. 그러한 의미에서의 전근대는 관
광업이 과거의 유적을 필요로 한다는 의미에서 근대가 창출하는 근대
이전의 노스탤지어이고 그 안의 내용은 근대적인 것이기 때문이다.
지금 내가 생각하는 것은, 근대는 자기부정하는 것을 갖지 않을 때 예
를 들어 파시즘같은 모습의 종언원망(終焉願望)을 가져오지 않을까
하는 염려이다.

헌법은 사회문제를 창출한다

미합중국의 근대가 나에게 놀라워 보이는 것은 그 근대에는 국민국
가의 형성을 향해 자기완결하는 것이 아니라 제도적인 장치가 훌륭하
게 짜넣어져 있다는 것이다. 그리고 나는 법제도 일반에 대해 완벽한
풋내기이지만 그럼에도 불구하고 국민국가로의 자기완결을 방지하는
장치 중 가장 중요한 것으로서 헌법을 살펴보고자 한다.

이미 많은 사람들이 지적한 것처럼 헌법은 언뜻 보아 실현불가능한
이념을 내걸면서 사람들 사이에 의논을 만들어낸다. 현존하는 사회문
제를 원활하게 해결하기보다도 헌법의 존재에 의해 사회적인 모순이
현재화(顯在化)되고 공개적인 의논의 장으로 들어오게 된다. 헌법의
역할 중의 하나는 사회분쟁의 효율적인 해결이라는 것보다 사회문제
의 창출에 있다고 말할 수 있다. 문제가 없다면 좋다는 생각과는 달리
헌법은 사회문제를 만들어낸다. 그러니까 국민으로서의 동일성은 스
스로도 사회문제를 만들어내는 일에 참가하는 결의로서 표현되는 경
우가 많다는 것이다. 헌법에 선서를 하는 것은 헌법에 충실하다는 것

을 넘어 스스로도 헌법에 바탕을 두고 사회문제를 만들어내는 일에 참가한다는 의미가 있다는 것이 내 생각이다.

그런 의미에서 헌법은 예를 들어 국민의 기본적인 인권을 보장한다. 즉 기본적인 인권에 관한 규정을 이용하여 사회적인 부정, 억압을 문제화할 수 있게 되는 것이다. 거기에서는 사회적인 부정의(不正義)를 집단들 간의 대립으로 표현하고 논쟁으로서 정식화한다. 즉 부정의를 분절화하는 것이다.1) 논쟁으로서 정식화되면 논쟁의 제도적인 틀과 논쟁이 이용하는 언어의 한계도 명확해지고 따라서 헌법의 조문은 사회적으로 불리한 지위에 놓인 사람, 더 정확하게 말하면 사회적으로 불리한 지위에 놓여있다고 느끼는 사람에게 문제제기를 할 기회를 준다고 할 수 있다. 그러나 이것이 문제의 해결 혹은 문제의 해소를 의미하지 않는다. 현존하는 법률체계에서, 불리한 입장에 놓인 사람은 거의 모든 경우 그 요구를 인정받는 경우가 없을 것이다. 또한

---

1) Articulation 혹은 to articulate를, 분절화 혹은 '분절화한다'라고 번역했다. 라클라우(Ernesto Laclau)와 무페(Chantal Mouffe)는 그람시의 헤게모니 개념과의 관계에서 분절화를 다음과 같이 규정하고 있다. (1) 분절화는 (사회적)여러 단편을 구분하고, 동시에 결합하는 언설적 실천이다. (2) 헤겔 변증법에 있어서의 '매개'와는 달라서, 분절화는 여러 단편을 통합하지만, 단편화하기 전의 본질적인 유기적 전체성으로 통합하는 것이 아니라, 여러 단편을 우연적으로 결합하고 조직화한다. (3) 분절화는, 따라서 유기적 전체성으로서의 '사회'를 전제하지 않는다. 분절화에 있어서 '사회적인 것'은 닫혀있는 체계성으로서의 전체성과는 모순되지 않을 수 없다. (4) 분절화의 실천에 있어서 실천가는 탈중심화를 초래한다. 결국, 분절화의 실천은 수체의 농일성을 확립하는 고전적인 의미에서의 역사석 실전이 아니다(*Hegemony and Socialist Strategy* (London & New York: Verso, 1985, pp. 93-148).

이상의 분절화의 설명을 근거로 해서 '이민'이라고 하는 비유와 분절화의 관계에 대해서 간단하게 서술해둔다. 이민이 비유인 것은, 비유가 의미의 경제로 볼 때 과잉성을 의미하는 것처럼 이민도 또한 기존의 사회관계에 있어서의 과잉(쓸데없는 사람)이기 때문이다. 의미의 개념적 동일성의 시점에서 보는 한 비유는 말과 말의 우연적인 결합에 대한 말인 것이다. 그 점에서 이민과 비유는 공명한다. 게다가 그것은 우연적인 공명이었고, 그 점에서 확실히 우연적인 여러 **단편**을 결합하고 조직화한다라는 의미로서 분절화인 것이다.

불리한 입장에 놓인 것이 법률적으로 정당한 경우도 있을 것이다. 그럼에도 불구하고 헌법의 조문은 문제제기의 기회를 계속 줘나가는 것이다.

헌법에 따라 문제제기를 함으로써 수행되는 것은 불리한 입장에 놓였다고 느끼는 사람이 그 느낌을 공적인 장에서 분절화하는 것이다. 여기서 피하지 않으면 안될 것은 사회적으로 유리한 입장과 불리한 입장이 뚜렷하게 객관적으로 정식화되어 존재한다고 생각하는 태도이다. 무엇이 불리하고 무엇을 갖고 특권으로 여길 것인가는 역사적으로 일정하지 않다. 다만 정의관의 역사성은, 어떠한 가치이고 때가 지나면서 변해간다고 하는 상대주의적인 인식을 나타내는 것이 아니거니와, 무엇이 불리한 것이고 무엇이 특권인가는, 누군가가 노력하여 실천을 통해 분절화하지 않으면 안 된다고 하는, 지극히 당연한 사실이 헌법에 나타나 있다는 것은 강조해둘 필요가 있다. 분절화는 고전적인 의미에서의 '허위의식'을 폭로하고 객관적 존재를 의식화하는 것이 아니기 때문이다. 우리들이 현재 차별이다, 특권이다 하여 부정하는 여러 가지 사회적인 입장들도 과거의 어느 시점에서는 부정의로서 분절화되지 않으면 안되었던 것이다. 분절화하기 위해서는 불리한 입장에 놓여있다고 느끼는 사람이 그 느낌을 정식화하기 위하여 그때까지의 상식을 거슬러 새로운 언어를 만들어내지 않으면 안된다. 사회적으로 불리한 입장에 놓여있다는 것을 말하기 위해서는 사람은 '일'을 하지 않으면 안된다. 양적으로 계산할 수 있을 때 그 보수도 예측 가능하고, 예전부터 보증되었던 노동과는 구별된 의미에서의 '일'을 통하지 않고서는 사회적으로 불리하다고 하는 느낌을 분절화할 수 없다. 즉 사람은 투기(投機)＝투기적(投企的)인 일을 통하지 않고서는 부정의를 분절화할 수 없다. 그것은 역사에 있어서 '만드는' 일이고 보수를 기대할 수 없는 '일'이기도 하다. 많은 경우 새로운 언어의 창출에 실패하고 그와 같은 사회적으로 불리한 입장에 놓여져 있다는 느낌은 단순한 느낌에 지나지 않게 되고 사회적 정의의 상식 안에 등록되는 일이 없는 채로 끝나버리고 말게 될 것이다. 그러나 이 역사적인 '일'들이 이루어지기 전에는 부정의는 단순한 느낌이고 부정의를 말하는 언설이 존재하지 않았던 것이다. 물론 부정의를 정식화하는 언설이 생겨난 후부터라고 해서 이러한 차별들에 의해 불리한 지위에 놓인 사람들이 구제되는 것은 아니다. 차별은 변하지 않고 잔존할 것이다.

이러한 이야기는 현재 진행중인 자민족중심주의에 대한 비판, 그리고 서양중심주의에 대한 비판에도 적용할 수 있는 것이다. 문명과 야만이라는, 이제까지 중성적이라고 생각되어 왔던 가치기준이 그 기준에서 보면 열등한 위치에 있었던 사람의 시점으로부터 문제화되었다. 그러나 서양중심주의적인 합리성 안에 있는 사람에게 있어서 그러한 자민족중심적 합리성은 바로 보편적 타당성으로 이해된다. 비서양세계에 널리 퍼져있는 선교사들의 의식에 가장 잘 나타나 있듯이 자민족중심의 입장을 유지하는 것은 야만에 문명의 은혜를 가져다주고 야만인을 인간답게 하는 것이다라는 제국주의적인 온정주의(溫情主義)로 나타난다. 또한 전전의 황민화교육이 그 전형이지만 전후 식민지를 잃은 후에도 이러한 온정주의는 일본에서도 존속하고 있다. 자민족중심주의적인 언설이 그 안에 살아있고 특권을 향유하고 있는 사람에게 투명한, 어디서도 통용될 수 있는 상식으로 주어져 있다.[2] 그러니까

---

2) '자기'(이 경우 주체로서의 합중국민의 전체성)의 동일성이, '자기'에게 있어서 '타인'의 표상을, 반드시 '자기'가 '남'에 대해서 우위에 있도록 조작하는 것에 의해 구성될 때, 이것은 개인을 넘어서는 수준이라도 나르시시즘이라고 부를 수 있다. 그것은 동일성에의 편집(偏執)이다(Robert Young, *White Mythologies* [London & New York: Routledge, 1990]). 또, 잘 알려져 있듯이, 에드워드 사이드가 오리엔탈리즘이라는 용어로 파악했던 언설편제의 기술(記述)로서도 타당할 것이다. 일본의 그 국민적 나르시시즘은 '서양의 나르시시즘'에 대한 반발임과 동시에 내면화

이러한 언설이 어딘가 수상쩍은 것이라는 느낌만 갖고 있을 것이 아니라, 그것을 분절화하고 제국주의적인 온정주의의 억압적인 성격을 정식화하기 위해서는 그러한 심성을 내면화하고 있는 자들로부터 많은 저항을 받을 것이라고 예상하지 않으면 안된다. 그것은 말하자면 성적 희롱을 성차에 기반을 둔 남성의 특권의 남용이다라고 느끼지 못하는 남성에게 여성차별의 현실을 공적인 장에서 들이대 보여주는 경우를 생각해보면 좋을 것이다. 혹은 자기들이 인종주의자라고 꿈에도 생각하지 못하는 일본인에게 일본의 사회적 현실이 인종주의적이라는 것을 제시할 때의 저항을 생각해봐도 좋을 것이다. 서양중심주의를 분절화하는 '일'은 성희롱의 경우와 마찬가지로, 이제까지 당연한 것으로서 문제시되지 않았고 불리한 입장에 여성, 비일본인을 놓음으로써 자기의 입장을 향수해 왔던 자들에게, 이제까지 보편시되어 왔던 그들의 상식과 그 합리성을 회의하도록 압박하기 위해서 종종 남성주의 회귀, 일본 회귀를 일으키고 기존의 합리성에 관한 질문에 대하여 거부하도록 하는 일이다. 미합중국의 경우 요 수년간 역사적으로 불리한 입장에 있던 흑인, 여성, 그 외의 소수자를 옹호하는 정책에 대한 반발이나 '서양문명에 대한 사랑'을 호소하며 미합중국의 서양중심적 전통으로 돌아가려는 '서양의 회귀'라는 움직임은, 서양중심주의를 분절화하는 '일'에 대한, 어떤 의미에서는 예상할 수 있는 반발일 것이다.

이처럼 헌법의 한 가지 역할은 기존의 합리성에서 보자면 불가능성이라고밖에 말할 수 없는 것 같은 '일'을 국가의 규모에서 긍정하는 것이라고 나는 생각한다. 그것은 현존하는 합리성에 바탕하여 사회 구성원 간의 상호교환성과 전달의 효율을 높여갈 때 간주관적인 공

로 볼 수는 없을까? 이 점에서도 일본은 자기 부정적인 것을 빼고, 탈중심화를 하지 않는다라는 의미로 소위 서양보다도 더욱 '근대적이다'라고는 말할 수 없을까?

약성을 증가시키는 것이지 국민으로서의 문화적 일체감을 강화시켜 가는 것은 아니다. 물론 헌법은 사회편제에 불가능성을 도입한다. 헌법은 균질지향 사회성에 따라 자기충족하여 폐쇄된 합리성에 지배받고, 균질화된 사회의 이미지에 사람들이 사로잡히는 것을 막기 위해 사회문제를 제조하는 장치이고 사회문제의 창출을 통해 사람들이 공생하는 것을 가능하게 만드는 제도이다. 역설적인 표현이지만 '사회가 불가능성이다'라는 것에 헌법의 가능성이 있다고 말해도 좋을 것이다.3)

그러나 사회문제의 창출이 왜 이 정도로 중요한가. 그것은 역사에 의해 조건지어진, 즉 과거 역사의, 현재의 효과에 의해 불리한 입장에 놓인 사람들에게 있어서, 동화주의에 의하지 않는 사회참여의 가능성을 열어 보여주기 때문이다. 피부색, 성, 제국주의의 유산, 혹은 민족적으로 승계된 것 등 때문에 사람은 여러 가지 짐을 지고 살아간다. 더욱이 현존하는 사회의 합리성 속에 침투해있고 역사는 현재의 효과에 있어서 맹위를 떨친다. 그러나 기존의 합리성에 의해 규정된 사회적 공정성에서 보면 이러한 짐에 대한 인식이 억압되어 있는 경우가 많다. 사회적으로 불리한 입장에 역사적으로 놓여져 있는 사람들, 즉 각종의 소수자가 생활체험 안에서 움켜쥔 부정의의 느낌은 이러한 기존의 합리성 안에서는 표현되어 있지 않고 사회적으로 유리한 입장에 있는 것이 온정을 갖고 '이해해줄' 수 있는 것은 아니기 때문이다.

소수자 자신은 보통 부정의를 당연한 것으로 받아들이고 있고 '일'을 통해 부정의의 느낌을 먼저 인정하고 분절화하지 않으면 안된다. 그러니까 만일 이러한 부정의를 사회문제화하는 회로가 없다면 소수

---

3) Ernesto Laclau, "The Impossibility of society," in *New Reflections on The Revolution of Our Time* (London & New York: Verso, 1990), pp. 89-92 참조 바람.

자는 균질지향 사회성의 논리에 바탕을 두고 국민국가에 동일화하는 동화주의의 입장을 취하든가, 아니면 때로는 자기파괴적인 결과를 초래할 분리주의의 방향으로 나가든가 할 수밖에 없을 것이다. 비판력을 억압하는 것 외에 국민적 공동체에 자기동정(自己同定)할 수는 없는 것이고 과격하고 맹목적인, 나라에 대한 편집증 외에는 타자와 공생할 수 없는 것이다.

세계 각국에서 배타적인 애국자가 사회적인 주변부에서 나타나는 것은 우연이 아니다. 동화주의하에서 소수자는 그 이외의 선택가능성을 가질 수 없기 때문이다. '조화로운' 사회의 견본인 현대 일본에서 소수자가 종종 억압적인 현실에 호소할 수는 있지만 이런 현실에 연관되어 있는지도 모를 일이다. 동화와 분리라는 양자택일 이외의 회로가 거의 존재하지 않는 것이다.

그런데 사회문제를 제출함으로써 소수자는 무엇을 달성할 수 있을까. 부정의의 느낌을 분절화함으로써 기존의 합리성에 의문을 제기한다고 해서 무슨 일이 일어날까. 소수자와 다수자 사이에 화해와 합의가 성립하는 것은 아니다라는 것만은 분명하다. 왜냐하면 그것은 사회문제를 제출한 후에 그 처리단계에서 일어나는 것이기 때문이다. 사회문제화라는 '일'에서 달성되는 것은 다수자와 소수자 사이에 역사의 효과로서 존재하는 전달불가능한 도랑의 존재를 명시하고, 그렇게 함으로써 상호성도 공약성도 아닌 사회성을 성립시키는 것이다. 소수자는 기존의 합리성의 한계를 지적하고 기존의 합리성을 변경시키지 못하는 한, 합의에 이르는 토론의 실마리는 있을 수 없다는 것을 보여준다. 그것에 대해 다수자는 이제껏 당연하게 여겨져왔던 사회가 자기들에게만 구색이 맞고 소수자를 억압한 합리성이었다는 사실에 직면하게 된다. 여기서는 합리성을 둘러싼 대립과 투쟁이 일어난다.

이러한 대립, 논쟁, 더 나아가 투쟁에 있어서 기존의 합리성을 재분절화함과 동시에 자기들 자신도 탈중심화하고 변해 간다. 물론 여기서 말하는 다수자와 소수자라는 입장은 이중의 의미로 고정되어 있지 않다. 하나는, 다수자와 소수자의 입장은 늘 기존의 언설에 의해 결정되어 있기 때문에 합리성을 재분절화하는 과정에서 다수자와 소수자의 각각의 동일성에 대한 규정 그 자체도 변해 간다. 다른 하나는, 다수자와 소수자라는 입장은 어떤 문제를 주제화하는가에 따라 변해간다. 주제의 취급방법에 따라 사람은 자기가 소수자라는 것을 보기 때문이다.

더욱이 이 대립과 투쟁에 있어서 소수자와 다수자는 공생하고 동시에 사회성에 관계한다. 반론하고 상대의 합리성을 비판하는 그 '일'의 한복판에서 때로는 증오를 통해서도 사람은 대립하는 상대방과 공생한다. 타자와의 사이에 심연처럼 열려져 있는 비공약성에 대한 인식은 자기가 느끼고 있는 사회적인 부정의의 느낌을 분절화하려고 하고 갈등을 지속시키는 한에서 사람을 계속 다독여 나간다. 상대방을 가능한 청자(廳者)로 상정하고 상대방이 자기의 호소를 이해하지 못한다고 해도 상대방에게 이해시키듯이 상대방에 대한 호소를 중단하지는 않을 것이다. 그것은 사람이 보지도 못하고 알지도 못하는 언어를 배워나가고 알지도 못하는 사람에게 어떻게 해서든 접근하며 동시에 살아가려는 자세와 어딘가 닮은 구석이 있는지도 모른다. 타자에게 전달할 수 없다는 비공약성에 대한 인식은 나 혹은 우리가 타자를 향해 열려진 한에서 가능할 것이다. 비공약성에 대한 인식은 타자로 향해 '일'을 행하는 한에서 얻어지는 것이다. 우리들 사이에는 간주관적인 상호성, 즉 상대방의 몸이 되어 느끼기도 하고 생각하기도 하는 것이 궁극적으로는 불가능하다는 인식은, 바로 내가 타자를 향해 손을 뻗는 것을 그만두지 않기 때문에 타자를 향해 열려져 있는 것을 정지시키지 않는 그때 비로소 얻어지는 것이다.

'이민'이라는 비유

'이민'이라는 비유로 시사되는 사회성이 여기에는 있는 것처럼 여겨진다. 그리고 헌법은 사회편제에 대한 작용이라는 점에서 '이민'이라는 비유와 동일하게 기능하는 일면을 갖는다. 다만 이민을 미합중국과 남아프리카, 오스트레일리아 같은 식민자에 의해 만들어진 국가의 독점으로 생각해서는 안된다. 나는 '이민'이라는 말을 모든 나라에 존재하는 것으로서, 어디까지나 사회성을 나타내는 비유로서 사용하기 때문이다.

잘 알려진 대로 칼 슈미트는 궁극적인 국민적 동일성의 구성을 적과 아군이 애매함이 없이 구별되는 전쟁 상태에서 보았다. 이 통찰은 국민국가가 대등한 주권으로서 병존하는, 근대의 국제사회의 존재방식 중 가장 명확한 표현일 것이다. 내인(內人)과 외인(外人)을 명확하게 구별하는 것 말고 국민국가는 자립할 길이 없고 근대가 되면서 국민국가의 필수적인 제도로서 수립되는 여권의 발행, 국경의 설정, 국민개병제도 등은 모두 이러한 국민국가의 밖과 안을 명확하게 구분하는 구성원리에 따른 것이다. 이 제도들은 국가안전의 논리적인 요건이고 국가안전은 국민국가를 구상하기 위한 기축적인 역할을 했다. 그러나 외적으로부터 국가의 주권을 수호한다는, 언뜻 보면 납득하기 쉬운 군사적인 요청과 동시에 국가안전이라는 이념에 토대를 두고 국민공동체의 통일을 도모한다는 의의를 간과해서는 안될 것이다. 미합중국과 일본의 경우 외적으로부터 국가의 주권을 수호한다는 발상은 점점 더 공상화하고 현실성을 잃어가고 있다. 제2차 세계대전 이후의 역사가 고전적인 전쟁관을 대대적으로 무효화시켰던 점을 부정하는 사람은 적을 것이다. 국민개병제와 같은 제도를 폐기하는 나라가 증가일로에 있고, 국가안전이라는 사고는, 오히려, 국내를 향하는 동화주의의 정치수단으로도 중요했다는 것이 점점 더 분명해졌다.

적과 아군의 이분법은 국민공동체에 동일화하는가 그렇지 않은가 (그렇지 않다는 것은 다만 다른 국민공동체에 동일화하는 것을 말한다) 하는 단순화된 이항대립에, 개인이 가질 수 있는 국민공동체에 대한 다양한 관계를 환원시켜 버리고 단순화시켜 버린다. 군사적 위협으로부터 '우리나라'를 지킨다고 큰소리로 위협(통갈〔恫喝〕)하는 것은 역사적으로 껴안고 있던 착종된 국내사정을 일거에 없애(사상〔捨象〕)버리고 그런 의미에서 오로지 결단주의적인 국민공동체에 동일화하는 꿈(fantasy)으로서 애국심에 대한 향수를 환기시킨다. 냉전하의 미합중국에서는 공산주의가 이 위협적인 큰소리의 틀에 박힌 말로 널리 사용되었다는 것은 주지의 사실이다. 또한 대만전쟁 때의 미합중국의 세론(世論)은 이 꿈에 사로잡힌 국민이 집단으로서 어떤 행동을 취했는지 훌륭하게 가르쳐 주었다. 미합중국의 국민적 나르시시즘이 자국의 독자성을 과시하는 신주의식(神州意識)에 물들었던 것도, 미합중국과 그 외의 나라들을 절대적으로 이분화할 필요가 있었기 때문일 것이다.

동화주의를 받아들이는 소수자가 이러한 이분법을 좋아하는 것은 이 이분법이 국민공동체 안에 있는 다양한 대립들과 부정의를 망각시키기 때문이고, 그것은 소수자 자신이 국민공동체에 동일화하기 위해 스스로가 체험적으로 알고 있는 부정의에 대한 인식을 억압하는 방식과, 말하자면 모습이 비슷한 형태를 만들어내기 때문이다. 바로 자기 자신이 소외되어 있다는 것 때문에 동화주의를 받아들이는 소수자는 적과 아군의 이분법에 의해 무매개적으로 아군의 한 패거리로 들어와 받아들여지게 되는 것을 매우 희구할 것이다. 흡사 적을 증오하는 데에서 자기의 국민적 동일성의 보증을 얻고 '모든 패거리에 들어와 받아들여질 수' 있듯이.

이에 대해 '이민'이라는 비유에 의해 나타나는 국민공동체의 존재방식은 이민이 국경을 넘는 양의적인 존재인 이상 적과 아군의 이분법을 착란시킨다는 것은 금방 알 수 있을 것이다. '이민'이라는 비유에 의해 나타나는 국민공동체의 경우 적을 상정함으로써 국민적 동일성의 확보를 도모하는, 안이한 길은 생기지 않는다. 그리고 그와 같은 안이한 길을 정부가 만들어 주었을 때 일어났지만 이민이 궁극적인 동화주의자가 됨으로써 박해를 피하려고 했던 것이며 혹은 미합중국의 경우를 두고 말한다면 제2차 세계대전 중 일본계 사람의 강제수용 사태를 들 수 있다. 일본계인은 일본(적)과 미합중국(아군)의 이분법을 뛰어넘는 양의적인 존재였던 것만이 아니라 비서양(적의 인종군[人種群])과 서양(아군의 인종군)의 이분법을 초월하는 양의적인 존재이기도 했다. 주지하다시피 독일계와 이탈리아계의 이민은 강제수용되지 않고 일본계만 강제수용되었던 것인데 그 이유는 여기에 있다. 순혈주의자(純血主義者)는 균질지향 사회성 이외의 사회구성원칙을 생각하지 않기 때문에 이민은 국가안전보장에 대한 위협이라고 말한다. 그들은 습관과 언어의 공동기반이 없으면 사람들은 함께 살고 생활을 공유할 수 없다고 철두철미 결단한다. 그러나 이민은 그 존재로부터 말할 때 공생과 공존을 구할 수밖에 없는 존재이다. 따라서 군사적인 수단에 의해 국가간의 분쟁을 해결하자고 호소하기 위해서는 문제가 되고 있는 나라에서 온 이민을 먼저 배제하지 않으면 안될 것이다. 혹은 이민을 극단적인 동화주의자로 개종시키지 않으면 안될 것이다.

미합중국의 사회편제에는 이 두 가지의 대립하는 계기들이 공존하고 있다. 하나는, 균질지향 사회성으로 향하는 국가안전의 구상을 기축으로 한 국민공동체의 상(像)이고 다른 하나는, '이민'의 비유에서 시사되는 공동체의 상이다. 물론 미합중국의 헌법이 오로지 후자의 계기만 옹호하고 있다고 보는 것은 무리다. 헌법에는 참전권의 규정도 있고 미합중국국민의 만안전쟁(灣岸戰爭＝걸프전)에 대한 지지가 어느 정도 높았던 것도, 베트남전쟁과는 달리 헌법에 따라 선전포고된 것이기 때문이다. 그러나 헌법이 '이민'의 비유로 시사되는 사회성을 지지하는 기능을 했다는 것도 주장할 수는 없다. 만안전쟁으로 거국일치체제로 고정화된 것처럼 보였던 세론은 일년도 못 되어서 미합중국의 매스미디어에 의해 전쟁당시의 행동에 대한 비판으로 기울어졌다. 이러한 요동은 부정의의 느낌을 분절화하는 일을 장려하고 긍정한다. 이것은 헌법의 일면을 생각하지 않으면 거의 이해할 수 없는 일이라는 것이 내 생각이다. 그러니까 미합중국은 일면에서는 국민적 나르시시즘이라고 특징지어지는 것 같은 배타적인 공동체의 꿈을 쫓는, 말하자면 황국 소년소녀 같은 동화주의자를 많이 껴안은 근대적인 국민국가이지만, 다른 면에서는, 존 오카다가 암시했듯이 사회구성원 모두가 '외인'이고 '내인'이 없는 공생의 존재방식을 목표로 한다고도 말할 수 있다.[4] 미합중국의 사람들에게 다른 나라의 주권을 존중하는 의식이 약하고 그런 의미에서 근대적인 국제사회에서 잘 생활할 수 없는 데에는 제국주의적인 태도의 측면이 있다는 것을 부정할 수 없다고 해도, 어느 정도는, 그 이유를 '외인'과 '내인'을 구별하지 않는, 이민적인 그리고 '비근대적인' 사회성에서 찾아야만 할 것이다.

그런데 일본에 있어서 균질지향 사회성이 아닌 사회성을 찾는다면 그것은 어디에서 찾아낼 수 있을까. 그런 것이 일본에는 있을 수 있을까.

헌법 제9조는 국경을 걸쳐 있다

요 수년간 미합중국에서 일본에 대한 보도가 비약적으로 증가하였

---

4) John Okada, *No No Boy* (San Francisco: Combined Asian American Resources Project Inc., 1976; 中山容 譯, 『ノノボイ』, 晶文社, 1979).

다. 경제·무역관계의 뉴스만이 아니라 천황의 죽음과 신천황의 즉위를 둘러싸고 신문, 잡지, 텔레비전 등 많은 기사와 프로그램을 준비하였다. 그런데 헌법에 관한 보도는 놀랄 정도로 적다. 천황이 교대하고 만안전쟁이 일어났을 때에는, 당연한 일이겠지만, 일본국 헌법을 건드리지 않고서는 사건의 의미와 일본정부의 대응을 이해할 수 없었을 터이지만, 그래도 헌법, 특히 제9조의 역사적 의의를 설명하려고 했던 기사나 프로그램은 놀랄만큼 적었다. 천황, 진주만 공격, 히로시마(廣島)와 나가사키(長崎)의 원폭투하 같은 토픽들의 인기에 비해 헌법이 어째서 그토록 인기가 없을까. 직접적인 답은 분명하다. 미합중국의 신문과 방송국도 일본정부도 주미대사관도 적극적으로 헌법을 끌고 들어와 일본정부의 행동을 설명하려 들지 않기 때문이다. 더욱이 1950년경부터 시작하여 1953년 당시 부통령이었던 닉슨의 방일에서 명확해진, 일본국 헌법 제9조에 대한 미합중국 정부의 태도변경 이후, 미합중국 정부는 일본국 헌법에 대해 할 수 있는 데까지 언급하지 않았기 때문이다. 그러나 헌법이 인기가 없던 이유는 다른 곳에도 있을 것이다.

일본에 대한 미합중국 국민 일반이 갖고 있는 제한된 정보에도 불구하고 진주만 공격, 히로시마와 나가사키의 원폭투하 사실은 널리 알려져 있고 일본은 전쟁에 의해 괴로움을 맛본 패전국으로 이미지화되어 있다. 그러니까 헌법 제9조는 역사적인 문맥에서도, 또한 미합중국민의 일본과의 이전의 교섭에서 보아도 이해하기 쉬운 것이었을 터이다. 일본사에 대한 막대한 지식이 없어도 과거의 침략에 대한 반성과 비참한 패전이라는 경험이 헌법 제9조에는 결정화되어 있는 것으로 볼 수 없다는 생각을 할 수 있다. 더욱이 제9조에 표현된 원칙은 알기 쉽게 국경을 초월해 사람들에게 호소하는 힘을 갖고 있다. 그럼에도 불구하고 미합중국의 매스미디어는 일본의 헌법을 이야기하지 않고 미합중국과 일본정부를 추종하고 있을 뿐이다.

미합중국에서 천황제는 근대적인 제도로 이미지화되어 있지 않기 때문에 천황제가 헌법에 규정된 제도라는 것을 아는 사람은 의외로 적다. 천황제는 동양취미의 틀에서 받아들여지는 것이 보통이다. 그런데 헌법을 끌어들이게 되면 동양의 전통의 틀만으로 이해하는 것은 곤란해진다. 그것은 분명히 서양에서 동양으로 이식된 제도로 이해할 수밖에 없다. 헌법은 먼저 서양/비서양이라는 이분법으로 수렴되지 않는다. 일본의 경제와 기술에 관해서는 이러한 이분법이 해당되지 않는다는 것이 미합중국민 대다수에게는 이미 납득되어 있다고 해도, 그들에게는 마치 화혼양재(和魂洋才)를 뒤집은 양혼화재(洋魂和才) 같은 것이라고도 해야 할, 어디까지나 서양을 다른 문명과 다른 독특한 문화로 보고 싶어하는 편집적인 경향이 있고, 일본은 물질적인 것은 서양에서 배울 수 있어도 정신적이고 이념적인 것은 배울 수 없다는 사고가 있다. 헌법 같은 국민의 정신적인 지주가 되어야 할 제도가 동양의 섬나라(島國)에서 중요한 역할을 하고 있다는 것은 상상하기 어렵다는 것이다.

일본에서는 일본문화의 독자성을 상찬하기 위해 문화주의자는 이 이분법을 받들었다. 그들은 기본적으로는 일본은 물질적인 것은 서양에서 배울 수 있어도 정신적이고 이념적인 것은 배울 수 없다는 사고를, 미합중국의 사람들과 공유하고 있다. 그들의 학문은 이 사고에서 출발하며, 그런 한에서, 말하자면 오리엔탈리즘 그 자체를 무비판적으로 내면화하고 있다는 점에서 '서양인'과 다르지 않다는 것이, 똑같은 이분법이 서양 쪽에서 서양의 독특성을 말하려고 할 때 이용된다는 사실에 의해 훌륭하게 드러난다고 말할 수 있다. 그러니까 문화주의자들이 그리는 일본이 저항 없이 미합중국에서 받아들여지는 것과 달리 헌법은 비서양의 문물을 이해하는 틀로 수렴되지 않기 때문에 일반

독자나 시청자에게는 좀체 이해되지 않는 것이다. 일본국헌법은 서양과 비서양의 구분을 걸쳐있어 이분법으로 수렴되지 않는 것이다.

헌법 제9조의 경우 사태는 훨씬 더 복잡해진다. 왜냐하면 미합중국과 일본의 관계는 진주만과 원폭투하라는 거의 신화화된 역사적 사건을 경유하지 않으면 말할 수 없는 것이기 때문이다. 작년에 열린 만안전쟁과 그 뒤에 이은 진주만공격 50주년 기념, 또한 저팬패싱론의 폭발이라는 일련의 사건 속에서 진주만공격과 원폭투하가 어떻게 미합중국의 '국민적 이야기'[5]로 파악되었는지 매우 분명하게 표현되었다. 원폭투하는 국민적 죄악감을 동반하지 않고는 상기할 수 없기 때문에 상기되도록 전위시킬 필요가 생겨나는 것이다. 변명을 수식어로 꾸며 말하듯이 원폭투하는 반드시 변명을 동반하며 이야기되고 정당화의 논리를 동반하지 않고서는 원폭투하는 상기될 수 없다. 일본에서는 원폭에 관하여 미합중국을 비난하는 소리가 그 정도로 높지 않은데 미합중국인은 원폭 이야기가 나오면 일본인이 비난받는 것처럼 멋대로 상정하고 처음부터 자기변명의 태도를 취해버린다.

죄악감을 갖는 것은 일본에서 전쟁책임에 대한 감각을 계속 갖게 되는 태도와 마찬가지로, 오히려 과거를 억압하지 않고 역사에 직면하려고 하는 사람이라면, 누구라도 받아들이지 않으면 안 되는 사태이다. 그러나 상대방에게 말을 걸지도 않고 '국민적 독백'처럼 자기변명을 늘어놓는 것은 도대체 어떤 것일까. 내가 흥미를 갖는 것은 자기변호와 죄악감의 전위라는 구조 쪽이다. 그것은 예를 들어 다음과 같은 모습을 띠고 나타나는 경우가 많다.

역사에 뭔가 대차대조표 같은 것을 상정하고 원폭투하는 사실 이전에 있었던 빚을 돌려준 것이라고 하며 심리적으로 정당화하려고 한다.

---

5) '국민'과 '말' 특히 '이민'에 대해서는, Homi K. Bhabha, "Dissemination time narrative and the margins of the modern world," in Homi K. Bhabha, ed., *Nation and Narration* (London & New York: Routledge, 1990) 참고 바람.

원폭투하를 대(對)로 하여 '대차없는 것'으로 하기 위해 선택되는 것은 일본 해군에 의한 진주만 공격이다. 더욱이 역사에 대차대조표를 갖고 들어오게 허용하는 것은 진주만공격과 원폭투하를 미합중국민과 일본국민이라는 두 개의 국민들간의 대차대조 관계로 보는 견해이다. 이 의논에 있어서 미합중국민도 일본국민도 함께 일체화한 두 개의 국체(나라〔國〕라는 이름의 신체)로 표상된다. 진주만에서 죽은 미합중국의 병사는 미합중국민의 마이너스 재산이 되고 히로시마와 나가사키에서 죽은 일본의 시민이라는 일본국민의 마이너스 재산과 교환되는 것이다. 개(個)로서의 국민의 죽음이 전체성으로서의 국민에 의해 소유되며 국민 개인의 죽음이 전체성으로서의 국민에 귀속 소유되는 것이다.

이러한 이분법에 있어서 죽은 개인의 삶이 갖는 단독성은 무시되고 교환가능한 양이 되어버린다는 논란만이 아니라 막대한 수의 아시아 대륙의 사자(死者)들, 그리고 예를 들면 원폭으로 피폭되어 죽은 당시 대일본제국의 이민(移民)인, 조선으로부터 온 '천황의 적자(赤子)'들 같은 소수자의 죽음은 어떻게 할 것인가라는 의문을 억누르기 어렵다.

진주만공격을 원폭투하와 교환할 수 있다고 발상하는 데 필요한 조건은 전쟁이라는 사실이다. 전쟁에 있어서 불운은 피할 수 없다고 주장하는 것만이 아니라 전쟁을 국민적 공동체의 구축에 필요한 것으로 긍정할 필요가 있다는 말이다. 전쟁을 긍정하지 않는 한 진주만공격과 원폭투하를 병치시킬 수 없는 것은 분명할 터이다. 그러나 이러한 원폭투하의 정당화는 어디까지나 복수의 논리라는 데에서는 변함이 없다. 이 논리는 국경을 넘어 적에 대해서도 설득력을 갖지 못한다. 더욱이 때로는 나라와 나라의 이분법이 아닌, 국경과는 다른 선에 따라 적과 아군을 분절화하는 가능성을 생각하지 않으면 안되는데, 처음부터 그 가능성을 방기하고 있다.

그런데 헌법 제9조는 복수의 논리에 의한 정당화를 무너뜨린다. 전쟁 그 자체를 부정하려고 함으로써 전쟁의 비참성이라는 경험을 전쟁이 일어나지 않게 하는 제도에 대한 욕망으로 향하게 만든다. 그와 동시에 헌법 제9조는 자국 대 적국의 이분법에 의한 균질적인 국체건설을 불가능하게 해버린다. 그리고 개인의 죽음을 국체에 동화시키는 것을 불가능하게 만들어버린다. 헌법 제9조는 국민국가를 죽음의 공동체로 표상함으로써 국민의 주체화를 도모하는 근대의 국민국가의 전형적인 자기제작의 기술(techne)을 무효로 만들어 버린다. 그런 의미에서 마치 '이민'이라는 비유로 나타난 사회성처럼 균질지향 사회성에 의한 국민국가 건설에 저항하는 것이다. 여기서 헌법 제9조가 국가안전의 계기에서만 미합중국의 국민공동체를 생각하는 사람들에게 왜 받아들이기 어려운지 알 수 있을 것이다.

그러나 헌법 제9조가 하나의 불가능을 지시한다는 것을 잊어버려서는 안될 것이다. 전쟁이 없는 세계는 아직 나타나지 않았기 때문이다. 기존의 합리성에서는 헌법 제9조가 희구하는 사태는 실현할 수 없는 것이고 이 조문이 재촉하는 것은 기존의 합리성을 문제시해 가자는 것이며 기존의 합리성에 의해 분절화할 수 없는, 새로운 역사적인 현실에 계속 관심을 가지라는 것이 아닐까.

헌법 제9조의 가능성

군사력을 사용하여 국제분쟁을 해결하는 것이 점점 유효성을 잃어가고 있는 현재 군사력을 경감시킴으로써 경제발전을 도모하는 것은 이상한 일이 아니고 특별히 변명을 하지 않으면 안 되는 문제도 아니다. 오히려 헌법 제9조는 상대 국가에 관계하지 않고 일방적으로 국제관계에 대해 언급함으로써 근대국가의 주권 범위를 크게 제시하고 있다는 점에 주목해야 할 것이다. 이 조문은 국제분쟁에 대해 규정하고 있고 그런 의미에서 국경을 걸쳐 있으며 이 때문에 자위(自衛)의 문제가 조문에 내재하는 모순으로서 끊임없이 생겨난다. 그런데 이 조문이 갖는 이상주의적인 낙천주의라고도 이름 붙일 수 있는 월권성은 동시에, 평화는 밖을 무시하고 안으로 닫힌 국민만의 합의로는 달성할 수 없고, 마치 이민이 그러하듯이, 다른 국민에게 국경을 넘어가게 작용하고 혹은 다른 국민에게 국경을 넘어 들어오라는, 균질지향사회에서는 처리할 수 없는, 새로운 사회관계를 국민적 동일성과는 다른 문맥에서 만들어내라고 요구하고 있는 것은 아닐까. 헌법 제9조의 조문이 지시하는 사태가 실현되려면 일본의 국민 이외의 사람들과의 합의가 필요하고, 이 조문에서는 일본국민만을 청자로 설정할 수 없는 사태가 생겨난다. 이 조문에 자위문제가 없는 것처럼 보이는 것은 이 조문이 일본인 이외의 사람들을 향해 언표된 것도 아니고 조문으로서의 언어행위의 역할을 하지 않고 있기 때문이 아닐까. '나는 싸우지 않는다'라는 언표는 전투의 상대방일 수 있는 당신을 향해 발화된다는 조건이 만족되지 않는 한 이 언표의 수행, 즉 이 언표에 의해 나타난 약속의 선언이 될 수 없기 때문이다. 상대방이 없는 장에서 발화되면 그것은 단순한 '기도'이거나 '국민적 독백'에 지나지 않게 될 것이다. 더욱이 상대방은 당신의 말을 이해할 수 없을지도 모르고 이야기를 거는 행위는 상대방의 이해를 보증해 주지도 않는다. 그것은 이민이 늘 하는 것 같은, 상대방을 향한 투기(投機＝投企的) 행위일 수밖에 없는 것이다.

그런데 전후 헌법 제 9조가 조금씩 퇴색해갔던 내력을 생각해볼 때 일본의 국민적 공동체는 결국 균질지향 사회성 이외의 사회화 원리를 가져오지 못했고 자폐적이고 자민족중심주의적인 국민국가밖에 되지 못했다는 감개를 금할 길이 없다. 헌법 제9조는 결국 '국민적인 공모'

의 노리개에 지나지 않았던 것일까.

지금까지 내가 헌법 제9조를 생각하면서 안내하는 실처럼 내 생각을 의지해온 것은 존 오카다의 『노노보이』라는 일본계 미국인의 강제 수용과 병역거부를 주제로 한 소설이다. 이 소설에 집착함으로써 일본의 국민국가의 틀에 수렴되지 않는 역사를 생각해보고, 국민적 서사의 범위에 구속받지 않으면서 헌법 제9조의, 국가주권을 월권하는 방식을, 강국이 약소국의 주권을 초월하는 것과 다른 의미에서 생각한 것이 이 소설은 아닐까 생각해보게 되었다. 일본국 헌법에는 천황제의 규정을 포함한 다른 조문들이 있고 일본국 헌법이 총체로서 이민적인 사회성을 지시하고 있다고 말하려는 의도는 전혀 없으며 나도 일본국 헌법을 모두 지지하는 것은 아니다. 바꾸어야 할 부분도 많다고 생각한다. 그런데 『노노보이』를 따라 헌법 제9조를 생각해 보면, 이 헌법이 갖는 과격한 측면과, 근대의 과잉규정성을 긍정하고 국민국가가 균질지향 사회성 아래에서 화석화되어 가는 것을 방지할 수 있는 가능성을 더 잘 볼 수 있지 않을까 하는 것이 내 생각이다.

이 조문은 일본의 정부, 군대, 혹은 시민이 행했던 과거를 억압하지 않고 직시하는 것을 가능하게 할뿐만 아니라, 현재 나타나는 과거의 효과로서의 역사에는 전쟁이라는 과거가 포함되어 있기 때문에 '국민적인 서사'로서의 국민사로는 포착되지 않지만, '국민적인 서사'로부터 넘쳐나는 이민적 역사에 우리가 대결하는 것을 가능하게 해준다. 즉 헌법 제9조는 일본국민의 과거만이 아니라 일본 국민국가에는 들어가지 않는 사람들의 과거도 계속 포함시키며 이민을 받아들이는 가능성도 보여주는, 헌법의 조문으로서의 언어수행기능을 다하고 있다. 헌법 제9조라는 발화행위에는 고대인이 '확충'이라고 불렀던 사태가6) 구

---

6) 맹자의 公孫丑章句上에는 '측은의 정'에 대한 유명한 설화가 있다. '확충'은 이 일설에 의한다. 거기에는 '무릇 나에게 사단 있는 사람은 모두 넓혀 길을 충(充) 하는 것을 알고 있다. 불이 타오르기 시작하고 샘에 비로소 다다르기 시작하는 것

조적으로 짜넣어져 있다고 생각할 수밖에 없으며, 국민국가를 넘어 확충되어 가는 것은 현재의 국제사회에서 인정된 합리성에 대해 문제 제기를 하는 것이고, 그렇게 함으로써 공생의 가능성을 만들어나가는 것이 이 조문에는 발화의 구조로 설정되어 있는 것이다.

(부기: 초고단계에서 다카하라 타카오[高原孝生]씨와 이 논문에 대해 토론할 기회를 가질 수 있었다. 다카하라씨로부터 많은 것을 배울 수 있었다는 사실에 고마움을 표하고 싶다)

이 젊음이다'라고 되어 있다. '측은의 정'에 있어서 '우물 안에 빠진 아이'와 '넓은 바다 위에서도 갈 곳 없는 보트피플'의 비유적인 유사성을 부인하는 것은 어려울 것이다. '이민'은 측은의 정에 의해 투기적(投機＝投企的)인 공생의 가능성을 찾아내는 존재이다.

4장 편재하는 국가
—두 개의 부정: 『노노보이』를 읽는다

회귀 없는 귀환

이 두 개의 부정을 표제로 한 소설 『노노보이』(*No No Boy*)에 있어서 놀랄만한 일관성을 가지고 추구되고 있는 것은 국가의 편재(遍在)라는 주제다.

그러나 국가의 편재는 단순히 주제로서만이 아니라 화자가 상정된 독자를 향해 이야기를 거는 구조로서 분절화되어 있다. 이것은 의외라고 말할 수밖에 없을 것이다. 이 소설이 쓰여지고 거기서 묘사된 사건이 일어난 미합중국만큼 국가에 대해 이야기하는 것이 적은 장소는 없지 않을까. 일반 통념으로서는 미합중국에는 연방 주정부는 있어도 국가는 존재하지 않고 국민의 의지를 수행기관은 있어도 억압적이고 개인의 도덕 및 내면성에까지 파고드는 국가는 존재하지 않는다. 즉 미합중국에서 국가에 관한 문제의식은 철저하게 회피된다.

생활의 여러 측면들을 통제하는 실체로서 국가가 편재하는가 어떤

가는 현재 문제가 되지 않는다. 오히려 이 작품에서는 시종일관 국가의 존재를 계속해서 끊임없이 묻지 않으면 안되는 시각이 설정되어 있고 거기에서부터 이야기를 잣고 있다. 거꾸로 말하면 이러한 시각에 있어서 국가는 편재하는 것으로서 나타날 수밖에 없다는 것이다.

이러한 시각은 먼저 주요인물인 이치로를 '징병거부'자로 설정함으로써 확립된다. '징병거부'자는 일종의 범죄자이고 국가에 대한 범죄를 범한 자로서 규정된다. 근대사회에서 범죄는 일반적으로 국가에 대한 죄로 정의되는 이상 '징병거부'는 '납세거부'나 '음주운전'과 마찬가지로 범죄 일반으로 처리되는 측면을 갖는다. 그러나 다른 범죄와는 비교해서 안 될 긴 사정(射程)을 가진 범죄다. 그것은 단순히 국가의 법에 대한 침해가 아니라 국가가 국민전체성의 상과 결합하는 접합점 그 자체에 관련되는 것이고 특히 미합중국처럼 국가에 대한 문제의식이 은폐되어 있는 곳에서는 국가에 대한 질문을 끊임없이 환기시켜 버리는 범죄이다.

미합중국에서 태어나고 일본계 1세의 부모 밑에서 자란 이치로는 태평양전쟁이 시작하면서 일본계 미국인으로서 가족과 함께 강제수용소로 보내진다. 강제수용소에서 2년을 보낸 후 다른 적령기의 일본계 미국인처럼 징병되지만 이치로는 징병을 거부하고 감옥으로 보내진 후 2년을 복역한다. 이 소설작품에서는 중심인물의 이러한 과거가 단편적으로 이야기되고 이야기의 배경을 만들어간다. 따라서 이치로의 과거를 결정적으로 한정하는 '징병거부'는 당연한 일이지만 이야기의 전개를 규제하는 틀이 되고 있다. 그리고 이 작품은 그 시작을 국가를 향해 'no', 국가를 구현하는 재판관을 향해 절규하는 '아니오'에 두고 있다고 생각해도 좋다.

작품은 이치로가 복역을 마치고 양친이 사는 시애틀로 돌아가는 것으로 시작한다. 이치로는 어떤 치명적인 '아니오'로부터 돌아오는 것이다. 그것은 일 개인의 행위를 통해 결정적으로 각인된 커다란 역사로부터의 귀환이고 옛적에 무구했던 자기에게로 회귀하는 것이다. 그러나 다른 귀환병처럼 전쟁에서 돌아올 수는 없고 과거는 하나의 죄로서 이치로에게 남아 있다. 따라서 죄로부터의 정화를 통과하지 않고서 회귀는 달성될 수 없는 것이다. 다만 지금 내가 주의하지 않으면 안되는 것은 이 작품이 하나의 회귀로 구성되어 있음에도 불구하고 과연 이치로는 회귀를 의도하고 있는가, 더 나아가 이야기꾼은 회귀의 이야기에 충실하게 그 언표를 조직하고 있는가라는 두 가지 점이다.

이치로도 이야기꾼도 이 작품의 이야기 안에 구성되어 있기 때문에 흡사 스스로 존재하는 것처럼 취급하여 그 의도를 묻는 것은 확실히 우습다. 어디까지나 이 작품의 이야기의 균형계에 따라 구성된 발화주체로서만 그러한 물음은 의미가 있다. 그러니까 내가 여기서 물으려고 하는 것은 작품의 이야기의 걸개로서 주어진 '회귀의 이야기와 주요인물 이치로의 관계이고 또 이야기꾼의 이야기와 작품 전체와의 관계이다.

먼저 이야기꾼은 '징병거부'한 이치로의 과거로부터의 회귀를 흡사 속죄와 허가를 구하는 과정처럼 이야기한다. 먼저 이치로와 같은 과거를 가진 프렛 아키모도의 무익한 반항에 대해 이야기꾼은 다음과 같이 말한다.

"여긴 아메리카야. 아메리카인을 위한 아메리카란 말야. 자네는 자기가 일본인이라는 것을 증명하려고 감옥에서 2년 동안 지냈을거야. 일본에 가게"라고 말하면 적어도 상대방을 물끄러미 쳐다보는 듯한 적하고는 싸우는 게 좋아. (51)

더 나아가, 미합중국에 대한 충성을 거절한 일본계 미국인에 대해서,

그런데 그(=이치로)나 프렛, 그리고 포카를 치던 다른 네 명이 광기의 일순간에 자기의 아메리카 인성(人性)을 부정했던, 완전히 아메리카 태생의, 아메리카에서 교육을 받았던 일본인은 회복하려고 하지 않고 자기의 아메리카 인성을 방기해 버렸을까. 회복하려고 하지 않고 방기하는 것이 가능할까. 속죄하고 싶은 바램은 없을까. 물론 있을 거야. 그는 아직 (합중국) 시민이잖아. …사람들은 망각하고, 망각하는 것으로 허용하지. (51) (주: 원문에는 시제가 이야기꾼의 이야기와 이치로의 독백을 구별하고 있다. 그러나 시제는 미묘한 점에 오면 혼란스러울 수 있다. 그것은 이야기꾼의 입장과 이치로의 입장이 중복되고 두 개의 입장을 구별하는 것이 불가능한 지점에서 이야기가 발화되는 것을 나타낸다. 번역에서는 과거시제를 무시했다.)

속죄하고픈 바램을 말하는 것, 과거의 행위를 죄악감으로서 말하는 것은 단순한 상황의 묘사로도, 객관적인 사실 전달을 목표로 한 진술로도 볼 수 없다. 그것은 고해라는 발화행위가 되기 때문이다. 고해는 화자와 청자간의 특정한 권력관계를 전제로 하지 않으면 성립되지 않는 발화행위이다. 먼저 화자는 자기에 대해 이야기하고 그렇게 함으로써 타자가 볼 수 없는 화자의 내면과, 타자의 눈길에 의해 드러난 화자의 외면을 구별한다. 물론 화자의 내면이라는 것이 미리 존재하고 있고 그것이 고해같은 발화행위에 의해 개시되는 것이 아니라 바로 고해를 포함한 각종의 언설장치에 의해 구성된다는 점에 대해서는 새삼스럽게 반복할 필요가 없을 것이다. 여기서 문제가 되는 것은 이렇게 구성된 이야기꾼의 내면은 미리 청자의 입장을 그 상관항으로 포함하고 있다는 점이다. 타인에게는 피력하지 않는 자기의 내면을 나눠갖는 상대방으로서, 더 나아가 내면의 죄악감을 제거할 능력을 가진 상대방으로서 '청자'가 정립되어 있고, 그와 같은 '청자'의 입장을 전제하는 한에서 이야기꾼의 내면은 분절되어 있는 것이다. 더욱이 고해가 종종 스트립 티즈(strip tease)에 비교되듯이 이 발화행위에 있어서는 화자와 청자 사이에는 압도적인 불균형이 있지 않으면 안된다. 즉 화자는 타인에게는 보이지 않는 치부를 선택적으로 청자에게만 열어 보여주고 더욱이 청자는 화자에게 자기를 개시할 위험부담으로부터 벗어나게 해준다. 여기서 화자의 내면과 외면의 구별은 '보여주는 상대방'의 선택과 분명히 일치한다. 청자와 화자의 내면의 상관관계를 더듬어가 보면 화자의 내면은 특정한 청자에게만 '보여야 할' 것이고 화자의 외면은 불특정한 청자 일반에게 보여도 상관없는 것이라는 사실을 알 수 있다. 더욱이 청자는 '벗길' 의무로부터 해방되어 있고 '벗길' 결의가 품고 있는 위험을 시도할 필요가 없다.

『노노보이』의 화자는 이치로를 이러한 고해의 화자의 입장에 위치시키려고 하는 것으로 볼 수 있다. 만일 이치로가 이렇게 규정된 고해의 화자와 완전히 동일화된다면 그때 독자인 '당신'은 '청자'의 입장에 놓이게 될 것이다. 그리고 '당신'은 이 이야기 속에서 '청자'로 구성될 것이다.

여기서 이치로의 고해가 문제로 삼는 죄악감이 상해나 절도가 아니라 징병거부란 점을 재확인해둘 필요가 있다. 상해나 절도도 국가에 대한 범죄이지만 첫째 이러한 범죄행위의 피해자에 대한 죄이고 용서를 얻기 위해서는 먼저 피해자에게 고해하지 않으면 안된다. 그런데 징병거부의 경우 누구에게서 용서를 얻을 것인가. 징병거부에는 상해나 절도에 있어서 피해자에 해당하는 것이 없다. 혹은 달리 말하면 징병거부에 있어서 범죄의 명목상의 피해자와 실질적인 피해자의 구별이 존재하지 않고 용서를 얻을 상대가 국가 그 자체라는 것이다.

만일 이치로가 여기서 용서를 구한다면 즉 고해의 이야기꾼의 입장과 동일화하는 것이 당연하다면 그때 고해의 청자는 국가이지 않으면 안될 것이다. 즉 독자인 '당신'은 국가여야만 한다는 것이다. 그러니까 '당신'은, 이 『노노보이』라 불리는 이야기에서 미합중국이라는 국가인 것이다.

이 작품에서 국가가 편재하는 것은 어떤 추상적인 국가라는 실체가 상정되어 있기 때문이 아니다. 그것은 독자인 '당신'이 살고 있기 때문이다. 일본인으로서의 '당신'도 이 이야기 속에서는 미합중국이라는 국가인 것이다. 즉 만일 이치로가 고해의 '화자'의 입장과 동일화한다면 '당신'은 국가일 수밖에 없다는 것이다.

동일성이라는 위기

이러한 '화자'와 '청자' 사이의 비대칭성을 기축으로 하여 전개되는 이야기는 필연적으로 '경어성'(敬語性)을 띤다. 이치로는 '당신'을 향해 쳐다보듯이 마치 '당신'에게는 이치로를 허용할 자격이 있는 것처럼 외포(畏怖, 매우 두려워 함)와 존경의 기분을 갖고 말하는 것이다. 이러한 권력관계가 있는 이상 이치로는 당연히 '당신'의 기대에 따르듯이 '당신'의 기분을 해치지 않게 말한다. 따라서 이야기꾼은 작품이 시작할 때부터 이치로가 이미 징병거부를 완전한 과오라고 인정해 버리는 것처럼 사태를 설정한다.

그런데 이와 같은 이야기의 전략 이외에 어떤 방법으로 징병거부에 대해 그리고 그 앞에 있는 일본계 미국인의 강제수용소 억류에 대해 이야기하는 것일까. 이치로의 이야기도 그리고 이 소설작품 그 자체가 무수한 검열의 막 속에서 발화되고 있다. 그리고 이러한 검열은 정부기관에 의한 것이라기보다도 독자인 '당신'에 의해 강요되는 억압체계이고 '나라'를 위해 명을 받는 것은 불평할 일 없이 올바른 것이며 합중국국민공동체에 대한 애국심의 긍정이 이야기꾼과 청자 사이의 공통기반이 되어야만 한다는 원칙인 이상 이치로도 이야기꾼도 경어법에 의해 말하는 것 외에 방법이 없는 것이다.

그러나 이 경어법에는 의도된 '비틀림'이 있다.

이치로의 죄라는 사고방식이 작품 속에서 처음으로 이야기된 몇 군데에도 이미 비틀림이 나타나 있다.

…그(이치로)를 문책하는 자의 다리가 그의 눈앞에 있었다. 미합중국 육군의 가장자리가 낡은 양복바지를 입은 신인가. 그에게 판결을 내린 재판관의 다리도 있었다. 나를 향해 간원(懇願)하라, 나를 향해 양손을 쭉 뻗고 나의 양 무릎 사이로 머리를 끓어 엎드려 너의 대죄에 대한 용서를 구하라라고 그 두 다리가 말하는 것처럼 생각되었다. (4)

여기서는 먼저 병역을 지원하고 '더 본래적인 미국인'이 되었다고 생각하며, 그 점에서 이치로를 경멸하는 권리를 얻은 다른 일본계 미국인 에토와의 만남 속에서 이러한 말들이 서술되고 있다는 점에 주의하지 않으면 안된다. 그러나 그렇다고 해도 이 기묘한 고해는 고해라는 권력관계 그 자체를 문제시하는 것이다. 즉 고해라는 형식 안에서 이야기하면서도 '청자'를 향해 도대체 '당신'에게는 사람을 용서할 자격이 있는가라고 힐문한다. 그런데 이 고해라는 형식은 하나의 가면이고 경어법에 의해 양보를 포장하는 이야기의 뒷면에는 자기를 확신하고 자기의 과거행위의 의의를 의심하지 않는, 야마다 이치로다운 자아가 숨어 있을까. 고해는 '당신'을 이 이야기로 유혹해 들어가고 그에 바탕해 일본계 미국인을 강제수용소에 억류시킨 '당신'의 죄—'나'의 죄가 아니라 '너'의 죄—를 문제삼기 위한 하나의 미끼가 아닐까. 혹은 그렇게까지는 생각하지 않더라도 '나'를 향해 이루어진 죄상을 인정하게 하고, '당신'으로부터 예컨대 이치로에게 직장을 제공하려고 하는 캐릭씨처럼 "우리도 틀렸어"라고 사죄의 한 마디를 끌어내며, '당신'이 나를 용서하는 대신에 '나'도 당신을 용서한다는 상호적인 자기연민을 승인하고 일종의 합체감(communion)을 얻는다는 일시동인적(一視同仁的)인 상호용서의 기회를 얻기 위한 수단으로서, 고해가 있는 것은 아닐까.

그런데 고해를 가면으로 조작하는 주체는 상정되어 있지 않다. 그러한 즉자적으로 주어져있는 동일성 등이 존재할 수 없다는 것에서 이 이야기는 출발한다.

이 소설작품 그 자체의 성립조건에서 생각해 보자. 이치로는 일본계 1세 양친에 의해 길러지고 양친은 아직도 영어는 몇 마디밖에 하지 못한다. 더욱이 집안에서는 일본어가 쓰이고 있다고 설정되어 있다. 그런데 말할 필요도 없는 것이지만, 소설의 언어는 영어이고 이치로의 가정 안에서의 회화도 영어로 쓰여져 있다. 이치로의 아버지와 어머니가 외국에서 온 편지를 읽는 것 외에는 어떤 예고도 없이 회화는 영어로 진행된다. 만일 양친의 영어능력에 대한 기술이 일관되게 이 소설작품 전체에 타당하다면 이치로 양친의 회화는 '번역'되어 이 소설작품 안에 편입되어 있다고 생각하는 것이 당연할 것이다(물론 이야기꾼이 독자에 대해 거짓말을 만드는 이야기, 혹은 자의적으로 상황 설정을 변화시켜 버리는 듯한 이야기도 생각할 수 있다. 등장인물의 규정이 일관되게 작품 전체를 통해 변하지 않는다는 조건은 역사-사회적인 관례에 지나지 않는다. 그러나 이 점에서는 『노노보이』는 전위적인 소설이 아니다).

이 소설작품의 어느 부분은 처음부터 '번역소설'로서 쓰여졌다. 그것은 원작이 존재하지 않는 '번역소설'인 것이다.

그렇다면 이치로의 부모 이외의 다른 등장인물과의 회화 등 나머지 부분은 '번역소설'이 아니다라고 바로 말할 수 있는 것일까. 번역소설인 부분과 그렇지 않은 부분은 간단하게 구별될 수 있는 것일까. 이 소설의 작가인 존 오카다의 자전적인 자료를 음미해 보면 그렇게 하려던 의도는 손끝만큼도 없었다. 현재 진행중인 이 『노노보이』를 읽을 때 화자와 작가를 무원칙적으로 동일시하는 것이나 작품에 있어서 작가와 자전적 사료에서 이야기되는 작가를 무매개적으로 결합시키는 것은 회피되어 있기 때문이다. 작품의 '밖'에 있는 실재를 참조하기 전에 번역어의 문제를 작품에 따라 생각해볼 필요가 있을 것이다.

'번역소설'과 그렇지 않은 부분의 구별을 명확하게 하기 위해서는 이치로 그리고 '화자'의 모어(母語), 혹은 제1언어와 번역에 사용되는 영어에 대한 귀속관계를 결정할 수 있어야 한다. 그리고 이 소설작품 창작의 '현실' 과정에서 어떤 언어가 사용되었는가가 아니라 사용되는 언어의 선택이 이야기 전개 안에서 어떻게, 어느 수준으로 분절화되고 있는가를 생각해볼 때 번역은 이 소설의 핵심적인 주제가 되어있다는 점을 알 수 있을 것이다.

모든 것이 영어로 쓰여져 있다. 아마도 작가는 영어 이외의 언어로 쓸 수 없었을 것이다. 그럼에도 불구하고 섬처럼 점점이 흩어져있는 '번역' 부분을 제거할 때 이 소설작품에서 지배적인 언어는 어떤 특정한 언어에 대한 일의적인 귀속관계를 단절시켜버린 작가의 말이다. 따라서 '번역소설'과 그렇지 않은 부분의 구별은 일본어를 모어로 하는 자와 영어를 모어로 하는 자의 대립같은, 두 개의 문화-언어적인 동일성 사이의 대립을 구성하지 않는다. 거기에는 대등한 두 개의 항 사이의 대칭성은 존재하지 않으며 다만 귀속할 수 있는 고향을 가지고 있다고 몽상할 수 있는 자의 언어와, 그러한 몽상을 하지 못하게 된 자의 언어 사이의 기묘한 대화가 있을 뿐이다.

분명하게 번역되어야 할 것이라고 여겨지는 부분을 가장 첨예하게 대표하는 것은 이치로 어머니가 하는 발화다. 그리고 '번역소설' 부분과 그렇지 않은 부분은 다음과 같은 아슬아슬한 모습을 나타낸다.

그 여자는 꾹 참고 그가 말할 때까지 기다렸다. "독일인, 미국인, 사고, 그런 건 중요하지 않아. 남자아이가 아니라 어머니야, 어머니는 자식이기도 하고, 그러니까 나쁜 건 당연히 어머니지. 자식은 이걸 모르니까 당연

히 죽은 건 어머니 쪽이지. 봅이 죽은 것만 알아, 난 아냐, 어머니 쪽이
야. 저 사람은 일본인으로 행세할 줄 모르기 때문에 죽은 것은 저 사람이
야. 더 이상 일본인이 아니기 때문에 죽은 거야.
그래, 그럼 아버지는? 꾸마사카씨는 어찌 된거지?
그 사람도 죽었지, 그럼.
그래, 그러면 당신 어머니는? 어머니와 아버지는 어찌 된 거야?
우린 언제나 일본인이지.
그럼 나는?
넌 내 아들이고 일본인이지.
그러니까 모든 게 괜찮다는 거야, 안 그래? 봅이 죽었고 전쟁이 있었고
수십만 명이 죽거나 손발이 잘렸어. 난 감옥에서 2년 동안 살았고 그런데
도 여전히 일본인이란 말야, 이게 다 괜찮다는 거야?
그래. (41-42)

원문은 이하와 같다.

Patiently, she waited until he had spoken. "Germans, Americans, acci-
dent, those things are not important. It was not the boy but the mother
who is also the son and it is she who is to blame and it is she who is dead
because the son did not know."
"I just know that Bob is dead."
"No, the mother. It is she who is dead because she did not conduct
herself as a Japanese and, no longer being Japanese, she is dead."
"And the father? What about Mr. Kumasaka?"
"Yes, dead also."
"And you, Ma? What about you and Pa?"
"We are Japanese as always."
"And me?"
"You are my son is also Japanese."
"That makes everything all right, does it? That makes it all right that Bob

is dead, that war was fought and hundreds of thousands killed and maimed, and that I was two years in prison and am still Japanese?"
"Yes….."

대체로 이치로와 그 어머니가 주고받는 이 이야기는 어느 쪽의 말로 이루어져 있을 것이다. 영어일까. 그렇다면 어머니의 발언이 변칙적으로 되어 있는 것은 그 여자의 서투른 영어를 충실하게 반영한 것의 표현일 것이다. 그런데 이치로는 그 여자에 의해 길러지고 그 여자 덕분에 "처음으로 말문이 트이고 입술을 움직여 단어를 발음하게"(34쪽) 되었기 때문에 이 주고받는 말은 어떻든지 간에 그 여자의 말로 이루어져 있다고 보는 쪽이 설득력을 갖는다. 그렇다면 그 여자의 문법적인 어색함은 오히려 이치로와 그 여자의 모친과의 관계가 어색하다는 것을 나타내는 것이라고 생각하는 편이 좋다. 즉 그 변칙성은 그 여자가 귀속하고 있다고 믿고 있는 언어와 이치로의 거리 그 자체를 나타내게 된다.

적어도 이치로의, 그의 어머니의 언어에 대한 의존관계를 서술하는 여기에서는(34쪽) 어머니로부터 발음하는 것을 배운 말이 "감옥에서의 2년간"(같은 곳)을 그에게 가져다준 꼴이 된다. 즉 어머니의 언어는 언어의 기술적 문제로 환원할 수 없고 그의 어머니가 발음하는 모습이 어색하고 인공적으로 비춰지는 것은 언어습득의 사실을 넘어 등장인물의 언어에 관계되는 자세, 그리고 등장인물 각각이 자기를 미합중국 사회의 전체상에 위치 지우는 방식이라고 말할 수 있다. 어머니의 자세는 그 여자가 자살 바로 전에 보여준 완고함, 편집성을 예상하게 해주지만 거기에는 귀속감에 대한 고집이 있고, 미합중국 사회를 부인하고, 그렇게 함으로써 거꾸로 미합중국의 대극으로서의 일본을, 미합중국을 부인하는 정도에 따라 이상화하지 않으면 안되는 뒤집기의 동일화 논리가 있다. 더욱이 이렇게 이상화된 일본이미지에는

'아메리카'에 의해 일본계 이민으로 낙인찍힌 '일본인'의 스테레오 타입이 내면화되어 있고 '아메리카'와 '일본'을 서열관계로만 규정하는 인종주의가 거꾸로 선 형태로 재생산되고 있는 것이다.

다만 이치로의 징병 거부와 어머니의 존재 사이를 어떻게 결합할 것인가 하는 점에 이르면 이 소설작품의 이야기는 일관되지 않게, 대화론적인 변조라고도 불러야 할 미묘한 틈을 나타내고, 이야기꾼의 판단도 장면 장면마다 요동치며 "이치로는 어머니처럼 일본에 회귀했기 때문에 징병을 거부했다"고 결코 판정할 수 없다는 것은 주의해둘 필요가 있다.

에토로 대표되는, 미합중국에 동일화를 꾀하고 철저하게 '아메리카'가 되는 것으로 자기의 민족적 동일성을 온존시키는 방향과, 이치로의 어머니처럼 계속 순수한 '일본인'으로 남으려고 함으로써 자기의 동일성을 확신하려고 하는 방향은, '예'와 '아니오'의 대극을 만들고 있다. 만일 이치로의 징병거부가 그의 어머니가 확신한 것 같은, 순수한 '일본인'이라고 하는 자기의 동일성과 귀속감을 추구한 데서 나온 행위라고 한다면 고해를 하고 속죄를 하는 것은 동일화의 대상을, '일본'에서 '아메리카'로 옮기고, 에토처럼 '아메리카'에 귀속할 것을 결의하는 것을 의미하게 될 것이다. 만일 이치로의 '아니오'가 이항대칭적으로 놓여진 '긍정'과 '부정'의 '부'정이라면 자기의 과거의 거'부'행위에 대해 '부'(아니오)를 말하는 것은 간단하게 '긍'정으로 돌아가게 되는 것은 아닐까. 『노노보이』는 '예스맨'과 다름이 없는 것으로 되어버린 것이 아닐까.

그러나 그의 어머니를 향해 발설된 '아니오'는 일본에의 회귀에 대한 '부'정만이 아니라 이중부정을 경유하여 '긍'정에 이르는, 즉 이중의 부정을 경유해 동일성으로서의 아메리카에 이르는 회귀에 대한 '부'정으로도 생각할 수 있다는 말이다. 이치로는 어머니에게 외친다.

어떻게 자기가 자기라고 어머니는 판단하는 겁니까. 어떻게 해서 자기가 자기라고 판단하는 건지 말해보란 말예요. (22)
그 여자와 그 여자 자식들을 받아들이기를 되풀이해서 거절한 나라를 말 그대로 받아들이는 도량이 없었던 그 여자가 틀렸고 미친 것일까. 그렇더라도 눈으로 볼 수 없는 벽 탓에 이류의 시민으로밖에 인정받지 못하게 하는 이 나라를 믿고 이 나라를 지키기 위해 전쟁하라는 명령까지 받들었던 켄지같은 놈, 즉 속았던 사람들이 틀렸고 미쳤던 것일까. (103)

이야기가 일관되지 않은 것은 이치로가 자기의 동일성으로 응결되지 않고 고해의 배후에 안정된 주체로서 자리잡고 앉아있을 수 없는 사실에서 유래한다는 것이 이젠 명확할 것이다. 그의 어머니의 쪽에서도 혹은 에토 쪽에서도 완전한 귀속감의 달성은 불가피하게 부인을 포함한다. 그의 어머니는 역사가 가져다준 일본의 패전과 사람들이 죽은 사실을 부인하는 대가로 자기의 동일성과 귀속감을 획득한다. 에토는 미합중국의 국가 부정(不正)과 현존하는 인종주의를 부인함으로써 자기의 동일성과 귀속감을 부여받는다. 에토는 이치로 같은 비애국적인 일본계 미국인을 거절하는 데 있어서 아메리카인이고, 또 이치로의 어머니는 봅의 어머니 같은 일본을 배반한 일본인계의 사람을 부인하는 데 있어서 일본인인 것이다. 어떤 경우든 동일성은 타자로부터 자기를 대립시킴으로써 유지되기 때문에 불가피하게 배타적인 폭력을 가져온다. 희생양이 살게 되면 자기의 동일성은 확보할 수 없다.

이치로의 이야기의 불안정성은, 어쩌면 동일성의 위기라는 식으로 이해될지도 모른다. 그러나 그것은 근본적인 오류이다. 오히려 위험은 동일성에 대한 고집, 귀속감에 대한 편집에 있고 동일성의 위기가 아니라 동일성이라는 위기가 『노노보이』에 훌륭하게 제시되어 있는 것이다.

투기(投企)에 의한 사회성에 대한 찬가

동일성이라는 위기는 '죽음'에서 완결된다.

만일 이 소설의 주제전개를 집약적으로 표명하는 단어를 찾아본다면 그것은 '죽음'이라고 말하지 않을 수 없다.

지원하여 죽은 일본계 미국인 병사, 전쟁터에서 살아남았지만 결국 전쟁터에서 상처를 입은 후 죽어간 켄지, 이치로 어머니의 자살, 그리고 프렛의 자포자기 후 들이닥친 사고사. 『노노보이』의 이야기는 이 죽음들에 대한 묘사, 혹은 죽음에 대한 언급을 실을 이어 엮듯이 각각 다른 죽음의 가능성을 제시한다. 그러나 이 소설작품에서 문제가 되는 것은 등장인물의 죽음만이 아니다. 여기에는 죽음에 있어서 동일성의 위기에 대한 해결이라는 관념에 대한 반항도 제시되어 있다. 징병거부라는 행위 그 자체가 죽음에 부정적으로 관계하는 존재방식이라고 말할 수 있다.

징병이란, 징병되는 병사에게 있어서 국민의 전체성을 표현하는 한에서 국가에 대해 자기의 죽음을 거는 행위이고 나라를 위해 자기의 죽음을 각오하는 것이다. 그것은 단순히 자기의 죽음을 국가에 거는 것이 아니다. 근대국가에 있어서는 죽음의 각오는 반드시 국민의 전체성에 의해 매개된다. 나라를 위해 죽는다고 할 때, 적어도 근대국가의 문맥에서는 징병을 명령하는 관청, 혹은 정부 대표자에 대한 관계만이 아니라 징병에 응하는 '나'와 동포전체의 관계가 조정(措定)된다. 이것은 근대 이전의 국가에서 이루어진 징병과는 분명하게 다른 점이다.

즉 근대국가에 있어서는 징병거부는 단순히 국가를 위해 죽는 것의 거부가 아니라 국민 전체를 위해 죽은 것에 대한 거부라는 것이다. 달리 말하면 '나라를 위한 죽음'에 있어서 나라란, 근대사회에 있어서는 국가이자 동시에 국민이고, 바로 국민국가이다. 그러니까 징병거부는 국가의 명령에 대한 거부가 아니다. 그것은 동포를 위해 죽는 것, 국민을 자기가 귀속하는 운명공동체로서 인정하는 것에 대한 거부도 포함하는 것이다. 그것은 국민의 이름으로 자기의 죽음을 거는 것, 자기의 죽음의 가능성을 매개로 하여 국민공동체와 동일화하고 거기에 귀속하려고 하는 것의 거부라는 말이다.

즉 이치로의 상황은 이러한 국민공동체인 '아메리카'에 대한 동일화의 거부, 귀속의 거부라는 특징을 갖는다. 그러나 징병거부는 죽는 것의 거부만이 아니라 죽이는 것의 거부도 포함한다는 것을 잊어서는 안된다. 이것은 자기의 죽음의 가능성을 매개로 하여 국민공동체에 동일화하고 귀속하는 것의 뒷면이고 자기의 죽음의 가능성은 적의 죽음의 가능성과 기묘한 역비례적(chiasm) 대칭을 구성한다. 원칙상 '우리'의 생존은 적의 죽음을 의미하고 '우리'의 생존과 적의 생존은 공존불가능하다는 냉혹한 사실이 징병으로 죽음의 가능성을 거는 것에 이미 포함되어 있다. 그러니까 죽음의 가능성에 대한 각오로 얻어진 귀속감은 '함께 죽는 자'들에 대한 일체감이기 이전에 '같이 죽이는 자'들에 대한 일체감이고 자기의 죽음의 가능성을 매개로 하여 얻어진 국민공동체와의 동일성에는 적의 죽음이 미리 요청되어 있는 것이다.

논리를 그 극한까지 밀고 가보면 근대국민국가에 있어서 국민적 동일성은 이렇게 이중화된 죽음의 계기 없이는 아마도 불가능할 거라고 말할 수 있다. 국민국가란, 이런 의미에서 죽음의 공동체인 것이다. 그리고 죽음의 가능성을 매개로 하여 만들어진 적과 아군의 이항대립에 의해 국민적 동일성이 확립된다. 그것은 중간의 애매한 부분을 배제한, 흑백으로 명백하게 나누어진 대립이고, 거기에서는 배외(排外)의 원리에 따라 애매한 것은 모두 적의 편에 억지로 집어넣어진다. 더 나아가 이 원리는 똑같은 사회 안에서 미세하게 반복된다. 국민적 동일성을 획득하기 위해서는, 스스로의 국민적 동일성에 불안을 갖는 자는 '적'에 해당한다는 것을, 국내에서도 끊임없이 요청하지 않으면 안되게 된다.

백인이라고 오인된 흑인은 백인이 되고 옛적에 똑같은 쪽으로부터 (백인)을 증오했던 흑인에 의해 이제는 증오를 받게 된다. 그리고 젊은 일본계 사람은 그만큼 젊지 않은 일본계 사람인 그보다 훨씬 더 일본적인 사람을 증오하며 그만큼 젊지 않은 일본계 사람은 나이가 들어 아주 일본적인, 그러니까 그보다 훨씬 더 일본적인 일본계 사람을 증오한다…. (135-136)

이러한 배제의 구상 없이는 동일성을 확립할 수 없고 하나의 동일성은 다른 동일성과 대조될 때에만 가능하게 된다.

즉 이치로의 존재는 이러한 동일화의 구상 그 자체에 대한 의혹을 품는다는 의미를 갖는다. 아무 한 일 없이 죽어가는 켄지가 이치로에 대해 공감을 나타낸 점은 이치로가 위협적인 귀속에 대한 욕망으로부터 자유로워지려고 했던 것이다. 켄지는 일단 자기의 죽음의 가능성을 걸었지만 그것은 결코 귀속에 대한 욕망을 충족시키지 못하게 된다. 켄지는 이치로를 향해 말한다.

그들은 (전쟁터)에 나가 라이프를 걸었기 때문에 자기들은 (그 외의) 일본계 사람들과는 다르다고 생각해. 그러나 그들은 차이는 없어, 그들도 그 사실을 알고 있지.
그들은 아직 잽 (jap, 미국인이 일본사람을 멸시해서 부르는 말)이거든. (163)

(일본계) 사람들은 자기들이 죽임을 당하기도 했고 피격당하기도 함으로써 쌓아왔다고 생각하는 선행이 어떤 성과도 낳지 않는 것은 아마도 자네가 나쁘기 때문이라는 거야. 그런 이상한 관념으로 다분히 심한 짓을 자

네에게 하고 있는 거지(같은 곳).

죽음을 걸었는데도 아무 것도 변하지 않아. 그리고 그것은 고작해야 사회
적 현실을 부인하게 할 뿐이야. 자기의 죽음의 가능성을 매개로 한 국민
공동체와의 동일화는 타자의 죽음 외에 아무 것도 가져오지 않지.

그는 창고지붕에 올라가 나는 그를 쏴 죽였다고 말한다. 그 외에도 내가
죽인 독일 사람이 있지만 그를 기억하고 있다. 그가 지붕에서 굴러 떨어
지는 것을 볼 수 있다. 그를 지금도 늘 볼 수 있고 그 때문에 만일 다른
장소에서 내가 잽이고 그가 독일 사람이라면 나는 또 그를 쏘지 않으면
안 되고 그러한 짓을 하지 않으면 안 된다는 것이 난 싫기 때문에 다른
장소에는 그저 사람들만이 있기를 바란다. 그렇지만 그러한 다른 장소는
없을 수도 있어. 죽는 것이 그러한 다른 장소인지도 모르지. 종언.
마지막. 무. 그래도 좋아…. (165)

여기서 이야기되는 것은 추상적인 인간의 관념 안에서 국민간의 구
별을 해소함으로써 국가간의 모순을 지양할 수 있다는 단순한 휴머니
즘은 물론 아니다. 켄지는 "내가 잽이고 그가 독일사람이라면"이라고
말한다. 이것은, '내가 미합중국사람이고 그가 독일사람이라면'이라는
것과 다르다는 사실에 주의해야 한다. '내가 잽이라면'이라는 것은 '내
가 자기의 죽음을 걸고 끊임없이 국민공동체에 동일화를 꾀하지 않으
면 안 된다는 입장에 있다면'이라는 말로 바꿔도 좋다. '미합중국사람'
이라는 일반적 종(種)에 '내'가 포섭되고 '독일사람'이라는 하나의 종에
'그'가 포섭되는, 종의 수준에서는 다르지만, 일반적 류(類)로서의 '인
간'의 수준에서는 공통이라는 사실이 여기에 서술되어 있는 것이 아니
다. 이 '잽'이라는 말은 이 문맥에서 이중굴절을 사용하고 있다. 말할
필요도 없이 '잽'은 일본인 · 일본계 사람에 대한 모욕어이고 이야기꾼
이 자기지시를 위해 이 말을 사용할 때 이 말은 반어적인 기능을 하고

있다. 동시에 '잽'은 미합중국 사람에 대한 거리를 나타내고 미합중국 사람의 '안'에 포함되지 않는, 그러니까 독일사람처럼, 미합중국 사람이라는 종에 대립하는 다른 종에 포섭되지 않는, 어떤 기묘한 입장을 의미한다. 그것은 '그 장소', '안'에 귀속하지 않는 기묘한 입장이다.

그런데 잭슨 스트리트의 가난한 흑인들은 어떨까. 그들은 도보에 침을 뱉고 나에게 동경으로 가버리려고 말하는, 마치 저 아이처럼, 나, 내가 이제껏 만나기도 했고 알고 지내기도 했던 사람들처럼, 패거리도 바깥쪽에서 '안'을 엿보고 있다. 캐릭씨도 '안'에는 없다. 왜 그는 '안'에 없을까. 왜 그는 밖에 있고 나처럼 되고 싶은 추방자들 때문에 그의 친절을 낭비하는 걸까. 아마도 해답은 '안'이라는 것은 어디에도 없다라는 사실에 있는지 모른다. 아마도 이 지독한 나라 전체가 눌리기도 하고 부딪히기도 하고 소리를 지르기도 하면서 도대체 존재하지 않는 어떤 장소로 기어 들어가는 것은 눌리기도 하고 부딪히기도 하고 소리를 지르기도 하는 것을 그만둘 때에만, '밖'은 '안'이 될 수 있다는 것을 그들이 모르기 때문이고 그러한 것을 눈치채는 분별력을 갖고 있지 않기 때문이다. (159-160)

일본계 사람만이 '잽'인 것은 아니다. 흑인도, 캐릭씨도 '잽'인 것이다. '안'에 귀속하는 사람들은 어디에도 존재하지 않고 '안'으로 귀속하지 않으면 안되는 강박감만이 존재한다. 그런데 바로 앞에서 인용한 문장 바로 그 다음에 이야기꾼의 이야기는 다시 대화론적인 변조를 나타낸다는 사실에 주의하자.

어떻든 지당한 말이다. 나는 간명하고 솜씨가 훌륭하고 가장 사리에 맞는 답을 잘 준비했다(같은 곳).

이야기는 모든 인간이 그 인간성을 자각하면 밖은 안으로 변환한다는 형이상학적인 해답에도 자족하지 않는다. 여기서 이야기는 자기가 제출한 해답에 야유를 떠게 만든다. 그리고 '안'다운 장소, 즉 회귀하고 귀속해야 할 장소 등은 어디에도 존재하지 않는다는 인식은 이처럼 끊임없이 스스로를 계속 물어가려는 노력과 나누어질 수 없게 결합되어 있다. 이러한 인식은 언어만의 해결, 상념 안에서의 구제를 거부하는 것과 연결되고 바로 그러한 의미에서 대화론적이라고 부를 수 있고 타자를 향해 열려져 있다고 말할 수 있다.

그런데 모욕적인 '잽'이란 말은 『노노보이』에서 특권적인 의미를 얻어간다. 그것은 타자를 향해 계속 열려지려고 하는, 그것을 엄밀하게 수행하는 것이 불가능한 가능성, 타자라는 불가능성을 향해 가는 동일성에는 결코 회귀하지 않는 탈자적(脫自的) 투기(投企)를 하는 자이다.

이런 시각에서 보면, 언뜻 볼 때 서로 상반되는 이치로의 어머니와 에토로 대표되는 입장이 매우 많은 것을 공유하고 있다는 것을 알 수 있다. 어떤 경우에도 죽음을 걸고 각각의 동일성(이치로의 어머니의 경우에는 일본, 에토의 경우에는 아메리카)으로 회귀할 수 있다는 것은 한 번도 의심받지 않는다. 자기의 죽음을 담보로 할 수 없고 자기의 죽음을 투자→회수의 회로에 놓을 수 없다는 것을 그들은 알지 못한다. 그러나 그들을 예외로 취급할 수 없는 것은 그들은 충실하게 근대국민국가의 논리를 더듬어가기 때문이다. 명치 31년생의 이치로의 어머니는 일본에 동일화하고 일본의 패전을 인정하는 대신에 스스로 생명을 끊는다. 이것은 그 행위가 갖는 논리적인 필연성에서만 생각할 때 기묘한 행동은 아니다. 이치로의 어머니의 자살에는 자기의 죽음의 가능성을 매개로 한 국민적 동일성의 기제메커니즘이 가장 순수한 형태로 나타나 있는 것이다. 하이데거의 분석을 따를 것도 없이 자기의 죽음을 초월할 가능성은 없고 그 한에서 자기의 죽음을 조건부로 걸 수 없으며 절대적인 방식 말고는 사람이 자기의 죽음의 가능성을 국민적 동일성에 걸 수는 없는 것이다. 즉 국민적 공동체에 절대적인 신빙성을 두는 것이 아니라면 사람은 자기의 죽음을 국민적 동일성에 걸 수 없다는 말이다.

이치로의 어머니의 경우 그 여자가 절대적인 신빙성을 두는 것은 '일본'이고 회귀해야 할 '일본'이었다. 그리고 '일본'이 패하자 이러한 동일화의 공식에는 역사에 대한 철저한 부인 외에는, 즉 자살하는 것 외에는 남은 것이 없었다. 그 여자는 자살에 의해 국민적 동일성의 필연을 성취한 것이다.

그러니까 『노노보이』에 있어서 '부'(否)는 결코 역사의 부인으로 이해해서는 안된다. 그 '부'는 징병거부라는 개념에 가장 첨예하게 나타나 있듯이 죽음이 애초에 걸어야 하는 것이고 죽음을 전유하는 것이 가능할 것으로 생각하는 것에 대한 부이다. 자기에게 있어서 죽음은 절대적인 의미에서 타자이고 켄지의 죽음 안에 그려져 있듯이 그것은 우연하게 이루어진다. 만일 자기의 죽음을 전유하는 궁극적인 형태가 자살이라고 한다면 우리들이 켄지의 죽음에서 확인하는 것은 그러한 전유화의 시도가 좌절한다는 점이다.

결국 『노노보이』에 있어서 '부'는 '아메리카'에 반(反)하는 '부'도 아니고 미합중국에 대립하는 입장을 취할 때의 '부'도 아니다. 그것은 '아메리카'에 대한 '부'(정)를 통하면, 뭔가에 회귀할 수 있을 거라는 생각에 대한 '부'(정)이고, '안'으로서의 '아메리카'에서 추방된 자들 사이에 성립하는 사회에 대한 강한 긍정이다.

『노노보이』는 일반화할 수 없는 고유한 역사를 갖고 있다. 그것은 결코 반복되는 것이 아니다. 재미 일본계 사람들의 강제수용소의 역사와 나날을, 그 절대적인 동일성으로 껴안는 것이다. 그러나 그 '다시 걸 수 없음'과, 재미 일본계 사람들이 겪은 체험의 역사적인 고유성에 대한 고집을 통해 작가 존 오카다가 보여준 것은 어떤 '만남'의 경험이고 그것은 다음과 같이 자크 데리다가 시인 폴 젤란에게 이야기하는 것과 놀랄 정도로 닮아 있다.

…(한편으로는) 어떤 시간, 어느 해, 어떤 지역을, 혹은 한가지 이상의 사건들을 한 번에(une fois) 봉인하게 되는, 투기(投機＝投企, alea), 운, 우연, 장면으로서의 만남이 있고 거기에서 또한 시가 거기에 바탕을 둬도 그 방향을 목표로 하여 말하게 되는 불가피한 단독성으로서의, 타자와의 만남이 있다.(Jacques Derrida, *Schibboleth* [Paris: Editions galilée, 1986], p. 23)

이 소설작품은 미합중국에 있어서 강제수용소를 그 불가시의 중심으로 하고 있다. 그러나 그 이야기를 앞으로 앞으로 밀고 나가는 것은 역사에 있어서 단독성으로서의 사건으로 회귀하는 것이 불가능하다는 자각이고 그것은 타자를 향해 닫혀져 있음으로 해서 자기충족을 도모하는 대신에 타자에 대한 새로운 만남을 준비한다. 아마도 거기서 목표가 되는 것은 '안'으로서의 어떤 공동체가 공유하는 이야기가 아닐 것이다.

즉 이 '안'으로서의 '어떤 장소'라는 것은 일정한 이야기의 구조에 의해 조정되어 있는 것이다. 그것은 '해피엔드'(the Land of Happily-ever-after)라고 불리고 하나의 대단원을 향해 나아가는 이야기(내러티브)에 의해 오게 되며 줄거리를 형성한 모순과 대립의 조화로운 해소라는 특징을 갖는다.

그러니까 『노노보이』는 그와 같은 행복이라는 이름의 종말을 목표로 한 이야기가 아니다. 그것은 '안'으로서의 '어떤 장소'에서 이야기를 꺼낸 것이 아니기 때문이다.

강제수용소의 체험을 공유한 자들의 고유한 체험이 아니고, '안'의 없는 '아메리카'라는 강제수용소, 즉 회귀해야 할 동일성을 공유한 것도 아니며 그런 의미에서 '안'에는 살지 않는 자들의 '열려진 강제수용소'의 장소, 투기(投機＝投企)에 의해 그때마다 타자와 만나가는 자들의 장소에서 『노노보이』는 이야기되고 있는 것이다. 그러니까 '열려진 강제수용소로서의 아메리카'를 시사함으로써 이 텍스트에서 은밀하게 탄핵받는 것은 국민전체의 형상으로서의 국가를 편재시켜버릴 것 같은 이야기의 기제(機制), 즉 사람을 '안'으로 무제한 유혹하는 '국민으로서의 아메리카'에 합체하고 싶다는 욕망을 만들어내는 이야기의 실천계(regime)이다.

그 음울한 외관에도 불구하고 두 개의 부정성에 의해 규정된 이 소설작품이 달성하는 것은 투기에 바탕을 둔 사회성에 대한 찬가이다. 국민적 동일성으로서의 미합중국이 아니라 '밖'으로서의 '아메리카'에 대한 강력한 긍정이다. 그리고 『노노보이』는 국민공동체에 대한 귀속이 아니라, '아메리카에 재(在)하는 것' 즉 '재미'(在美) 존재의 사회성의 분절화를 향하려는 투기의 시도이다.

5장 역사라는 이야기의 정치적 기능
―천황제와 근대

역사의 언어수행적 측면―'실정성'의 산출과 성립

80년대 말 3년 동안 대중매체를 시끄럽게 만들었던 천황제 교대극에서 천황제와 천황 개인에 관한 많은 논의가 있었고 논의는 필연적으로 역사의 문제로 수렴되었다고 볼 수 있다. 그것은 천황제의 핵심에 역사의 문제가 있고 역사라는 이야기 형식의 정치적 기능이라는 문제가 있기 때문이다. 나는 이 소론에서 천황제가 가지는 근대성이란 무엇인가를 생각하면서 천황제와 역사라는 이야기의 정치적인 기능의 밀접한 관계를 역사화하는 시도를 그려보고자 한다.

'역사를 역사화한다'고 하면 묘하게 들릴지도 모르겠지만 그것은 천황제가 과거에 어떤 형태를 띠고 있었는가라는 진술적인(constative) [1]

---

1) 말하는 행위(스피치 액터speech actor) 진술적(constative), 언어수행적(perfor-mative)이라고 하는 용어는 언어행위로부터 따온 것이다. 이미 많은 지적이 있었듯이 언어행위론에는 인간주의적인 전제가 많이 남아 있고, 그것들 인간주의적인 전제가 역사성의 핵을 이루는 문제를 은폐하기 때문에, 언어행위론을 단순히 역

질문일 뿐만 아니라 역사라는 이야기는 늘 일종의 언어행위이고 역사는 무엇을 수행하고 성취하는 것인 이상, '역사는 무엇을 하는가'라는 언어수행적인(performative)[2] 질문을 망각해서는 안되기 때문이다. 즉 역사는 과거에 대한 진술의 자격으로 이야기된(혹은 속인) 현재에 있어서의 실천이고 역사화한다는 것은 이 언어수행의 측면을 분석해서 보여주는 것이라고 나는 생각하고 있다.[3]

객관적으로 대상화할 수 있는 일군의 제도로서의 천황제가 있고 그렇게 상정한 가운데 그러한 천황제의 통시적인 변화를 따라잡음으로써 천황제에 대한 분석을 완결할 수 있다는 입장이 충분하지 못하다는 것은 분명한 일일 터이다. 고대천황제가 어떻게 변천해 왔는가, 명치 이후의 천황제는 그 이전의 천황제와 어떤 관계에 있는가라는 질문은 그 자체로는 결코 부당한 질문이 아닐 것이지만, 핵심적인 문제제기를 하지 못하는 것으로 볼 수 있다. 혹은, 더 정확하게 말해 그러한 통시적인 변화를 추구하는 분석에는 스스로의 언어행위적인 측면에 관한 문제제기가 없다는 것을 의식하지 못하기 때문에, 진술의 형식으로 기존제도를 강화하는 언설이 존재하는 한편, 다른 한편에서는 끊임없이 자각하고 수행함으로써 기존제도에 뭔가 어떤 변화를 가져

사에 적용시키는 것은 불가능하다. 그러나 여기에서는 어쨌든 기술(記述)이라고 하는 '이야기'의 행위, 즉, 언어 행위를 오로지, 사상과 그 사상의 기술간의 대응의 완전성에 주목해서 고려할 때, 이같은 주목의 방법을 진술적(constative)이라고 불러둔다.

2) 진술적에 대해서, 기술이라고 하는 '이야기'의 행위를 '선언한다', '약속한다', '위협하다', '설득하다' 등의 동사가 표현하는 듯한, 발화자가 '이야기'의 상황에서 뭔가를 행위한다, 즉 수행한다는 점에 주목할 때, 이 주목의 방법은 언어수행적(performative)이라고 부를 수 있을 것이다.

3) 특히 국민적 주체의 제작(포이에시스poiesis)이라고 한 천황제의 중심적인 문제에서는, 인간적 주체를 초역사적, 동시에 비정치적으로 상정하는 경향을 가지는 언어행위론의 한계는 분명하게 나타나게 될 것이다. 따라서, 이들 용어는 어디까지나 괄호를 붙여서 사용해 주었으면 하는 바램이다.

다 주려고 하는 언설, 언뜻 보면 겉모습은 닮았을지 모르지만 정반대의 존재방식을 가진 언설이 존재하기도 한다.

먼저 고대로부터 천황제의 계보적인 역사를 생각해보자. 이러한 역사의 전제는 어떤 의미에서 주제적으로 고찰되고 기술된 대상의 존재이고 그 존재는 역사의 이야기를 가능하게 하는 조건이 된다. 역사가 어떻게 성립하는가를 묻지 않고 오로지 천황제의 계보에 대한 진술이, 기술되는 대상을 정확하게 혹은 '진실되게' 모방하고 있는가 그렇지 않은가를 검토하는 쪽으로 방향을 잡는 이야기는, 말하자면 천황제라고 불리는 어떤 실체를 상정하고 실체를 상정하는 한에서 천황제를 산출하게 될 것이다. 과거를 향하는 이러한 이야기는 천황제의 존재를 제작=산출한다. 전쟁 전에 천황제에 대한 공적인 논의가 이러한 언어수행을 했다는 것은 잘 알려져 있다. 그리고 이러한 공적인 논의가 가능하게 되는 조건에 대한 질문을 금지시키기 위해 일정한 법적인 규제가 필요하였다. 국가기구가 역사의 언어수행적인 측면에 대한 질문을 억압하지 않으면 안되었기 때문이다. 물론 전쟁 전의 천황제에 대해서만 말하는 것이라고 해서 문제가 다 끝나는 것은 아니다.

더욱이 이외에 천황제의 이야기가 눈에 띄지 않는 전제를 도입하고 그 전제들이 흡사 자연스러운 조건인 것처럼 만드는 점, 즉 미셸 푸코가 말하는 '실정성'의 산출이 있기 때문이다. 여기서 '실정성'이란 학계라고 하는 좁은 것으로부터 전유럽이라는 광범위하게 걸쳐있는 집단 안에서 말하자면 '상식'으로 공유되고 매우 당연시되기 때문에 누구도 감히 물어볼 생각을 하지 못하지만, 그럼에도 불구하고 그러한 질문이 없이는 단순히 합의만이 아니라 논쟁과 대립조차 불가능하게 되어버릴 언설에 있어서의 구성체이고, 사회적 합의와 논쟁의 '현실성'은 이러한 실정성에 의해 생기는 것이라고 생각해두자. 실정성은 천황제의 이야기가 전개해가는 때의 지점의 역할을 하고 이 지점들 덕분에 '다양하고'

획일적이지 않은 천황제의 모습을 만들어내는 것이 가능하게 된다. 다른 천황제의 상들 중에서 '참된 천황제'를 목표로 하는 논쟁이 가능하게 되고 천황제가 제도화된 이야기의 대상—'진리의 탐구'—에 대응하는 '미궁'으로서 정립되는 것이다. 그러나 이들 '실정성'은 주제적으로 이야기되지 않음과 동시에 수용되는 범위가 무척이나 넓다. 그러니까 그러한 '실정성'은 천황제의 이야기에만 한정시킬 수 없다. 따라서 어떤 한계지어진 작품, 작자, 장르, 학문분야에 속하고 거기서 제작＝산출되는 것이라기보다도 사회적 현실 일반에 소속하는 것이라고 믿어지게 되는 것이다.

'실정성'은 각각의 언표로 산출되지만 실정성은 사회적 현실로서 개별 발화행위로부터 독립하여 언표 쪽이 발화행위를 규정해가는 단계에서 실정성으로서 성립한다.4) 그러나 여기서 발화행위가 생산행위

---

4) 언표(énoncé)는 물론, '서술한다', '말로 표현한다'라는 의미의 프랑스어의 동사의 과거분사로부터 생긴 명사이다. 또 언행위론의 범주가 아닌 것은 푸코가 몇 번이나 서술한 대로이다. 언표는 우선 하나의 '조작'이고 언어란 논리라고 하는 '실정성'이 구성된 과정 그 자체라고 생각할 수밖에 없다(L'Archéolgie du Savoir 〔Paris: Editions Gallimard, 1969〕; 中村雄二郎 譯, 『知の考古學』〔河出書房新社, 개역신장판, 1995〕). 또한 푸코는 언표를 언어와는 분명히 다른 수준에 놓고, 언설을 속류구조주의의 언어에 고집한 분석으로부터 해방시키려고 했다. 푸코가 말한 '지의 고고학'을 닫혀진 체계의 학문으로서 이해하는 것은 불가능하고, 오히려, 비판적으로 읽고, 스스로가 행하는 언설분석으로 자유로운 분석방법을 발명해 나가고, 행해 나가라는 것을 시사하는 것으로서 생각되어질 수밖에 없다. 이러한 근본석인 의미로의 이론에 있어서 사유가 푸코의 '언설'의 "성의(?)"에는 싸넣어져 있다는 점을 간과해서는 안된다고 나는 생각한다.

이론적 실천은 자유의 하나의 본연의 자세이다. 말할 것도 없이 이러한 자유의 본연의 자세는 소위 자유주의의 이해를 넘어서 있다. 게다가 때로는 푸코의 언설의 분석이 언어의 분석으로 이용되어버린다는 점은 지적해 둘 필요가 있다. Beverley Brown and Mark Cousins, "The Linguistic fault: the case of Foucault's archeology," in Mike Gane, ed., Towards a Critique of Foucault (London: Routledge & Keganpaul, 1986), pp. 33-60을 참고 바란다. 또 발화행위(énonciation)에 대해서는, 언설에 있어서는 초월적인 의미를 완전히 배제한 것으로서 고찰되고 있다. 따라서, 이 점에서도 푸코의 발화분석은 언어행위론의 암묵적 비판

를 의미하고 언표가 그 생산물을 의미한다는 생산적인 인과관계를 전
제로 한다는 것은 철저하게 피하자. 그렇다고 해서 언표의 배후에 있
는 발화행위를 회복함으로써 언표의 물상화 메커니즘을 폭로할 수 있
다는 것을 말하려는 것은 아니다. 이렇게 양해를 구하는 식의 글쓰기
를 할 수밖에 없는 이유는 표현주체가 표현물을 생산한다는 인간주의
적인 '외화(外化)＝소외'의 인과율을 회복하는 것을 피하기 위해서이
다. 따라서 내가 말하는 '역사화'는 기원적인 행위로 거슬러 올라감으
로써 물상화되고 왜곡된 표상을 올바르게 하는 것이 아니다. 그리고
이 입장을 근거로 삼아 실정성이 성립하게 되면, 발화행위와 독립적
으로 혹은 발화자의 의도와 독립적으로 사회적 현실이 객관적 혹은 간
주관적으로 성립한다고 생각하기 시작하는 데에서, 더 나아가 언설이
라는 상식을 넘을 정도로 혼동스러운 용어—해석학의 체험개념과 '인
격'이라는(막스 베버 풍으로 말하면 매우 서양특수적인) 직접성에 소
속하는 유럽어의 일상적인 용법에 있어서 '언설' 혹은 'discourse'는 분
명하게 구별되어 사용되어야 할 것이다—에서 시사되는 이론적인 골
격이 어떻게 관계하는가를 알게 된다.[5]

'일본인' '일본어' '일본문화'—동일성의 제작

근대의 천황제에 대해 말할 때 내가 생각하는 '실정성'은 다음과 같
은 관념을 가리킨다. 국민으로서의 '일본인', 국민문화로서의 '일본문

이 되어 있다.
5) 이 용어 '언설'은 일반적으로 번역어로서의 성격을 명시하고, 사용되고 있다.
프랑스어의 'discours' 혹은 영어의 'discourse'는, 프랑스어 혹은 영어에서는 노골
적인 번역어가 아니다. (미셸 푸코는 이 일상어, 그리고 일상어에 부착한 의미를
역이용해서, 이 말 discours를 번역화했다고 할 수 있다.) 구태여 이 말을 마치 외
래어라도 되는 양 사용하려고 한 것이다. 따라서 푸코의 'discours'와 가령 에밀 방

화', 그리고 국민언어로서의 '일본어'.[6] 천황제를 정의하기 위해서는 보통 일본인, 일본문화, 일본어라는 실정성을 사용하는 것이 필요할 것이다. 사실은 이 점에서 전전과 전후의 천황제에 대한 언설 사이에는 커다란 차이가 있다는 것을 말해야 하지만 여기서는 우선 생략하기로 하자.[7] 즉 천황제의 역사적인 언설은 '일본인', '일본문화', '일본어'라는 실정성에 의존하고 그렇게 함으로써 거꾸로 이들 실정성을 수립

브니스트가 말하는 'discours'의 사이에는 큰 차이가 있다고 보는 것이 당연할 것이다. 영어 그리고 일본어가 푸코의 번역에서 문제가 되는 것은 이러한 번역어화의 작업이 단순한 의미에서 이 말이 번역되고 있기 때문에 보이지 않게 되어 버린 것이다. 그리고, 이러한 말의 용법에 따라 의사된, 이 말의 다른 통상적인 용법과의 대결이 나타나지 않게 되어 버린 것이다.

6) 물론 일본인을 아시아인이라든가, 폴리네시아인과 같은 의미로 사용하는 경우는 별도로 한다. 그 경우 일본인은 국민, 'nation'을 전혀 의미하지 않는다. 마찬가지로 일본어가 '인도어'라든가 '영어', '유럽어'라고 말한 의미로 사용되는 때도 별도로 한다. 거기에는 국어라고 하는 통일체에 대해서, 자칫하면 허용된 균질한 전달가능성이 전혀 전제되어 있지 않을 수 있기 때문이다.

7) 전쟁 전의 천황제와 전쟁 후의 천황제를 극히 단순하게 비교해서 말하면, 전쟁 전의 천황제에 있어서의 천황은 국민공동체에 대한 발출(發出)론적인 (거기〔천황〕에서 출발(出發)하는) 중심의 위치를 점하고 있는 데 비해 전후의 천황제는 천황을 국민공동체가 그 전체성을, 스스로를 상징할 가능성과 같은 값으로 봐버리게 되었다고 말할 수 있다. 전쟁 전의 천황제에서는 천황과 국민공동체 사이에는 일정한 차별성과 자유가 있었기 때문에, 국민공동체는 수축하거나 확대할 여지가 있었다. 즉 국민공동체가 근본적으로 국어공동체와도, 국민전통공동체와도 동일시되지 않아도 된다. 국민공동체가 약정적(테니스식으로 말하면 Gesellschaft)인 것에 비해서 국어공동체·전통공동체가 자연적(Gemeinschaft)인 것이라고 하는 (꽹강히 위대롭다) 이분법에도 불구하고, 전쟁 전의 국민공동체는 (소위) '국어'를 말하지 못하는 '성인'인 사람들과, 명백하게 생활습관을 국민공동체의 주된 구성원으로는 공유하지 않는 사람들일지라도 국민공동체에 귀속시키고, '천황의 자녀'가 될 수 있는 구조를 갖고 있다라고 말할 수 있을 것이다. 즉, 예를 들면, 대만의 고지부족의 사람들도, 국민공동체의 일부로서 인정해줄 수 있는 구조를 전쟁 전의 천황제는 유지해야만 했다. 물론 이것은, 그 사람들이 '일본인으로서' 법적인 평등을 보장받는 것을 의미하진 않는다.

왜 내가 '일본인 이외의 인간도 천황의 자녀로서 인정되었다'처럼 좀더 쉬운 설명을 피해서 일부러 돌려서 설명하는가는 이 논문을 읽어나가는 과정에서 알게 될 것이라고 생각한다.

한다. 예를 들어 천황제는 일본 고유의 제도라고 말하는 방식이 그런 것이다. 이러한 제언이 천황제를 부정적으로 보는 측면과 긍정적으로 보는 측면에 공통적으로 엿보인다는 것은 주의할 필요가 있다. '천황제 덕분에 일본은 지금까지 지내왔다'라는 입장과, '천황제 덕분에 일본은 다른 나라에서 예를 볼 수 없는 성공을 거두었다'라는 입장에는, 말하자면 공통된 나르시시즘이 있다는 것을 알아둘 필요가 있다. 어떤 경우에도 일본과 그 밖의 사회(특히 막연하게 서양이라고 불리는 나라들과 사회)와의 대조적인 차이—즉 전이(transference)적인 회로 안에서 파악되는 차이—가 거의 편집적으로 강조되어 있다.

대조항으로서의 서양(혹은 구미)과의 비교에 따라 천황제(혹은 일본사회의 특수성)를 사회과학적으로 분석하는 경우가 매우 많다는 사실에서 그러한 편집증이 드러난다. 그러나 이러한 현상을 생각하는 데 있어서 말하자면 서양이라고 막연하게 불리는 지역 이외의 사회편제에 대한 세련된 지식은 유감스럽게도 적고 비서양사회에 대한 지식은 이미 서양사회에 대한 참조를 포함하여 만들어졌다는, 세계 어디에서도 직면할 수밖에 없는 역사적인 조건을 무시하자는 것은 아니다. 일본은 어떻게 다른가, '우리'는 어떻게 다른가, 어떻게 '우리는 독특한가'가 논의의 중심을 차지하지만 그것은 동시에 일본이 서양과는 어떻게 다른가, '우리'는 서양인과 어떻게 다른가라는 관심을 그 음화로서 가져올 수밖에 없다. 대조항을 다른 아시아, 아프리카, 중남미 등의 사회에 적용하는 것도 이론적으로는 가능하지만 현단계에서는 실제로 이루어지는 경우가 적다. 거기에는 비서양적인 사회와의 대조는 일본의 사회편제에 대해 많은 것을 가르쳐주지 않는다고 하는, 그 자체 아주 근거도 없는 합의가 있다는 이유만이 아니라 서양어를 경유하지 않고 그러한 비서양사회의 연구에 착수한 연구자가 거의 없다고 하는, 제도적 혹은 역사적인 한계가 있을 것이다(한학의 전통에 기댄 중국연구는 이러한 서양편중으로부터 자유롭다고 볼 수 있을지 모르지만 근대적인 학문으로서의 동양사, 동양철학의 성립은 오리엔탈리즘과 무관하지 않았다).

그리고 더 일반적으로 이러한 근대의 역사 안에 주어진 불안감을 뒤집어 보여주는 것으로서의 나르시시즘은 다른 나라, 다른 전통, 다른 문화(국민문화로 생각되는 한에서의)와 비교대조할 수 있는 것으로서의 '일본', '일본어', '일본문화'라는 존재의 유일성에 대한 편집증적인 강조를 통해 성립된다.[8]

전전 일본의 유일성을 주장하기 위해 사용된 만세일계(萬歲一系)라는 천황제를 영원히 남게 하려는 논의가 근거가 빈약하다고 지적하는 것은 지금까지 아주 쉬웠다. 그러나 전후가 되면서 천황제의 연속성을 말함으로써 어떠한 실정성이 재생산되었는가를 통찰하는 것은 그만큼 쉬운 일이 아니다.

천황제의 논의를 지탱해주는 실정성에 주의를 기울일 때 근대의 천황제와 그 이전의 천황제를 구별시키는 것이 무엇인지 분명해질 것이다. 즉 명치 이전의 천황제의 문제를 생각할 때 국민으로서의 '일본인'도 국어로서의 '일본어'도 '일본의 문화'도 단순히 전제해서는 안되기 때문이다. 설령 천황이 일본의 모든 영역을 상징적으로 통일하는 역

---

8) '일본문화'의 유일성을 나르시시스틱이라고(긍정적 혹은 부정적) 말하는 일본인론 같은 논의는 근대 세계의 하나의 특징인 인종주의(레이시즘)의 본연의 자세로서 이해하지 않으면 안된다.
일본의 독특함에 대한 집착은 서양중심인종주의에 대한 반발인 동시에, 근대 인종주의를 뒤집은 일본인에 의한 내면화인 것이다. 따라서 미국의 비서양연구와 비서양에 대한 설명에 있어서 에드워드 사이드에 의해 지적된 오리엔탈리즘과 음화와 양화의 관계를 역전시키고는 있지만, 부족한 부분을 보충시키는 관계가 된다. 일본인론은 뒤집은 오리엔탈리즘인 것이다. 최근 일어나고 있는 "재팬패싱"의 논의를 보면 곧 알 수 있는 것은 그 대부분이 일본인론과 구조적으로 같고 근대의 인종주의 설명의 형태를 무비판적으로 계승하고 있다는 점이다. 백과 흑, 혹은 황과 백이 바뀌어 있을 뿐이다.

할을 명치 이전에도 갖고 있었다고 말해도 좋다. 그러나 나는 10년 정도 이전에 이 점을 논의했기 때문에 이제는 상세하게 반복하지 않겠지만 명치 이전에는 실정성으로서의 '일본어'도 '일본문화'도 전제할 수 없다. 막후체제와 율령체제가 어떤 정체의 통일을 유지하고 오늘날 '일본'이라고 불리는 대부분의 영토를 통치해왔다고 해도 그 정체의 통일이 '일본인' '일본어' '일본문화'라는 실정성을 매개로 한 것이라고 나는 생각하지 않는다. 그러니까 18세기에는 '일본어'와 '일본인'이라는 실정성을 그 결여태에 있어서 발명 제작한 조래학(徂徠學)과 국학 등의 교설(敎說)이 당시의 정체와는 다른 통일원리를 제언함으로써 다소 반체제적인 의의를 갖고 있었다는 것이다.

그러므로 천황제의 근대를 나타내는 것은 참으로 제도로서의 천황이 '일본국민' '일본문화'와 내재적인 관계를 갖기 시작했다는 사실이고 '일본국민'과 '일본문화'라는 동일성의 제작(poesis)이라는 계획에 참여하기 시작한 것이라고 여겨진다는 것이다.

천황제의 근대성을 말하는 것은 무엇보다도 먼저 이들 근대적인 실정성과 천황제로 불리는 모든 제도들과의 연관을 말하는 것이고 궁정의례나 천황의 집이라는, 천황제의 이름하에 수렴되는 모든 제도의 시대적인 특징 그 자체를 문제로 삼지 않는다. 고대의 의장(衣裝)이나 중세적인 관례가 그 제도들 안에서 살아 남았다는 사실이 천황제의 시대성을 생각하는 데 있어서 제일의 중요성을 갖지 않는 것은 그 때문이다. 의례의 단편이나 계승형식이 뚜렷하게 전근대의 각인을 나타내는 것이 천황제의 근대성을 말하는 데 방해가 되어서는 안된다. 오히려 문제는 천황이 중앙문화를 대표함으로써 중앙과 지방의 매개를 이룬 중세에 이미 존재했던 구조와, 근대의 '일본문화'라는 실정성 사이의 차이와 유사성을 파악하는 데 있다고 말해야 할 것이다.

근대성을 말할 수 있는 실정성의 수준

천황제의 모든 제도들이 근대적인 시대환경에 놓여 있었다는 단순한 이유만으로 천황제가 근대성을 갖는다고 말해서는 안 될 것이다. 작년(1989년)에 행해진 천황의 장의(葬儀)에서 그의 유체(遺體)는 19세기 이전에는 존재하지 않았던 내연기관을 동력원으로 하는 자동차로 운구되고 그 장렬(葬列)의 영상은 20세기 이전에는 존재하지 않았던 전신전파 시스템을 통하여 가정의 수신기에 배포되었다. 여기서 시대의 역사적인 제약을 인정하지 않는 것은 불가능하다. 혹은 이미 타키〔多木浩二〕씨의 뛰어난 연구가 발표되어 있듯이 명치시대에 성립한 천황의 초상은 유채화의 기법과 사진술의 매개를 통해 고안되어 나온 것이고 거기에는 지나칠 수 없는 '복제기술'의 특징이 엿보인다. 천황제는 동시대의 기술수준에 침투되고 그 시대의 사회학적인 조건 안에서 기능한다는 것은 부정할 수 없는 사실이라고 볼 수 있다. 천황제의 모든 제도들이 기술진보와 경제사회 조건에 의해 규정된 일정한 공간 안에 놓여있는 이상, 만일 그 공간이 근대적인 특징을 구비했다고 한다면 그것은 공간적인 근접성의 원칙으로부터 안료(顔料)를 포함한 용액에 침투된 포지(布地)가 그 안료의 색깔로 염색되듯이, 근대적인 공간 안에서 천황제는 근대성에 염색된다고 말하는 것뿐이다.

그런데 이러한 '공간' '근접성' 그리고 '시대의 영향'은 역사적인 과거 안에 직접 혹은 즉자적으로 내재하는 것이 아니다. 그것은 역사적인 문맥화라는 작업 안에 동원되는 역사라는 이야기의 수사들이다. 화석화한 과거의 단편들을 천황제 안에서 찾아보기 시작함으로써 바로 천황제의 연속성이나 항구성으로 비약하는 논의가 잘못된 것이듯이 천황제가 현대에도 존속하고 있다는 사실만으로 그 근대성을 결론지을 수는 없는 것이다. 이런 것들은 도대체 근대성을 말할 수 있는 실정성의 수준은 무엇인지 확인하는 데 실패하는 것이고 역사라는 이야기에 대한 이론적인 고찰을 태만히 하는 것이다.

　그런데 근대성을 궁극적으로 규정하게 되는 '일본인' '일본어'나 '일본문화'라는 실정성은 도대체 어디에서 생성한 것일까. 도대체 '일본인' '일본어' '일본문화'가 생성한다는 것은 어떤 사태를 나타내는 것인가. 이러한 실정성을 역사자료 안에서 실증적으로 규정[同定]하고 인지하는 작업을 동반해보면 곧 알게 될 것이다. '일본인' '일본어' '일본문화'는 실증적인 작업을 할 수 있는 가능성의 전제가 되어 있고 그 자체는 논리적으로 말해 실증에 선행하고 있다. 따라서 우리들이 말하자면 '일본문학' 연구를 하려고 과거문헌에 접근할 때 '일본인'이나 '일본문화'는 '이미 있었던 것'이라는 모습으로 우리들의 문헌 독해를 통제해 온다. 이들 실정성은 반드시 '완료형'으로 존재하는 것으로 상정된다. 그러므로 참으로 읽는 과정에서 이들 실정성이 투사되고 재생산되어감에도 불구하고 실정성은 '이미 있었던 것', 문헌 안에 분명하게 수집되어 있는 것이라는 방식으로 읽는 사람에게 나타난다. 그러나 이들 실정성은 전근대의 사회적 현실 안에 존재했던 것은 아니다.

　'일본인' '일본문화' '일본어'는 경험과학이 대상으로 하고 그것에 대한 진술의 진리성과 허위성을 객관적으로 판별할 수 있는 사상(事象)이 아니다. 그것은 경험과학의 '경험'이라는 의미의 경험일 수 없는 것이다. 따라서 이들 실정성의 역사를 역사자료 안에서 규정[同定]하려고 하는 시도는 역사의 이야기에 관한 이론적인 비판의식을 갖지 않을 때, 이들 실정성이 드러나야 할 수준을 놓치거나, 마치 '일본문학'이라든가 '일본어'라는 물(物) 혹은 유기체가 역사적 과거 안에 즉자적으로 있었던 것 같은 도착을 범하게 된다. 여기서 더 나아가 '일본어'의 기원이라는 화제를 간단하게 검토해보자.

　역사자료를 보면 많은 한자로 쓰여진 문헌 안에서 일본어라고 생각되는 말과 통사법을 찾아낼 수 있다. 그러나 어떤 어(語)와 문자가 고립된 단위인 한 그것이 일본어에 속하는가 그 이외의 언어에 속하는가는 결정할 수 없다. 따라서 예를 들어 '게임'이라는 말이 1991년 시점에서 일본어에 속하는가 어떤가 하는 문제는 이 단어만으로는 결정할 수 없다는 것이다. 마찬가지로 620년의 단계에서 '한자'로 이루어진 성구(成句)가 일본어에 속하는가 속하지 않는가를 결정할 수 없는 것이다. 그것은 이 어(語)가 일본어로서 규정될 수 있는 체계에 들어가는가 들어가지 않는가에 연관된다. 그것이 현대일본어같은 '한어'(漢語)를 구성요소로 삼는 체계인가 아닌가는 모르는 것이고 반대로 '한어'가 아닌 대화말(大和言葉)의 체계로서의 일본어가 존재했는가 존재하지 않았는가는 결정할 수 없는 것이다. 따라서 그러한 체계의 전제를 분명하게 전제하지 않는 한 어떤 특정한 어(語)가 일본어인가 아닌가는 결정할 수 없는 것이다. 거꾸로 말해 일본어기원론으로 대표되는 고대일본어에 관한 논의는 일본어의 존재를 분명하게 전제로 하는 한 가능해졌기 때문에 필연적으로 동어반복의 구조를 갖고 있고, 더 나아가 스스로의 동어반복적인 구조를 눈치채지 못하고 있다. '일본어'라는 실정성을 정립함으로써 일본어의 역사언어학에 포섭되는 듯한 경험의 영역이 가능해진다. 더욱이 오해를 초래하지 않기 위해 말해야 할 것이지만, 이러한 나의 논증에 따라 볼 때 역사언어학이 기술하는 경험이 단순한 환상이라는 것을 의미하려는 것은 아니다.

고대에 있어서 문헌의 수가 압도적으로 작고 구어를 기록하는 수단이 발달되어 있지 못했기 때문에 고대일본어에 관한 논의가 그런 것은 아니다. 이 문제는 현대 일본어에도 해당한다. 일본어라는 실정성이 있다는 것을 전제로 하는 한 일본어 각각의 요소를 구성하는 일본의 '말'(言葉)이 일본어로서 규정될 수 있는 것이다. 각각의 일본의 말을 '경험'하기 위해서는 그 자체는 '경험'할 수 없는 체계로서의 '일본어'다운 실정성을 조정(措定, 어떤 대상을 존재하는 것으로 규정함)하지 않으면 안된다. 우리들은 일본어를 하나의 체계성으로서 '경험'할 수 없다. 왜냐하면 이 '일본어'라는 실정성은 '경험'을 가능하게 하지만 그럼에도 불구하고 '경험' 안에 결코 주어져 있는 것이 아니기 때문이다. 그런 의미에서 '일본어'라는 실정성은 이념적인 성격을 가지며, 통제적' 실정성 혹은 '경험발견적' 실정성으로서의 다른 '피구성적인' 실정성과 구별할 수도 있을 것이다.

따라서 '일본인'이나 '일본문화'의 동일성은 경험적으로는 규정할 수 없고 낡은 말로 말하면 거기에는 반드시 '신화'가 포함된다. '일본인' '일본어' 등의 동일성은 '신화'의 매개 없이는 성립불가능하다. 그러나 특히 전후의 천황제에 관해서는 '일본인' '일본어' '일본문화'가 확실하게 전제되어 있다. 이들 실정성은 '현실적으로' 존재한다. '일본인'이나 '일본어' '일본문화'가 신화에 의해 매개되어 있다고 해서 물론 환상이라는 것은 아니다.

근대성이란 이러한 '통제적인' 실정성이 사회적인 현실을 규정하고 대다수 사람들이 이러한 '통제적인' 실정성의 제약하에 그 사회적인 현실을 낳기 시작하는 것이라고, 우선적으로나마 정의할 수 있다. 즉 천황제와 연관하여 말하면 근대성이란 '일본인' '일본어' 그리고 '일본문화'라는 통제적인 실정성과 천황제의 모든 제도들이 내재적인 관계를 맺고 사회적인 현실의 일부가 되기 시작하는 것이라고 여겨진다.

복종문화주의적 배치(複綜文化主義的 配置)

더욱이 그와 동시에 이러한 '통제적인' 실정성은 '일본인' '일본어' '일본문화'를, 다른 '국민', 다른 '국어' 그리고 다른 '국민문화'와 대비할 수 있는 것으로서 통일체로서 조정한다는 점도 잊어서는 안된다.

'일본인'이 외국의 국민과 대조적인 관계에 들어가고 모방과 모방의 부인의 연쇄로 이루어지는 전이적인 관계에 들어가는 것이 가능해진다. 이 점을 보지 않으면 왜 다른 국민에 대한 질투나 적의가 '국민적' 통합에 유효하게 작동하는지 모르게 되어버린다.

'일본어'나 '일본문화'의 다양성을 강조하기 위하여 일본어 속에 방언이 존재한다고 말하거나, '일본문화'를 하나가 아니라 복수로 나누어 논의하는 사람들이 있다. '일본문화'의 균질성론과 일본인론이 갖는 정치적인 의미에 대해 경고를 주기 위해 복수성에 호소하는 것은 타당하다. 그러나 만일 이러한 논의가 '일본문화'는 하나가 아니라 두 개 혹은 세 개라는 논의에 머무를 때, 지금 우리들이 유고슬라비아나 소연방에서 볼 수 있듯이, 국민문화는 나누려고 생각하면 몇 가지로라도 나눌 수 있는 것이라는 결론 이상에서 나가지 못하게 된다. 유고슬라비아 '국민' 대신에 슬로베니아, 세르비아, 크로아티아, 몬테네그로 등의 '국민'과 그 '국민문화'를 가져봐도 좋다. 이들 새로운 '국민'과 다른 새로운 '국민'이 다르다는 것을 나타내는 차이를 탐구하려고 생각한다면 몇 가지라도 지적할 수 있다. 역사적으로 이들 새로운 '국민들'의 독특한 전통을 2천년 전으로까지 소급해가는 것조차도 가능할 것이다.

여기서 간과하지 말 것은 도대체 '일본인' '일본어' 그리고 '일본문화'가 다른 '국민', 다른 '국어', 그리고 다른 '국민문화'와 대조비교되기 위해서는 먼저 '일본인' '일본어' 그리고 '일본문화'는 통일체로서 정립되고 하나의 '국민' '국어' '문화'로서 표상될 수 있어야 한다는 점이다. 즉 이 표상들이 어떤 단위로서 세어지는 명사, 가산명사에 대응하는 것으로서 정립된다는 것이다. 문화나 국어를 단수로 표상하든가 복수로 표상하든가 하는 것은, 통일체로서 가산명사에 대응하는 것으로서 표상하는 점에서는 다를 바가 없다. 하나가 아니라 복수가 된 것뿐이다.

이것은 근대 이전에 언어의 차이나 문화적인 차이가 없었던 것이 냐, 차이가 문제가 되어서는 안 되었던 것이냐 하는 문제가 아니다. 습관과 언어에 있어서 전달불가능성을 이러한 근대적인 '실정성'에 기초를 둔 통일체 사이의 대조적인 차이로서(가령 '중국어'와 '일본어'의 차이라든가 '일본문화'와 '중국문화'의 차이로서) 이해한 적이 없었고, 그러한 이해에 바탕하여 습관과 언어를 제도화하는, 즉 국민문화나 국민언어를 제작하여 '국민'이라는 이름의 주체성을 생산하려고 하지 않았다는 말이다. 공약할 수 없는 차이는 무수한 것이지만 그 차이들을 이해하는 데 있어서 근대적인 '통제적인 실정성'이 지도적인 역할을 한 적이 없었다. 그리고 그러한 차이는 다른 종류의 실정성에 의해 표상되어 왔다고 생각하는 것이 좋을 것이다.

'일본인' '일본어' 그리고 '일본문화'가 사회적인 현실에서 효과를 나타내기 시작함으로써 볼 수 없게 되어버린 것이 있다. 이 세 가지 실정성이 하나의 통일체에 내재하는 세 가지 속성으로 생각될 때 다른 사회의 존재방식은 상상될 수 없게 된다. 사람이 '일본인'이긴 하지만 '일본문화'에 내속(內屬)하지 않을 수 있고 '일본어'를 말하지만 '일본인'이 아닌 사태가 이러한 입장에서는 이상한 예라고 하여 배제되어 버린다는 점은 이미 눈치챌 수 있을 것이다. 더욱이 '일본어'나 '일본문화'가 말하자면 모든 문화들의 콜라주로서 어떤 가능성을 은폐하고 단순하게 일본사회를 다른 공동체의 병존으로 보는 가능성만이 아니라 하나의 인간 안에 다른 언어나 문화가 동시에 존재할 가능성을 배제해 버린다는 말이다. '일본어'가 성립하기 이전에는 다언어적인 사회가 있었다는 것인데 거기에서는 이미 많은 지적이 있었듯이 모어=모국어라는 공식은 성립하지 않았다. 그러나 그 다언어성은 다른 언어와 언어공동체의 외재적인 병존(다원주의적 배치)으로만 이해할 수 없다. 다원주의적인 다언어성의 형상도식은 유고슬라비아의 예에서 말했던 것 같은 더 작은 국민과 국어의 단위로 나뉘어질 잠재성(민족적 고립주의)에 토대를 둔다. 물론 다언어성은 한 인간이 다른 언어와 문화영역을 다 횡단해가는 멀티링구얼리즘(multilingualism), 혹은 복종언어주의로도 봐야 할 것이고(복종문화주의적 배치), 현재 세계의 많은 지역에서 볼 수 있듯이 이질적인 언어매체 사이를 한 사람이 다 횡단해갈 수 있다는 점을 잊어서는 안될 것이다.[9] 다원주의적인 문화관은 문화를 유기체적인 체계성으로 보는 입장에서 벗어나지 못하는 것이다.

중세 유럽에서 라틴어가 보급된 예는 잘 알려져 있을 것이다. 직종이나 사교의 장, 그리고 상대순서에서 사람들은 사용하는 말의 종류를 변화시켜 왔다. 주지하다시피 라틴어가 그러한 다종언어의 하나이고 유럽의 보편성이 라틴어와 다언어성에 의해 지탱되어 왔다. 혹은 아프리카의 많은 나라에서는 이웃하고 있는 부락에 가면 이언어(異言語)가 되어버리기 때문에 부락 바깥의 상업에서는 별도의 언어가 사용된다. 더욱이 공적인 의식에서는 별도의 언어로 말한 경우에 어울리게 기회와 장소를 분별하는 사람이 있기까지 하다. 그리고 근대 이전의 일본 문헌에 나타나는 풍부한 다언어성을 생각해봐도 좋다. 즉 개인은 각각의 장소에서 이질적인 언어를 사용하고 그러한 다언어적인 능력에 바탕한 다양한 사회편제가 있었고 지금도 있다(물론 이러

---

9) 다원주의(pluralism)와 다문화주의(multilingualism/multculturalism)는, 어쨌든 다음과 같은 대립에 기인한다고 해둔다. 다원주의의 경우, 집합을 구성하는 단위에는 일원주의의 원칙이 남아있기 때문에, 다원의 '원'은 '언어', '국민', '문화'라고 하는 실정성이 겹쳐서 유기적인 체계성으로 생각되어지고 있다. 이에 비해 다문화주의는 이질성이 통합의 원리라고 인식되어 투명한 전달을 성립시키는 균질성을 통합의 목적으로 하지 않는다. 다문화주의에서는 사회성은 같은 것, 균질한 것, 대칭적인 관계를 묶는 것(이것을 나는 균질지향 사회성[homosociality]이라고 불러왔다. 이 용법은 성차별에 대해서 일컬어지는 'homosociality'와는 차이가 있으므로 주의 바람)이라고는 생각되지 않는다.

한 사태가 일방적으로 근대의 언어상황보다 뛰어나다고 말할 수는 없는 것이고 이러한 사회편제 중 많은 것들은 식민지주의에 저항할 수 없었다). 그러나 그러한 다언어성을 예외적인 특권으로 보든가(복수의 언어를 자유로이 구사하며 세계를 두루 돌아다니는 국제주의자!) 그렇지 않으면 길 중앙에 서서 이도 저도 아닌 이상한 예(뿌리없는 풀 같은 귀국자녀!)로 볼 때, 세계에 널리 퍼져있는 사회 편제의 한 가지 존재방식으로서의 복종언어주의라는 생각을 미처 하지 못하게 될 것이다.

근대의 실정성으로서의 '일본어'와 '일본인'은 이러한 다언어성과 복종주의적인 사회편제를 철저하게 억압하는 것으로서 생성할 수밖에 없었다. 다언어성은 수치스러워 해야 할 것, 이상성(異常性)으로 여겨지고 교정되고 동화되어 '일본화'되어야 할 것으로 여겨지게 된 것이다. '일본어' '일본인'의 형식으로서 이 억압이 거의 불가피하게 '일본어' '일본인'의 성립에 동반될 수밖에 없었던 것은 이들 실정성이 경험 인식의 통제원리로서만이 아니라 공동체의 형상을 제작할 때 가동되는 '이념'으로서의 성격도 갖고 있었기 때문이다. 그리고 이러한 '실정성'의 성립은 '일본인' 안에 있는 낡은 모습의 차별을 해소함과 동시에 새로운 차별(인종주의적 차별의 근대성도 여기에서는 고려해야 할 것이다)을 생산하게 된다. 이 때문에 참으로 천황제의 성립과 차별의 문제는 떼어 생각할 수 없다고 나는 생각하고 싶다. 천황제와 근대의 실정성 사이의 내재적인 관계에 대한 해석은 이러한 공동체의 형상을 제작하는 기제에서 그 한 가지 실마리를 찾을 수 있을지도 모른다.

'문화'도 '언어'도 닫힌 체계성을 만든다는 것은 있을 수 없고 무엇보다도 그것들은 잡종적인 것이다. 나는 체계와 '체계성'을 엄밀하게 구별함으로써 여러 사회적 행위들은 반드시 비공약성(非共約性)을 낳는다는 것을 나타낼 수 있지 않을까 생각해본다. 따라서 비공약성은 '문화'나 '언어'의 필수적인 구성요소이다. 그러나 '문화'나 '언어'가 공동체의 형상에 중첩되어 있을 때 그러한 비공약적인 차이는 볼 수 없게 되어버린다.

'일본인'이라는 것과 '일본어'를 모국어로 한다는 것과 '일본문화'를 내면화하는 것이 중첩되고 이 세 가지 종류의 실정성이 구별되지 않게 될 때, 서로가 일본인이라면 전혀 장애 없이 전달이 가능하고 같은 습관이나 미의식만이 아니라 다른 동포의 고통과 괴로움도 공유해야 한다고 하는, 공감의 공동체에 대한 요구나 기대가 정당한 것으로 받아들여질 것이다. 사람과 사람 사이에 완전한 평등과 대칭적인 관계가 지배하는 투명한 전달행위에 의해 만들어지는 공동체가 꿈꾸어질 것이다. 동시에 그 음화로서 국민공동체 이외의 인간하고는 사회관계를 맺을 수 없다고 하는 강박감도 공감의 공동체를 낳는다. 그 결과 차별 받고 냉대 받을지도 모르는 잠재적인 공포를 가져다줄지도 모르는 입장에 있는 사람들이 '자기연민'을 공동체 전체에 투사하고 공동체와의 폭력적이고 동시에 희생양을 동반하는 자기동일화를 시도하게 된다. 스스로를 '가엽다'고 생각하는 국민은 공동체 전체에 대해 '연민'을 요구하고 전체성과의 관계에서 '동정'을 요구하는 스스로를 자기현시적인 주체로서 구성하게 된다. 참으로 스스로를 피해자로 규정하기 때문에 공동체에 대한 자기동일화의 몸짓으로서 '공동체의 적'에 대하여 홀가분하게 잔혹해지게 된다. 그리고 통제적인 실정성은 이러한 의제적(擬制的)인 공감의 공동체가 직조되는 틀로서도 기능한다. 이것은 천황이 이러한 공감의 공동체에 대한 상상적인 보증자로서 표상되고, 전전의 '일시동인'(一視同仁, 국적이나 신분에 관계없이 모든 사람들에게 평등하게 인애(仁愛)를 베품), '무한포옹' 같은 틀잡힌 문구가 은밀하게 자기연민의 주체로서의 개인으로서의 국민을 유혹했던 한 가지 이유가 아닐까. 그것은 '국민언어' '국민문화'라는 신화가 천황제와 연결된 가장 전형적인 한 가지 예일 것이다. 물론 이러한 '자기연민'의 공동체는 무엇보다 일본에 국한한 사태가 아니다. 이러한 측면에서 엄밀하게 개념화해 보면 천황제라는 용어를, 일본 이외의 사회에서 '자기연민'의 파시즘이라고도 말할 수 있는 현상도 분석하는 이론적인 장치로서 다시 단련시켜낼 수 있지 않을까 하는 것이 내 생각이다. 10)

근대는 '국민' '국어' '국민문화'와는 다른 실정성에 의해서도 물론 정의할 수 있을 것이다. 또한 여기에 쓰여진 너그러운 소묘 앞에는 역사 자료를 읽는 작업이 기다리고 있다. 이 세 가지의 실정성이 성립하는 시기들 사이에도 커다란 시대적인 틈이 있다. 그러나 우선적으로 내가 천황제를 고찰하면서 강조하고 싶은 것은 천황제의 연속성에 대한 논의는, 걸핏하면 근대의 모든 전제들을 과거로 투사시키는 것을 지적하는 것만이 아니다라는 것이다. 그보다는 오히려 그러한 역사의 이야기를 이론적으로 해석하는 개념 장치를 만들고 역사의 이야기 안에서 언어행위론적으로 재생산되는 천황제를 비판하는 것이 필요하다는 것이다. 역사학은 그 자체 역사적인 실천이다. 역사학의 이론적인 비판도 하나의 역사적인 실천이고 내가 무엇보다도 먼저 비판 대상으로 삼지 않으면 안된다고 생각한 것은 역사학이라는 언설 안에 있는 천황제이다.

---

10) 가령, 유사의 '자기연민'의 구조가 미국의 정치에서 기능하고 있다고 말할 수 있다. 졸고 「아메리카 합중국에 있어서의 천황제」, 『世界』, 1990年 3月號를 참고 바람.

〈보론〉 자기도취로서의 천황제
―미국에서 읽는 천황제 논의

사카이 나오키〔酒井直樹〕/야마구치 지로〔山口二郞〕

소화 말기의 오르기아〔orgia〕

고바야시 미치요시〔小林信彦〕의 소설『극동의 세레나데』안에는 예능프로덕션의 매니저가 신인가수를 사들일 때에 뉴욕에 먼저 데뷔시킴으로써 일본에 흥분을 야기하고 흥분상태가 되었을 때 그 가수를 귀국시킨다는 전술을 구사하여 대히트를 거둔다는 이야기가 있다. 이 이야기는 결코 상상화가 아니라 문화일반에 대해 일본인은 뉴욕에서의 유행과 사건에 민감하다는 것을 보여준다. 우리들이『뉴욕타임즈』에 천황 문제를 논한 문장을 투고한 후에도 충격의 정도는 적었지만 비슷한 류의 경험을 한 적이 있다. 천황의 전쟁책임을 논의할 필요가 있다고 이야기할 때의 시각에 관해 고찰한 우리들의 문장이 게재되자 이러한 취지를 가진 투고가 있었다는 것이 일본신문에 보도되었다. 그리고 어떤 친구로부터 "잘했어"라는 취지의 편지를 받았다. 그러나 그들이 공명한 것은 물론 우리들 논리의 독창성에 대해서가 아니라 그들 자신이 평상시에 생각하고 있는 것을 우리들이 직접 표현했다는 사실 때문이었다. 오늘날 일본에서 솔직하면 그만큼 미덕이 된다고 말하려고 하는 것 아닌가라는 의외의 느낌을 받았다.

그뿐만이 아니라 친구들의 호의적인 반향을 접했을 때 우리들은 어떤 종류의 당혹감도 느꼈다. 장부에 기장하는 곳의 행렬, 자숙〔自肅〕

하는 풍토가 만연한 것에 대해서는 신문보도 등에서 알고 있었지만 지적인 세계에서 왜 우리들이 서술한 정도로 당연한 의문이 제기되지 않았는지 이해하기 어려웠다. 물론 많은 일본인은 소화의 종언이라는 오르기아에 참가하고 더욱 변한 방식으로 이 오르기아를 성대하게 만들었던 것으로 볼 수 있다. 숨을 죽인 채 주위로 눈을 돌리고 멍하니 보고 있는 것도 사실은 좋은 에너지를 요구하는 것은 아닐까. 이 오르기아는 내부 사람들에게만 이해되고 외부자에게는 닫혀 있으며 이해 불가능한 것이었다. 천황이 서거한 시점에서도 사정은 기본적으로 동일할 것이다.

그러니까 우리들은 일본 국내에서 순환하고 있는 자기도취적인 천황제 논의를 상대화시키고 거기에서 빠져있는 문제를 이제 분명하게 해둘 필요가 있다고 느낀다. 그때 우리들이 현재 미국에 있다는 것을 핑계로 하여 구미의 문제설정을 정통으로 하고 일본 국내의 논의를 비판하는 방법은 피하고 싶다. 그러나 국제화라는 말이 시대의 키워드가 되고 천황제가 국제화 안에서 중요한 역할을 해야 한다는 것을 주장하는 논의까지 나온 이상, 외국의 문제의식과 일본의 문제의식 사이의 차이와 다른 면에 유착관계가 있다는 것을 아는 것은 불가결한 일이다.

이하 이 소론에서 우리들은 『뉴욕타임즈』의 지상논쟁의 배경과 반향을 소개하고 투고라는 형식의 제약상 우리들이 다 말하지 못했던 부분까지 서술함으로써 이제까지 일본 국내의 천황제 논의에서 누락되어 있던 문제를 생각해 보고자 한다.

미국의 천황제상

우리들의 투고는 원래 GHQ 통역 포비온 바워즈의 에세이 「막사이 사이가 쩔쩔맨 날」(「マッカ － サがたじろいだ日」, 『뉴욕타임즈』, 1988년

9월 30일자)에 대한 반론으로 쓰여진 것이다. 그 에세이에서 바워즈는 천황과 막사이사이의 회견을 회상하고 부하 대신에 책임을 지고 신고한 천황의 사심없고 순결한 태도에 감동하여 막사이사이가 천황의 면책을 결의했다는, 일본인에게는 동일한 이야기를 소개하고 있다.

전쟁책임을 받아들이는 그의 방식에 대한 우리들의 비판(『뉴욕타임즈』, 1988년 10월 11일자)은 여기서 반복하지 않겠다(논쟁의 상세한 부분은 『조일 저널』, 1988년 12월 2일자 참조). 여기서는 비판의 배경, 즉 바워즈의 감상적인 논의에 왜 반발을 느꼈는가를 보충해두고 싶다.

바워즈의 에세이는 한편에서 보면 전후의 일본관계에 있어서 왜곡에 기댄 구조의 기원을 그리고 있지만 다른 한편에서 보면 그 감상성 때문에 이 구조를 은폐하는 기능을 하고 있다고 말할 수 있다. 많은 미국 국민들은 태평양전쟁의 승리와 거기에 이은 일본점령을, 일본에 민주주의를 가르쳐주고 개심시키는 데 성공한 이야기로 위치짓고 있다. 그러나 민주화의 내실을 보면 당시 미국정부의 정치적인 편의를 위해 그것이 다양한 측면에서 왜곡되었던 것이 분명하다. 지극히 현실적인 타산에 의해 천황을 면책하고 전쟁책임을 추궁하는 것을 애매하게 만든 것은 전후 일본정치에 어두운 그림자를 드리우게 했다. 그 후 냉전상황에서 미국은 구 전범의 부활을 묵인하고 그들을 자기의 군사전략의 협력자로 만들어 그들의 경험과 지식을 기회주의적으로 이용함으로써 극동경영에 제휴하게 된다. 그 반대급부로 일본에서는 국내에서 점령헌법을 탄핵하는 보수정치가가 현실정치의 차원에서 헌법을 들이댄 나라의 비호에 의존하는 기묘한 공범현상이 나타나게 된다.

바워즈의 에세이처럼 천황의 면책이 역사상의 미담으로 그려진다면 거기에서부터 그러한 비판의 배경에 있던 기회주의적인 정치적 고려가 모두 사상됨과 동시에 이것은 그 후에 미친 갖가지 왜곡을 사람들이 보지 못하게 만드는 효과를 가져다 줄 것이다. 이 이야기는 미국에서도 천황의 역할에 대한 공식적인 해석이 되어있듯이 천황의 사후에 나온 미국의 모든 유력신문들의 특집기사에서도 반복되어 실렸다.

제일 먼저 느낄 수 있는 것은 천황의 이미지가 대중매체에 놀랄 정도로 획일화되어 있다는 점이었다. 현실에서는 태평양전쟁에 종군한 옛 군인들을 중심으로 한 강력한 반일감정이 있었지만 대중매체의 천황에 대한 이미지에는 그러한 반일감정이 전혀 반영되어 있지 않았다. 이것은 미국과 일본 이외의 나라에서 보도하는 천황에 대한 이미지와 첨예한 대조를 이루는 것이다.

미국에서 이러한 천황의 이미지 연출에 호응하듯이 일본에서는 민주적이고 평화를 사랑한다는 천황의 이미지를 대외적으로 선전하는 작업이 진행되고 있다. 더욱이 미국의 대중매체에서는 천황의 죽음을 계기로 하여 이전의 점령국과 피점령국과는 다른 새로운 일미관계의 상을 미국 국민에게 교육하려는 노력이 이루어지고 있다. 이것은 이전부터의 일미관계의 이미지가 바뀌지 않는 한 최근 점점 더 과열화하고 있는 일본찬미의 논의에 대해 많은 미국 국민들이 반발심을 느끼고 있다는 것은 분명하고 반일감정의 폭발을 피하기 위해서는 일미관계의 이미지를 변환시키는 것이 불가결하다. 이러한 문맥에서 민주적인 천황 이미지는 중요한 역할을 하는 것으로 여겨진다. 민주적인 천황 이미지는 일본의 이미지를 미국 사회를 개조하기 위한 귀감으로 이용하는 데 불가결한 전제조건이 되어 있다.

이러한 시각설정은 사실 전후 미국에서 일본연구의 주류와도 일치하는 것이다. 전후 미국의 일본연구는 정치적 군사적 전략의 입안이라는 현실적인 요청과 밀접하게 연결되어 생겨났다. 학문으로서 순화하고 독립한 후에도 일본연구는 미국의 지도에 의한 일본의 민주화, 발전이라는 성공담을 다양한 측면에서 그려내고 찬미하는 것을 제일 중요한 기조로 삼았다. 역사적인 연구의 경우에도 미국의 감화(感化) 아래 개화한 좋은 자질의 원천을 찾아간다는 접근법을 취했다. 넓은 의미에서 서양의 감화·지도 아래 야만국이 문명의 복음을 받아 개화해 나간다는 19세기 이후 근대화라는 이름의 제국주의적인 패권담으로 모조리 수렴되고 있다. 거꾸로 그 성공담의 허구성에 질문한다는 문제설정은 배제되었다. 일본에 대한 인식틀이 이러한 신화를 전제로 하고 있고 그것을 끊임없이 강화하는 기능을 해온 것이다.

지금 한 가지 문제는 미국인에 의한 이러한 형태의 논의가 일본으로 들어왔을 때 일어날 수 있는 위험이다. 종래 일본의 논단에서는 외국, 특히 구미에서의 일본비판을 수입하고 소개함으로써 체제비판을 수행한다는 방법이 종종 채택되었다. 이번 천황의 병에 대해 자숙하는 순응주의에 대해서는 일본인 자신이 논의를 제창해 나간다는 분위기 때문에 어떤 시기에서는 외국인의 의문과 반발을 소개하는 것이 현상태에 대한 유일한 비판수단이 되는 것으로 볼 수 있다. 하지만 구미에 권위를 설정해주고 비판적인 언설을 외부의 권위에 바탕하도록 하는 안이한 방법이 위험하다는 것을 일본의 지식인이 어디까지 진지하게 생각했었는지는 의문이다.

예를 들어 과잉된 자숙을 비판할 때 이에 대응하여 종종 이안 부름(Ian Bloom)의 '야마토이즘' 논의가 나오고 부름에 의탁하여 국가주의의 대두에 우려를 표명하는 논법이 취해지곤 하였다. 그러나 그의 논의는 지극히 임시변통적이고 구미에 있는 동양인에 대한 편견을 전제로 하지 않으면 설득력을 갖지 못한다는 것은 그이 문장을 한 번만 봐도 분명한 사실이다. 그것을 현 상태의 비판에 대한 원군으로 안이하게 이용한다는 것은 지식인에게 있어서 자살행위에 가까운 것이다. 바워즈같은 거꾸로 된 감정적인 문장이 일본에 수입될 때 이러한 종류의 비판은 근거를 잃게 되고 말 것이다. 미국 사회의 일반적인 현실과 사회통념을 단순하게 그것이 미국이라고 함으로써 일본비판을 위한 버팀목으로 삼을 가능성이 전혀 없다는 점이 점점 더 분명해졌다. 물론 그와 반대로 일본이 미국 사회를 개조하기 위한 귀감으로 이용되어 버린다는 것, 미국내의 일부 사람들의 경우처럼 이상화된 일본의 이미지가 재수입되어 일본의 현상태를 긍정하는 수단으로 이용된다는 것은 우리가 두려워해야 할 것들이다.

투고에 대한 반향

투고에 대한 반향은 우리들의 예상을 뛰어넘는 것이었다.

우리들에 대한 개인적인 의견발표 외에 투고가 게재된 수 주 후 존 리드라는 원 외교관 출신의 역사가가 쓴 반론이 게재되고 더욱이 그 후 타카오카 테츠야(片岡鐵哉), 마리우스 장생의 리드에 대한 반론이 게재되었다. 리드의 논문은 바가미니의 저서 『일본의 제국적 음모』(Japan's imperial conspiracy)에 의존하고 있으며 천황이 적극적으로 잔혹한 전쟁을 주도했다고 추장하고 그 책임을 단죄하며 고결한 천황이라는 환상과 결별한다는 것을 말한 것이다. 리드의 논의는 우리들의 투고에 대한 거의 의도적이라고도 할 수 있는 오독에 기초한 비판이고 그 공격은 물론 바워즈와 같은 천황찬미론에 대해 행해져야 할 것이었다. 이것에 대해 타카오카는 미국의 도의성을 전면적으로 인정하면서 국민국가 사이의 분쟁으로서의 전쟁은 언제나 불가피한 것이고 전쟁에 대한 책임을 묻는 것 자체가 의미없다고 주장한다. 또 장생은 리드의 우리들에 대한 비판이 오독에 기초하고 있는 것과 리드의 역사관의 과오를 지적하면서 해군의 지도자의 책임을 강조한다.

이러한 의견들은 입장의 차이가 있지만 모두 천황의 전쟁책임의 존재를 전제로 하기 때문에 이 문제에 대한 일본의 수용방식과 외국의 통념간의 차이가 분명해졌다. 그러나 유감스럽게도 지상에서의 의견에 대한 응수는 우리들의 문제설정을 정면에서 받아들이지 않았다. 즉 이들 논의는 일미전쟁의 개시와 수행과정에서 천황의 역할과 책임에 문제를 한정시키고 있다는 것이다. 이러한 시각에서 보는 한 문제는 제국주의 국가간의 전쟁에 있어서 불충분한 권한을 가진 한 지도자의 책임이라는 점으로 환원되어 버리고 만다.

국민국가의 성립 이후 전쟁이 끊임없이 반복되어 왔다는 점을 생각할 때 일미전쟁도 다른 많은 전쟁들처럼 역사의 한 장면을 채색하는 사건이 된다. 따라서 이러한 문제설정을 하게 되면 일미전쟁에 있어서 천황의 책임이라는 문제도 하나의 사건을 둘러싼 진상탐구로서 상대화된다. 거기에서는 일미전쟁 이전의 일본에 의한 아시아침략의 책임, 일본의 전쟁책임을 애매하게 만들고 전쟁을 대 아시아전략으로 활용한 미국의 책임이라는 문제는 완전히 누락되어 버린다. 더욱이 국민국가가 그 국민에 대해 요구하는 애국충성의 의무에 대해 문제제기를 할 가능성은 압살되어 버리고 천황의 책임은 다른 국가지도자들의 책임과 함께 국익을 추구하기 위해 중단될 수밖에 없는 것이 되고 궁극적으로는 각각의 나라에 대한 애국미담으로 변신해 버리게 되는 것이다.

미국의 지식인이 의도적으로 분명한 오독을 범하면서까지 이 문제를 피하려고 하는 것은 일면 당연한 일일지도 모른다. 일본에 의한 아시아 침략을 정면에서 논하게 되면 필연적으로 미국의 전후처리, 베트남전쟁으로 대표되는 50년대, 60년대의 대 아시아정책, 더욱이 현재까지 존속하고 있는 대 중남미정책을 근본적으로 다시 물을 수밖에 없을 것이다. 물론 이 문제를 진지하게 다루는 지식인은 미국에도 있다. 다만 유감스럽게도 일본과의 관계 안에서 이 문제를 진지하게 생각하는 사람들의 오랜 세월에 걸친 노력에도 불구하고 그와 같은 비판의 목소리에는 발표기회가 꽤 오랫동안 주어지지 않은 것이 현실이다.

미국에서의 이와 같은 논의의 성립방식의 한계를 의논하는 것은 지금의 주제에서 벗어나기 때문에 다른 기회로 미루고 싶다. 지금 무엇보다도 먼저 묻지 않으면 안되는 것은 현재 일본에 유포되고 있는 문제의 수용방식이고 역사상의 사실에 관한 논의조차도 금기시되고 봉인되어 버린 천황제 논의가 존재하는 방식이다.

천황제 논의의 안과 밖

천황제에 대한 논의는 여러 가지가 있지만 여기에서는 전쟁책임에 관한 것과 최근 유행하고 있는 문화로서의 천황제, 질서의 구성장치로서의 천황제를 상찬(賞讚)하는 두 가지 종류를 건드리고자 한다.

천황과 전쟁책임의 논의

하워즈의 에세이로 대표되는 감상주의는 천황이 중태에 빠졌다는 것 때문에 분위기가 일거에 뜨거워지면서 일시적이긴 하지만 방명록에 이름을 남기려는 사람들의 줄이 길어지게 된 동기가 되었다. 거기에는 천황이 역사동란 가운데 국민과 함께 살아왔다는 데 대한 공감과 국민을 수호해왔다는 데 대한 감사의 심정으로 넘쳐나고 있다. 이러한 감상에 흠뻑 젖은 사람들에 대해 역사상의 사실에 기초하여 천황의 전쟁책임의 존재를 증명하는 것만으로는 그러한 사고나 사물을 보는 방식을 변화시킬 수 없을 것이다. 필요한 것은 이러한 감정을 산출시킨 각종의 문화장치에 대한 해석과 그 장치들이 잘 기능하지 않도록 간섭하는 방법의 개발이다. 그러한 준비 없이 역사적인 객관성이나 과학적 합리성 등의 문구를 들고 다니며 '천황 개인은 내심 늘 평화를 희구해왔다'는 신앙고백을 반복하는 것은 실수일 것이다.

그러나 여기서 강조해두고 싶은 것은 이러한 종류의 감상주의는 정치지도자의 일본국민에 대한 전쟁책임을 면하게 해줄 수는 있어도 일본인의 다른 아시아 민족들에 대한 전쟁책임을 논의할 때에는 아무런 의미도 갖지 못한다는 점이다.

이러한 종류의 신조는 서민의 차원에서만이 아니라 정부의 공식견해로 채택될 수 있다고 보인다. 예를 들어 천황의 발병 이후 영국의 두 대중지가 선정적인 표현으로 천황의 전쟁책임을 규탄했던 것에 대해 일본 외무성이 해당 신문만이 아니라 영국정부에게까지 항의를 했던 사건이 있었다. 이때 외무성의 대응은 국제적인 실소를 자아냈었다. 대중지의 논설에 대해 어떤 권한과 책임도 갖지 못한 영국정부에 대해 항의한 것이 어느 정도 차이가 있었다는 것은 말할 필요도 없다. 더 중대한 착오는 대중지의 선정적인 표현이 일본인을 매멸한 것이라는 이유만으로 천황의 전쟁책임에 관한 그들의 문제제기에 대해 아무런 대답도 하지 않은 점이다. 만일 어느 대중지의 논설을 사실무근의 매욕(罵辱)이라고 한다면 천황에게 전쟁책임이 없다는 것을 논리적으로 설명하지 않으면 안될 것이다. 일부러 중심점을 애매하게 만들어 정서적인 반응을 하게 되면 그것은 사실상 영국 대중지의 비판이 정확했다는 것을 간접적으로 증명하는 것이 된다. 긁어 부스럼만들기란 바로 이런 것을 가리킨다. 정부는 천황의 전쟁책임에 대해 모른다는 시늉을 하려고 이 정도의 추태를 부릴 수밖에 없었던 것이다. 더욱이 이러한 정부의 행동은 일본인은 정서적이라 이성적인 사고가 나오지 않는다는, 구미에 강하게 남아있는 예의 스테레오타입을 보강시켜줄 뿐이다. 즉 이러한 일련의 사건들을 통하여 '일본인'은 구미에 의해 '기대되는 인간상'을 훌륭하게 연출시켜 보여준 것이다.

물론 '일본인' 모두가 정서적인 것은 아니다. 신조나 이상에서는 세계는 움직이지 않는다고 주장하고 '지옥으로 가는 길은 선의에 의해 전면에 깔려있다'는 경구를 애용하는 사람이 있다. 이러한 사람들은 힘의 정치(power politics)라는 관점에서 천황의 책임에 대한 상대화를 기도한다. 말하자면 침략전쟁이라는 점에서는 영국도 미국도 같은 죄를 지었는데 왜 천황만이 책임을 지지 않으면 안된다는 말인가 하는 것이다. 또한 일본은 아시아의 식민지를 서양제국주의의 지배로부터 해방시켜 준다는 목표를 동기로 삼았다는 것이다.

이러한 논의는 일면의 진리를 충동질하고 있다. 그리고 이런 종류의 위압적인 태도를 허용하는 것은 천황의 전쟁책임을 추궁하지 못한 지적인 태만에 의한 측면이 크다. 구미의 선진민주주의에서 권위를 구하고 그것과의 낙차에 따라 일본의 위치를 정하려는 사고방법으로부터는 구미에 내재하는 한계를 비판하고 일본의 책임을 추궁한다는 복안적(複眼的)인 사고가 쉽게 생겨날 수 없다.

물론 우리들은 하워즈의 상대화논리를 따르지 않는다. 오히려 우리들은 거기에서 수치스러워해야 할 지적인 불성실을 발견한다. 예를 들어 후지오[藤尾], 오쿠노[奧野] 두 대신이 침략전쟁을 찬미했다는 것 때문에 파면당하거나 사임하게 되었을 때 많은 매스컴은 그들을 긍정도 부정도 하지 않고 신념에 찬 사람이라고 평가했다. 그러나 그들이 진정으로 구미제국주의를 비판하고 동경재판을 이치에 닿지 않는 사건이라고 확신했다면 일본 국내 및 인접 국가들에 대한 발언을 왜 침략과 부조리의 원흉인 미국에게는 돌리지 않았을까. 그들만이 아니라 동경재판사관 등의 말을 좋아하는 사람들이 부당한 재판을 했던 미국의 책임을 추궁한 일이 있었을까. 거기에는 대 아시아와 대 구미라는 상대방에 대하여 우월감을 갖는가 아니면 열등감을 갖는가에 따라 말의 사용방식이 나누어져 있을 뿐 원칙이라는 것이 없다. 그리고 그들의 '신념'에는 인종주의가 깊이 각인되어 있다고 말할 도리 밖에 없다.

말할 필요도 없는 것이지만 구미의 제국주의적 침략을 비판함으로써 자국의 행위를 정당화하는 것은 있을 수 없는 일이다. 구미에 의한 침략도 일본에 의한 침략도 역사 속의 상혼으로 남아있는 것이다. 그러나 일본에게 있어서는 구미의 우월감이나 자민족중심주의(ethnocentrism)에 대한 비판이 자국의 책임을 상대화하기 때문에 국내소비용만으로 사용되고, 비판이 자기의 자민족중심주의를 정통화하는 수단으로 변하는 것이다. 그러니까 영국의 대중지가 천황의 책임을 규탄할 때 거꾸로 영국의 식민지주의의 책임을 물을 수도 있었지만 묻지 않았던 것이다. 이렇게 구미의 제국주의에 대한 비판은 점점 더 폐쇄적·자기연민의 성격을 강화해 버린다. 이러한 악순환의 고리를 끊어버리려면 천황의 침략전쟁에 대한 책임을 일본에서 광범위하게 인정하는 일이 전제되어야 한다. 그렇지 않고서는 미래지향적인 인간관계를 열려고 하는 건설적인 상호비판은 불가능하다. 자기의 자민족중심주의와 국민적 동일성(national identity)을 고집하는 음습한 험담의 말다툼이 아닌, 열린 대화론적인 상호비판은 가능해질 수 없다.

더욱이 구미의 제국주의에 견주어 그것과 일본제국의 침략을 동렬에 놓고 거기에서 앞의 책임에 대한 추궁을 정지시키는 것은 일본의 행위를 구미에 대한 추종으로 파악함으로써 일본의 행위를 정당화하는 것이다. 즉 구미의 과거와 비교함으로써 천황의 책임을 상대화하는 논리는 모습을 바꾼, 구미에 의존하는 논리이고 탈아입구(脫亞入歐)의 논리에서 한 발자국도 나가지 못한 것이다. 일본 보수파의 정치인, 지식인의 집안 호랑이같은 태도는 이 명치 이후의 역사적인 현실에서 유래하는 것이다. 그러나 지금도 참으로 서양 대 일본이라는 서양을 중심으로 한 대비의 도식에서 조금 자유로워지고, 타인의 죄상에 빗대 자기를 허용하는 악습이 갖는 의미에 있어서 이젠 조금은 자각적으로 될 필요가 있지 않을까. 즉 그들의 민족주의는 일종의 분노에 지나지 않는다고 해도 그치질 않을 것이다.

문화론으로서의 천황제론

일본의 논단이나 학계에서는 거의 수년 동안 문화시스템으로서의 천황제를 논의하는 것이 유행하고 있다. 이러한 경향은 제일 먼저 전후의 실증적인 사회과학에 의한 천황제분석이 빈곤한 것에 대한 반성으로부터 정신분석학, 사회학, 문화인류학, 그리스도교신학 등의 성과를 적극적으로 수용하여 천황제의 움직임을 기술하기 위한 새로운 학문적 언어를 만들어내려고 하는 방향이다. 그것은 필연적으로 기존 인문사회과학에서 암묵적으로 인정되었던, 예를 들어 인간, 의식의 자발성, 개체에 대한 전체로서의 사회 등이라는 사고에, 의문을 던짐으로써 사회적 현실을 적극적으로 변혁시키는 새로운 접근법을 만들어내게 된다. 상식 속에 자연화되어 버렸던, 우리들이 사물을 생각하면서 당연시하던 전제도 반드시 역사를 갖고 있고, 그 많은 것이 19세기 서구의 경우 일부계층이 세계를 통합하는 과정에서 하층계층과 비서양사회에 들이대던, 그리고 비서양사회의 사람들에 의해 어느 사이엔가 내면화된, 즉 공유됨으로써 사람들의 감각을 지배하게 된, 언설의 제도에 지나지 않는다는 사실이 이 방향에서 시사된다.

그런데 새로운 지적 유행이 넓어질 때 잘 일어나는 것이지만, 상식 혹은 공통감각의 비판이라는 계기가 닦여 없어지고 논의의 결론만이 그 비판적인 방향과는 무관하게 유통되게 된다. 문화와 정치 혹은 이데올로기의 불가분성을 제시해야 할 논의가 어느 틈엔가 마치 정치제도나 권력과는 유리된 문화시스템적인 것이 있고, 더욱이 그렇게 탈정치화된 문화시스템으로서의 천황제에 대한 논의를 정당화하는 데 사용되는 것이다.

이러한 '온순한' 공통감각에 아첨 떠는 천황제론을 내재적 논리적으로 음미하는 것은 곤란한 일이다. 왜냐하면 이러한 논의는 이론구성의 문맥이나 이론차원에 대한 감수성을 결여하고 있는 경우가 꽤나 많고 이론적인 엄밀성에 대한 양심을 갖고 있지 않기 때문에 처음부터 내적인 일관성에 대한 추구를 방기하고 감상성으로 독자에게 호소하려 들기 때문이다. 그리고 천황의 발병 이후 감상주의가 커진 것은 이런 종류의 논의를 더 한층 초절적인 것으로 만든다. 그럼에도 불구하고 이런 종류의 논의에 대하여 몇 가지 의문을 던져 보고 싶다.

먼저, 천황제와 권력의 문제이다. 예를 들어 천황이 정치의 실권을 가진 것은 전통에 대한 일탈이고 절대적인 무권력이라는 존재방식이야말로 참된 천황제의 모습이라는 견해가 최근 유행하고 그러한 문맥에서 전후의 상징 천황제를 평가하는 논의가 많아지고 있다. 그리고 '제로기호'라든가 '공허한 중심'이라는 말로 천황제를 말하는 것이 유행하고 있다. 여기에서는 이중으로 논리적인 눈속이기가 이루어지고 있다. 만일 천황이 무권력이라면 체제에 있어서도 어떤 역할도 갖지 않을 것이기 때문에 일부러 많은 국비를 들여 아무런 역할도 못하는 제도를 보존할 이유가 없고 큰 어른이 학식을 긁어모아 시간을 들여가며 논의할 필요도 없을 것이다. 여기서 이루어지는 것은 거의 어린애 같은 말들의 조작이다. 한 쪽에서는 천황을 위해 죽는 것을 최고의 덕이라고 전시 중의 황국소년소녀들에게 주입시키는 듯한 천황제의 정신적인 동원력에 대한 인식이 있고, 다른 한 쪽에서는 의도적으로 권력을 협소하게 규정하면서 전후의 천황에게는 실권이 없다고 말하는 것이다. 그 다음에는 소문으로 돌려야 할 권력관에 따라 권력을 개인의 자발적인 의지에 반하여 일정한 행위를 강제하는 것으로 규정하면서 천황은 그러한 강제력을 갖지 않기 때문에 권력도 갖지 않는다고 말하는 것이다. 권력을 뚜렷하게 지극히 줍게 규정해두면 아무리 뭐라 해도 천황제는 권력과 관계가 없고 무해하다고 주장할 수 있게 될 것이다.

이러한 종류의 많은 천황제 논의는 통속적인 권력개념과는 다른,

새로운 권력이론에 그 기원을 갖는 것임에도 불구하고 일단 유행하게 되면 기존의 권력관에 접목되며 이제까지 상식으로는 이해할 수 없었던, 그렇기 때문에 새로운 권력이론이 정면에서 제시해 보여준 사회 문화관계가 갖는 음침한 측면을 오히려 은폐해 버린다. 황국소년소녀 그리고 국민은 자발적으로 즉 몸을 내던져 앞장섰기 때문에, 천황은 권력자로서 국민에 대했던 것이 아니라 온순하고 불쌍한 듯한, 힘없는 고독자로서 국민 전체의 고통을 한 사람에게 지워 인내해왔던 것이라고 말하게 되는 것이다. 그러니까 국민은 권력자로서의 천황이 아니라 서민에게 사랑받는 온순하고 불쌍한 노인으로서 그 몸을 느끼게 되고 고의로 방명록에 이름을 남기기 위해 자발적으로 나오게 하는 시나리오를 볼 수 있게 된다.

　여기서 망각되고 있는 것은 국가의 지도자가 국민을 향해 자기를 권위주의적인 전제자로서 연출시키는 듯하는 것은 현대의 고도로 정보화된 일본이나 미국같은 사회에서는 거의 있을 수 없다는 사실이다. 말할 필요도 없는 것이지만 근대의 국민국가에서는 국민 사이의 인기는 보통선거제도의 존재를 생각하지 않아도 정치에 있어서 중요한 요소이다. 정치적인 지도자를 권위주의적인 독재자로 희화화하여 그리고 비판하는 것은 쉽다. 그러나 온순함이나 동정을 불러내는 듯한 애처로움 안에도 권력의 기구는 작동하고 있고, 서민적이라는 것 혹은 서민에게서, 두려울 정도로 볼 수 없다고 해서, 반드시 정치가 갖는 음침함으로부터 면죄된다는 것을 뜻하는 것은 아니다.

　'공허한 중심'으로서의 천황제라고 말할 때 여기에는 권력 일반에 대한 이해가 포함되어 있지만 기묘하게도 천황제라는 말이 나오게 되면 거의 어떤 판단도 없이 일본 특유의 뭔가 신비적인 문화장치인 것처럼 파악되어 버리고 만다. 외국의 경우에는 권력이 '충실한 중심'을 만들지만 일본의 경우에는 그렇지 않다고 말한 종류의, 전전 이후의

'동양의 무 대 서양의 유'라는 도식이 그런 견해로부터 자꾸 나오게 된다. 더욱이 이러한 '동양: 무 대 서양: 유'라는 도식은 구미의 동양연구자들 사이에도 많은 인기를 끌고 있고 외국인도 바로 나누어 받아들일 수 있기 때문에 국제화시대의 국제이해에도 큰 역할을 한다. 일본 것을 아무 것도 모르는 외국인조차도 화장품, 지압, 가라데 등의 선전을 통해서만 심원한 무에 대해 이야기를 들었기 때문에 '공허한 중심'으로서의 천황제 등의 말이 나오게 되면 뭔가 나누려는 기분이 들게 되는 것이다. 혹은 잘 나누어지지 않아도 좋다고 말하는 것이 나누어진 기분을 들게 한다. 일본인 쪽에서도, 일본인은 어떻게든 외국인 특히 구미인에게는 이해될 수 없는 뭔가를 이해하고 받아들이기 때문에, 일본인의 나르시시즘을 가장 잘 부추기는 형태로 국제친선을 만들려는 생각이 들게 되는 것이다.

그런데 자국의 전통을 특수하게 보려는 것과 자국이 외국에는 없는 정체를 갖고 있다고 과시하는 것은 근대의 국민국가가 국민의식을 만들어낼 때 사용하는 상투적인 수단이고 어디에나 다 있는 것이다. 일본만이 아니라 신주(新州) 아메리카라는 사고방식(미국이 자기나라를 자랑스럽게 생각하는 사고방식)은 미국에서도 강하다는 사실은 잘 알려져 있다. 물론 천황제가 외국의 제도와 완전히 같다는 것은 아니다. 거기에는 특수한 점도 있을 수 있고 현재의 우리들로서는 이해할 수 없는 측면이 있다는 것을 부정할 수 있는 것도 아니다. 즉 다른 많은 사회현상들처럼 이해할 수 있는 경우와 할 수 없는 경우가 있다는 것이다. 하지만 이러한 특수관이 은폐해버리는 것은 새로운 접근법을 취할 때 볼 수 있는, 일견 해가 없어 보이는 제도가 갖는 폭력성이며 상징적인 제도가 사회통합을 행할 때 행사하는 폭력에 대한 인식이다. 그리고 과거에 일어난 비참한 역사적 사건과 천황제를 겹쳐볼 가능성, 더욱이 일견 부드럽게 볼 수 있는 사회통합의 틀이 품고 있는 잔혹성에 대한 감수성을 억압해 버리는 것이다. 천황제에 한정하지 않고 특히 일본에 한정시켜 나르시시즘적으로 문제를 생각해야 할 필연성은 없다. 도대체 어디를 근거로 구미의 권력기구의 중심이 공허가 아니라고 말할 수 있단 말인가. '공허한 중심'은 오히려 서양의 전통적인 전체화의 언설에 대한 철학적인 분석에서 출발할 수 있었던 것은 아니었을까.

누구에게 명령을 받지 않고도 국민이 자발적으로 자숙을 행한 것이야말로, '공허한 중심'으로서 여러 요소들을 포섭함으로써 질서통합을 행한다는 천황제라는 권력의 궁극적인 발현형태인 것이다. 천황제의 문제에 관한 논의를 통제하는 일이 교육의 장이나 대중매체에서 수년 동안 강화되어온 것은 다시 지적할 필요가 없다. 또한 나가사키의 모토시마 히토시〔本島 等〕 시장이 시의회 답변에서 천황의 전쟁책임을 인정했을 때 자민당, 우익단체가 발언을 철회할 것을 요구한 사실에 초조해지고 히스테릭한 이단심문을 전개했던 것도 기억에 새롭다. 천황제의 정점에 선 천황 개인은 무색 무권력의 선의를 가진 사람일지 모르지만 그러한 사실로부터 분명해지듯이 천황제에 포섭되고 천황제의 끝부분에서 천황과 동일화를 기도하는 사람들은 신조를 공유하지 않은 인간에 대해 가혹할 정도로까지 배타적이다. 다양한 요소의 포섭 및 통합이라고 말하는 곳에서, 전체와의 동일화라는 욕망을 가진 자만을 흡인하는 것만으로도 동질화를 거부하는 자에게는 철저한 박해가 가해지는 것이다.

결국 현재의 천황제라는 시스템은 폭력과 억압을 불가결한 기제로 하여 성립해 있다. 즉 자발적으로 이 시스템에 동화하려고 하지 않는 자에게 철저한 혐오가 이루어지는 이상, 천황제라는 것은 폭력과 억압을 통제의 수단으로 사용하는 사람들에게서 그 토대를 마련하고 있다는 것을 부정하지 않는 것이라고 말할 수 있다. 더욱이 사회에 있어서 '이지메'형의 폭력은 천황제의 중핵권력을 유지하기 위해 절대로 필요하다고 말할 수 있다.

그 다음 천황제와 전통의 관계에 대해 생각해보자. 명치 이전의 천황제와 전후의 천황제의 차이를 먼저 분명하게 해보자. 첫째 상징으로서의 천황제가 헌법이라는 근대적인 실정법에 의하여 기초지어진다는 점이다. 상징이란 본래 관습 위에 성립하고 다른 쪽에서 끊임없이 새로운 해석을 낳으며 상상력을 북돋우는 애매성을 갖고 있다. 실정법에 의해 규정된 한에 있어서 천황제의 내실은 이러한 상징으로서는 무척이나 빈곤한 것이다. 또한 국민국가라는 지극히 새로운 형식의 국가를 제도적으로 상징하게 되면 천황은 당치도 않게 다수의 복잡한 요소들과 많은 차원에서 상징-피상징의 환유관계를 만들게 된다. 그리고 이 관계는 제도에 의해 고정된다. 이 점에서 근대의 천황제는 근본적인 모순을 내포하고 있다. 한 쪽에서 보면 천황은 국민사회를 제한없이 상징하기 때문에 어떤 정도의 보편성이 요구된다. 그렇기 때문에 예전과 같은 궁정문화는 상실되어 버렸다. 다른 한 쪽에서 보면 천황제의 권위는 초월적인 전통에 의해 정통화되지 않으면 안된다. 이러한 모순은 법적인 제도화의 귀결이다. 상징의 의미도 전근대와 현대일본에서는 당연히 다를 것이다.

두 번째 명치 이전의 일본에서도 천황은 문화적인 상징이었는지 모르지만 천황의 이미지가 국민전체를 나타내는 것은 아니었다. 그것은 국민이라는 형태로 받아들여지지 않는 자유로운 공간이 풍부하게 존재하던 것이었고 사람들이 일본국의 성원이라는 사실에 도덕적인 강박감도 나라와 동일화하려는 욕망도 갖고 있지 않은 것으로 끝나버리기 때문이다. 그러나 명치에 있어서 국민국가의 형성, 그 후 기술의 발달을 경유하여 전후 상징천황제가 '부활'했을 때에는 상징과 사회의 관계가 완전하게 변해 있었다. 오늘날 천황제는 사회의 모든 부분들을 다 맛본 국민국가와 일체화하려는 것으로 볼 수 있고 상징으로부터 자유로운 공간은 상실하였다. 그리고 어느 사이엔가 일본국민이라는 것은 천황과 이와 같은 상징관계를 매개로 하여 국민 전체와 동화하는 것에 동일시되어 버렸다. 그리고 상징공간이 정비되면서 공간 안에서의 획일화는 놀랄 정도로까지 진척되었다. 동조성(同調性)이 일본사회의 전통적인 사회통합원리와 일부 사회과학자들에 의해 파악된 정도로까지, 불도저로 균질화하는 듯한 획일화의 원칙이 관철되었던 것이다.

전후의 상징천황제란 참으로 전통과의 단절이라는 특성을 갖는다. 천황의 장례, 신제 즉위 시 헌법상의 문제를 무시하고 신도에 바탕한 전통의식을 완전하게 행한다고 하는 주장이 일부에서 나왔지만 이러한 전통에 대한 고집은 전통의 부재 때문에 생기는 것이다. 말하자면 전통이라는 사고방식 자체가 완전히 자의적으로 결정해도 관계없는 사항이고 마치 내재하는 이유에 따라 결정되는 것처럼 포장하고 정당화할 때 마주치게 되는 개념에 다름 아니라는 것이다. 의례 그 자체에 내재하는 의미라는 것은 물론 없다. 전통의식을 수행하는 것의 정치성은 의례의 세부에 있는 것이 아니라 그 의미짓는 과정, 즉 언설(=언표와 사회행위의 복합체)의 산출에 있으며 거기에서 과거의 이미지를 자아내는 일정한 사회관계를 제도적으로 고정하는 데 있는 것이다. 전후의 상징천황제를 초절적인 전통에 의해 기초 지우려는 논법은 전후 천황제의 자의성과 그 때문에 생기는 허약성에 대한 방위기제의 징후인 것이다.

내셔널리즘, 나르시시즘, 천황제

1980년대 말 일본이 단순한 경제대국에서 탈피하여 정치대국으로서의 자기이미지를 모색하던 시기에 소화의 종결이 겹쳐짐으로써 천황의 죽음은 특별한 정치적인 의미를 띠게 되었다. 천황제를 찬미하는 논리에는 지금까지 서술한 다양한 모순이나 문제점이 있지만 그것이 다시 유행하는 배경에는 일본인의 집단적인 심성의 변화가 존재하고 있는 것이다.

80년대의 일본경제는 일단 경쟁력을 강화하고 일본은 물건을 만드는 일에 있어서 뛰어난 정인국가(町人國家)로부터 채권대국, 자산대국으로서 세계경제의 지도력을 차지하는 것을 기대하게 되었다. 또한 정치의 측면에서도 헤게모니의 적어도 그 일부를 장악하고 세계질서의 구축과 질서에 공헌하라는 요구가 미국의 일부에서 주장되어 나왔다. 오늘날 일본인은 대국으로서의 자기 이미지를 어떻게 규정해야 할지 필사적으로 생각하고 있다. 즉 일본인으로서 서양인과 대등하게 호환적인 관계 속에서 인정받기 위한 방책을 구하고 있는 것이다. 그리고 이와 같은 대등한 관계의 성립이 건전한 '국민과 국민의 관계' 즉 '국제관계'라는 생각을 하고 있다. 그러나 현실적으로는 높은 기술을 가지고 경제수행을 우수하게 수행하고 있지만 다른 나라들로부터의 경의(敬意)가 결여되어 있다는 사실간의 차이로 인해 일본인들 사이에는 욕구불만이 비등해지고 있는 것으로 여겨진다.

이러한 불만을 없애고 국제사회로부터의 존경과 인지를 획득하기 위한 최후의 수단으로서 문화적이고 정신적인 권위로서의 천황제를 위치지어 생각하려는 것이 최근의 천황제론의 새로운 전개이다. 거기에서는 예전의 근대화론을 모방하듯이 경제적인 유효성이 보편성의 증거로 받아들여진다. 서양문명의 보편성이 서양문명이 다른 문명을 제패한 역사적인 사실에 의해 증명되었다는 주장처럼 일본문명의 보편성이 일본문명이 그 우위를 나타낸 최근의 역사에 의해 증명되었다고 생각하는 것이다. 이러한 문맥에서 일본식 경영의 성공담처럼 어울리는 소재는 없다. 이러한 일본문명론을 천황제에 유착시키려고 한다면 세계에 비교할 것이 없는 천황제야말로 국제사회에 있어서 평화로운 질서의 기축원리가 될 수 있다는 논리가 나오게 된다.

그러나 천황제의 국제화를 논하는, 일견 유행을 타는 논문들의 태반은 유치할 정도의 자기중심주의로 관철된 문장으로 되어 있다. 예를 들어 고바야시 미치요시〔小林路義〕는 아시아 모든 나라들의 지도자가 경합을 벌이며 일본을 방문하고 천황을 접견하는 것은 자기 나라의 정권의 정통성을 강화하기 위한 것이라고 말한다(『諸君』, 1988년 11월호). 혼자 우쭐하는 것이다. 결국 현재의 천황제론의 태반은 일본의 소박한 나르시시즘의 반영이고 전쟁 책임에 관한 순진무구한 천황제라는 것도 사실은 일본인의 순진성이었으면 하는 바램의 응축이며 국제질서의 기축으로서의 천황제라는 논의도 다른 국민에게서 인정받고 싶은 일본인의 욕망의 표상이다.

이러한 나르시시즘의 충일은 천황문제에 관한 '국민감정'이 자극되었을 때 정점에 도달했다. 그러나 그 국민감정이라는 것이 그 정도로 절대적이고 중요한 것일까. 단일한 국민감정이 존재하지 않았다는 것은 여기서 다시 지적할 필요가 없다. '국민감정'은 특정한 내실을 갖는 감정이 아니라 '모두가 똑같은 것을 느낀다'고 하는 느낌, 공동의 감정을 공유하고 싶다는 바램이 전도되어 그러한 느낌이 현재 존재한다고 하는 하나의 기분 문제이다. 더 심각한 문제는 국민감정 등이라는 말을 사용하여, 여기에 다른 의견을 제창한 것에 권력적인 억압을 가한다는 점이다. 이러한 태도는 인종주의라고 생각해도 무방할 정도다. 이러한 '일억일심'(一億一心, 수많은 사람이 한 가지 마음을 가짐)의 구조는 전전부터 전혀 변하지 않고 있는 것이다. 이단을 사냥하는 광폭한 태도를 보았을 때 근대국민국가와 결합해있는 천황제는 그 질서의 말단에 연결된 사람들에게 일억일심을 희구하는 파토스를 환기시켜 주는 마성을 내포하고 있는 것은 아닐까 하는 근원적인 의문을 솟

구치게 만든다.

　더욱이 자기의 감정을 절대화하고 감정을 거꾸로 만든 것에 대한 분만(憤懣)을 외국에게까지 다 털어놓는다는 것은 국제사회에 종종 있을 수 있는 것이지만, 그러나 유아의 행동과도 같은 것이다. 이런 류의 행동은 일본인은 정서적이고 비논리적이며 자유의 의미를 이해하지 못 한다는 등등의 일종의 인종주의에 바탕한 구미에 일본에 대한 스테레오타입을 내면화시킨 결과라는 생각까지 들게 만든다. 다만 한 가지 분명한 것은, 일본인으로서 다른 국민과 대등하게 상호적인 관계를 맺고 서로를 인지하고 싶다고 하는 국제관계는 자칫하면 국민감정의 절대화라는 나르시시즘에 빠지기 쉽다는 점이다. 국제화를 국민국가들간의 대등상호관계라고 생각할 수 있는 이상 국제화에서는 반드시 국수화(國粹化)가 귀결되어 나오는 것이 아닐까.

　이 논리에 따르는 한, 일본인 자신도 근대세계체제에 내재하는 인종주의로부터 결코 자유로울 수 없다. 인종주의란 개인의 마음가짐의 문제가 아니라 국민국가라는 체제에 짜넣어져 있는 것이기 때문이다. 국제화에 도취되어 있는 일본과 다른 국가들 사이에 있어서 인종주의의 상호촉진적인 악순환이야말로 일본이 제일 먼저 피하지 않으면 안될 사태라고 생각한다.

6장 사산되는 일본어·일본인
―일본어라는 통일체의 제작을 둘러싼 반(反) 역사적 고찰

20세기 후반 시점에서 유라시아대륙 동쪽 해안 바다에 산재해있는 일본열도, 거기서 성립해온 국민국가 일본국이란 문맥에 한정시켜 이야기를 해보자. 그러면 국어 혹은 국민어의 기원을 둘러싼 역사적인 질문은, 일본어 그리고 국민적 주체로서의 일본인이 생겨남과 동시에 죽었다는 혹은 이미 상실된 것으로서밖에는 살 수 없었다는 사태에 반드시 봉착할 수밖에 없다. 이 일본어/일본인의 사산(死産)이란 어떤 사태인가.

다언어성과 다수성

일본어의 탄생
일본어도 일본인도 어떤 역사적 한계를 갖는 제도이고 과거의 어느 시점에는 존재하지 않던, 그리고 훨씬 더 그 후 다른 시점에는 현존하는 것으로 받아들여지는 존재방식을 갖는 것이다. 근대에 있어서는 일본어도 일본인도 현존하는 것으로 받아들여지고 이 제도화되고 사회적 사물이 된 합의 그 자체가 사회편제 안에서 의미심장하게 움직인다. 혹은 일본어와 일본인이 현존하는 것으로서 널리 받아들여지는 듯한 사회편제를 성립시키거나 일본열도에 있어서 근대의 하나의 지표로 될 수도 있을 것이다.1) 즉 전근대로부터 근대로 흐르는 연속적인 연대기적 시간의 도식에 따라 추론할 경우 일본어가 존재하지 않았던 어느 과거로부터 현존한다고 믿어지는 현재까지의 사이에 어떤 시점이 있고 그 시점에서 일본어가 생겼다고 생각할 수밖에 없다.

그런데 이러한 일본어의 탄생을 어떻게 미리 이해할 수 있을까? 도대체 일본어가 생겨난다는 것은 어떤 사태를 가리키는 것일까? 가령 공화국이라는 제도의 경우를 갖는다고 보면, 역사가는 혁명세력에 의한 공의회의 설립과 혹은 헌법초안의 제도를 갖고 그 탄생 시점을 과거를 추인하는 식으로 고정시킬 수 있겠지만, 일본어만이 아니라 여러 자연언어일반과 헤겔이 인류이라고 부른 습속과 공동체의 관례에 그러한 고정방식은 적용시킬 수 없을 것이다. 일본어는 확실히 하나의 제도이지만, 국회나 관청이라는 제도를 제정한다는 의미처럼 일본어를 제정할 수는 없을 것이다. 그런데 물론 그때까지 일본열도 어딘가에서 다른 말을 쓰고 있던 사람들이 갑자기 자연발생적으로 일본어를 어느 시점에서 말하기 시작하는 것은 아닐 것이다. 그런데 지금까지도 빈번하게 사용되어온 '일본어의 기원', '일본어의

---

1) '근대 국가와 근대 국민에 관계되는 모든 기본적 특징은 국민이라고 하는 존재가 근대적인 것이다라고 하는 점에 있다.'(E. J. Hobsbawm, *Nations and Nationalism since 1780* [Cambridge: Cambridge University Press, 1990], p. 14), 그리고 Etienne Balibar, "The National Form: History and Ideology," in Etienne Balibar and Immanuel Wallerstein, eds., *Race, Nation, Class* [London: Verso, 1991], pp. 86-106.)

탄생' 같은 말들로 우리들은 도대체 무엇을 공상하고 무엇을 염두에 두었던 것일까?

일본어의 기원과 일본어의 탄생을 말함으로써 시작으로서의 기원과 탄생이라는 어구가 사용되는 것인지는 모르겠지만, 실은 기원과 탄생을 말함으로써 시작으로서의 기원 혹은 탄생에 의해 뭔가가 말해졌던 것을, 더 생각하지 않고 거기서 끝낼 수 있었다고 말해도 좋다. 그 어구들은 시작의 시점을 설정함으로써 바로 야기되는 아포리아가 품은 곤란을 간과하기 위해 사용되어 왔다고 말할 수 있을 것이다.

언어는 사람들의 사회관계의 어느 지점에서만 존재하기 때문에 그 존재는 사회 편제(編制)와 떼어서 생각할 수 없다. 즉 어느 시점에서 일본어가 존재하게 된 이상 그러한 일본어를 새로운 세대에 전달하고 가르쳤던 구세대 사람들의 그 시점 이전의 존재를 전제할 수밖에 없다. 그리고 구세대에 똑같이 전달되고 가르쳤던 그 전의 구세대 사람들을 바로 상정할 수밖에 없을 것이다. 따라서 일본어의 기원을 찾는 연구는 말하자면 베네딕트 앤더슨이 시사하는 바대로 과거로 무한소급할 수밖에 없는 것이다.[2] 이 추론을 맹목적으로 따른다면 일본열도에 온 사람들과 똑같은 일본어는 오래된 것이 될 것이다. 물론 일본어가 이 사이에 변화했을 수도 있다. 그러나 그 변화는 세대에서 세대로, 사람들과의 만남으로부터 다른 만남으로 점차적으로 변하기 때문에 어느 특정 시점에서 그 완만한 변화를 끝내고 마치 통사적인 시대구분에 의한 새로운 시대의 시작처럼 어느 시점을 시작으로 하는 것은 거의 불가능하다. 결국 사료가 다한 시점에서 이 무한소급은 좌절하고 만다. 그렇다면 일본어의 기원이라는 것은 아무 것도 아닌, 사료의

---

2) Benedict Anderson, *Imagined Communities* (London: Verso, 1983; 白石隆, 白石さや 譯, 『想像の共同體』, 리브로 포트, 1987), pp. 132-133.

입수가 가능한가 아닌가 하는 한계의 별명에 불과한 것인가. 그렇다면 일본어의 기원이라든가 일본어의 탄생은 사상적으로는 의의가 전혀 없는 어구라고밖에 말할 수 없지 않은가.

이렇게 검토해보면 일본어의 기원을 이해하는 데 있어서 우리들은 가장 기본적인 점도 음미하지 못했다는 것을 알 수 있다. 먼저 심문하지 않으면 안되는 것은 일본어라는 주제에 대응하는 것으로서 시간의 경과를 통해 변화성장하는 유기적인 실체를 상정하면서 우리가 논의를 진행시키고 있다는 점이고, 더욱이 일본어라는 명사에 의해 지시되는 어떤 존재자와 이 명사가 어떻게 관계하는가에 대한 문제이다.

'사회'의 윤곽과 일본어의 윤곽

언어를 유기적인 실체로 볼 수 없다는 것은 이미 많은 사람들이 주장했다. 그렇다면 마치 유기적인 듯한 통일성을 갖는 실체로서 언어(특히 국민언어)를 생각한 것은 왜 그럴까. 거의 모든 경우 언어를 그렇게 상정하는 언어실체관을 사람이 적극적으로 취하고 있기 때문에 그런 것은 아니다. 물론 근대의 사회편제에서는 언어를 실체시하는 것이 국민어의 보급과 어울려 보편적인 실체 혹은 경험의 규범으로서 수용되었기 때문일 것이다.

이러한 언어의 유기적인 실체관은 국민공동체를 구상하기 위한 도식과 공범의 기능을 하는 것이다.[3] 이 도식에 의하면 국민공동체는

---

3) 베네딕트 앤더슨은 그 유명한 저작으로 국민국가의 상상적인 성격을 다음과 같이 규정하고 있다. '국민공동체가 **상상**적인 것은 가장 소규모의 국민공동체에서도 그 구성원은 반드시 그 국민의 대부분과 아는 사이가 되거나 얼굴을 마주치거나, 그들의 일을 전해듣는 일이 없는데도 구성원 한사람 한사람이 마음속에서 합체하고 있다고 하는 형상을 만들고 있기 때문이다'(강조는 원저자에 의한다. ibid., p. 15). 이것은 오해를 사기 쉬운 국민국가의 상상적 성격의 설명이다. 인격적인 사귐을 넘어서서 얼굴과 얼굴을 마주치는 교제가 없는 사람을 포함한다고 공동체를

어느 언어를 열심히 습득하고 그 언어를 자연스럽게 수용해버린 사람들의 공동성으로 전제된 것이다. 국민어는 국민공동체의 성원에 있어서 공통성의 기반이 되게끔 주어진 것이다. 그렇기 때문에 국민어는 국민공동체의 성원에 있어서 미리 문제시되지 않는, 말하자면 그들의 국민으로서의 존재를 암묵의 전제로 하여 구상되는 것이다. 지적인 대상으로 주제화되기 전에 국민어는 국민에 의해 사라져버리는 것으로 상정되는 것이다. 이를 위해 국민어를 구상하는 도식과 국민문화의 형상이 만들어지는 과정은 어쩌면 서로 유사할지도 모른다. 물론 언어의 윤곽과 문화의 윤곽을 동일한 것으로 논의할 수밖에 없다는 전제는 선험적으로 발견되지 않는다. 단일한 국민어를 갖지 않는 국민국가는 현재의 세계에 여럿 있다. 그럼에도 불구하고 우리들 대부분은 공통의 언어로서의 국민어의 윤곽과 국민국가의 윤곽을 중첩된 것으로서밖에는 발상할 수 없게 되어있다.

근대의 국민국가에 매달리는 도식이 사회라는 관념에도 영향을 미치고 사회는 자기충족적인 혹은 명확한 경계의 윤곽을 가진 사회편제의 단위를 나타내는 명사로서 일반적으로 사용되고 있다. 틸리(C. Tilly)가 지적하듯이 사회는 국제세계의 기본적인 구성단위가 되고, 세계를 분할하면 자기충족적인 문화와 정부, 경제를 가진 유기적인 통일체로서의 사회가 나타나게 된다는 상식에 바탕해 우리의 사회관

규정한다면, 상상적인 것은 공상적, 혹은 추상적인 것으로 바뀌지 않게 되어버릴 것이다. 그러나 상상적이다라는 것은 사회제도가 객관적으로 존재하는 상태라서 거기에는 이러한 상상된 국민공동체가 말하자면 개인의 공상과 추상의 자의성을 넘어서서 소외되고 있는 것이 필요하다. 더욱이 사회편제의 상상적인 측면에 있어서는 코르넬리우스 카스토리아디스의 사회제도의 상상적인 성격에의 고찰이 시사하는 것에 포함된다(Cornelius Catoriadis, *L'institution imaginaire de la société* 〔Paris: seuil, 1975〕). 또 오래된 것으로서는 충분히 전개한 것이라고는 말할 수 없지만, 미키키요시〔三木清〕의 시험도 있다(『構想力の論理』, 1936 〔三木清全集 第八卷, 岩波書店, 1967〕).

이 형성된 것이다. 20세기의 사회과학에서 이러한 사회관으로부터 자유로운 경우는 놀랄 만큼 적다.4) 국제세계는 복수의 이러한 자기 충족적인 단위 '사회=국민국가'에 의해 구성된 것이라고 구상되어 있다.

근대에 있어서는 국민공동체, 국민문화, 국민어, 사회, 국민경제 (여기에 민족과 인종을 더할 수도 있다)라는 통일체의 각각의 윤곽이 서로 겹쳐지고 서로 일치하는 것처럼 구상되어 있다. 국민(nation)은 근대에 있어서는 비분할체로서 구상된다. 무수한 반증과 예외가 있음에도 불구하고 이러한 윤곽이 중층화하고 서로 합동하지 않으면 안된다는 요청으로부터 우리의 상상력은 꽤나 자유롭지 못하다. 즉 이러한 요청은 경험적으로 찾아진 각각의 근대사회의 존재방식으로부터 귀결된 것이 아니라 경험에 선행하는 요구, 혹은 명령인 것이다. 따라서 현재의 프랑스나 일본처럼 국민국가내의 균질성을 비교적 달성했다는 나라들만이 아니라 전전의 대일본제국, 현재의 아메리카합중국, 오스트레일리아 같은 말하자면 다민족국가에 있어서도 이러한 요청은 강력하게 작동해왔고 지금도 작동하는 것으로 여겨진다. 그리고 이 요청은 단순히 사회를 어떻게 구상할까라는 인식에 있어서 규범으로서만이 아니라 사회편제를 어떻게 개편할 것인가라는 공동체제작의 실천을 지지하는 구상력도 규제하는 격률(格律)이 되어버리고 있다.

더욱이 자기충족적인 통일체로서의 국민공동체의 형상은 국제사회에 있어서 상호관계에 의해 지탱되고 있고 자기의 국민공동체는 늘 다른 국민공동체와의 비교 및 구별을 매개로 하여 구상된다. 예컨대 일본인이라는 것의 가장 기본적인 정의는 일본인이 '아닌' 중국인과, 서

---

4) C. Tilly, *Big Structures, Large Processes, Huge Comparison* (New York: Russell Sage, 1984), p. 11.

양인이 '아니라는' 이중부정형을 취한다. 일본인이라는 것은 일본인이 아닌 외국인에 의해 일본인으로서 인지되었다는 자기인정의 욕망을 갖는 것이고 이러한 욕망을 규정하는 도식에 따라 구상되는 자기충족적인 통일체로서의 일본인국민공동체의 형상에 의해 자기를 조정(措定)하는 것이기 때문이다. 5) 다른 사회와 문명을 균질적이고 일괴암적인 타자로서 표상하는 것에 대응하여, 반조적으로 대형상화의 도식을 통해, 자국민, 자민족, 자인종을 균질적이고 분할불가능한 통일체로서 구상할 수 있다. 6) 그러므로 많은 다국적자가 현존함에도 불구하고, 어느 국민공동체에 귀속하기 위해서는 다른 국민공동체에 귀속하

---

5) 물론 이러한 자기조정에 다른 나라들이 평등하게 자기조정을 위한 타인의 임무를 완수하지는 않는다. 국가 대 국가라고 하는 국제관계가 아니라, 국가 대 민족이건, 국가 대 인종이거나, 다수의 국가를 포함하는 서구이거나, 자기조정을 위한 타인의 동정(同定)에는 말하자면, '카테고리의 실수'가 행해지는 것은 기억해둘 필요가 있다. 예를 들면, 미국의 경우 이러한 타인은 문맥에 의해, 서유럽일 수도 있고, 소비에트연방일 수도 있고, 일본일 수도 있다. 일본에 있어서는 '서양'이 그러한 자기조정을 위한 타인의 임무를 부여한다. 국민공동체의 형상과, 자기조정을 위한 타인의 동정에 있어서의 번역의 역할을 무시할 수는 없다(졸저 *Voices of the Past: Discourse on Language in Eighteenth-Century Japan*, University of Chicago Ph. D. Dissertation [Ann Arbor: University Microfilm, 1983], pp. 217-249; *Voices of the Past: the Status of Language in Eighteenth-Century Japanese Discourse* [Ithaca: Cornell University Press 1991], pp. 211-239[제7장, 미야자끼 카스미 역『비평공간』, 1993년 11호; 제8장, 동 12호, 전역은 1997년 新曜社에서 간행 예정), 동「일본사회과학방법서설—일본사상이라는 문제」, 『岩波講座—社會科學の方法』제3권, 岩波講座, 1993, pp. 1-37).

6) 이 이중부정형을 취하는 대-형상화의 도식에 의해 국민공동체의 주체화는, 지금까지의 근대국민주체에 대한 기본적인 사고방식에 절충하는지도 모른다. 근대국민은 국민 자신을 초월한 권위에 의해서가 아니라, 스스로의 행위에 의해 자기를 수립하는 자기한정의 주체라고 생각되어 왔다. 그래서, 근대국민 주체는 자립하고, 내발적으로 스스로의 역사를 만들어내는 것으로 생각되어져 온 것이다. 대-형상화의 도식에 의해, 자기를 재현=상징하는 주체와 국민을 파악하는 것에 의해, 내발적인 국민사까지 자기한정의 주체라고 하는 국민의 정의를 다시 생각하는 기회가 생겨나지 않을까?

지 않는다는 것, 국민공동체의 택일적인 선택이 흡사 자연스러운 요구인 것처럼 여겨져야 한다.

옛부터 일본이 늘 중국과의 대조에 의해 자기조정을 행해왔다고 널리 받아들여지고 있는 견해는 근대의 국민공동체가 대타 혹은 대자적으로 자기를 구상하는 도식을 비역사적으로 과거에 투사시킨 것에 지나지 않는다. 이 도식은 여기에서 서술한 종적(種的) 동일성의 윤곽 안에서만 작동하는 것이다. 일본인과 중국인, 혹은 일본문화와 중국문화의 대조 자체가 국민으로서의 일본인과 중국인을 전제한 것이고 여기에는 국민이라는 종적(種的) 동일화의 양식이 어떻게 근대에 한정되었던가 하는 자각이 전혀 없다. 동시에 18세기에 일어난 '번역의 실천계'를 통해 자기충족적인 통일체로서의 일본어공동체의 형상을 새롭게 제작하려는 시도, 즉 중국을 대상화함으로써 자기를 대-형상적으로 조정하는 지적인 시도의 새로움에 주목하고 이제까지의 실증적인 일본통사에서 불문에 부쳐진 역사기술상의 제원칙이 갖는 역사성에 주의를 기울일 때, 이러한 지적인 시도의 역사적인 의의도 이해하기 쉽게 될 것이다.[7]

더욱이 이러한 국민적 동일성은 무엇보다도 먼저 윤리적인 요청으로 주어지고 경험에 있어서 예외와 반증을 보여줌으로써 이 격률을 무효화시키는 것은 매우 어려운 일이다. 왜냐하면 외국인과 자국인 사이에 파는 사람과 사는 사람, 사업의 협력자, 동급생, 친구, 애인, 친족판계라는 여러 사회관계가 있음에도 불구하고 국민적 동일성은 이들 사회관계를 다 무시하고 한번에 국민이라는 추상적인 공동체에 동일화할 것을 요구하기 때문이다. 국민공동체(민족 혹은 인종공동체도 똑같은 논리에 의해 구상된다)에의 귀속은 신분과 직업 등에 기초한 개(個)와 개(個)의 관계를 초월하여 개인과 전체로서의

---

7) 번역의 실천계와 대-형상화에 대해서는 주 5)에 예를 든 문헌을 참고 바람.

공동체를 직접 연결시킨다. 사람은 공동체의 전체에 무매개적으로 접근하지 않으면 안된다.8) 무수한 사회관계의 망 속에 위치를 점하는 신분의 끈(束)으로서의 자기규정이 아니라 이러한 신분으로부터 유리된 국민/민족/인종이라는 비신분적인 집합에의 귀속에 의한 규정이 근대에 있어서 사람의 주체적인 위치를 우선적으로 결정하게 된다. 근대 이전에는 개인은 예컨대 경어(敬語) 체계에 의해 시사되듯이 상대방과의 관계에 의해 바로 그 자기동일성이 한정된다. 친-자/형-제/부-부/주-종이라는 사회관계성에 의한 동일성의 논리에 의하면 개인은 동시에 친(親)이고 또 자(子)이며(자가 아닌 친은 원리적으로 존재하지 않는다) 인생의 어느 시점에서는 종(從)이기도 하고 어느 시점에서는 주(主)이기도 하기 때문에 개인은 친, 자, 주, 종의 집합에 동시귀속할 수 있기(물론 장형[長兄], 막내동이[末弟], 부, 처에게는 이 중합성[重合性]이 일반적으로 해당되지 않는다) 때문에 개인의 동일성의 집합은 서로 배타적인 관계를 만들지 않는다. 이에 대해 근대가 되어 등장하는 동일성은 배타적인 종적(種的) 동일성이라고 불러야 할 원리에 따른 것으로 개가 동시에 고양이일 수 없는 것처럼 사람은 동시에 복수의 국민, 민족, 인종일 수 없다는 원칙이 만

---

8) 크레이그 칼훈은 전근대와 근대를 다음과 같이 비교하고 있다. 전근대의 신분제사회에 있어서의 개인은 친족이랑 관료제 따위의 전체의 부분에 귀속하는 것에 의해서 국가와 간접적으로 연계한 것에 비해, 근대의 시민권은, 전체와 개인의 동료의 처지에 있는 친족적, 작업적, 지연적 조직과는 무관하게, 전체를 대표하는 국가에게 개인은 직접 관계할 수 있다고 생각하게 된다(Craig Calhoun, "Nationalism and Ethnicity," *Annual Review of Sociology*, 1993, p. 229). 또 1930년대에 田辺元은 개인과 국민국가와의 직접적인 관계를 헤겔에 의존해서 개인의 인류공동체(종적기제)로의 부정성으로서 정식화하려고 했다. 소위 '종의 논리'이다(田辺元, 『社會存在の論理』[초판 1934-35년], 『論理の社會存在論的構造』[초판 1936년] 등 『田辺元全集』제6권, 筑摩書房, 1963). 田辺의 '종의 논리'는 종적 동일성의 논리를 전체로서는 긍정하지만, 그 한계를 모색하는 모순을 내포한 시험이었다. 근대의 종적 동일성의 논리가, 전형적인 형태로 나타나 있다.

들어진다. 그러므로 국민의 집단은 서로 배타적인 관계에 자기를 한 정시킨다. 개인은 특정한 타자와의 관계에 의해 그 동일성을 얻는 게 아니라 추상적인 집합으로의 귀속에 의해 종적 동일성을 얻게 된 다.[9] 개인에게 있어서의 귀속문제가 정치의 중요과제로 등장하는 것 은 이러한 종적동일성의 문맥에서이다. 물론 관계성에 의한 동일성은 근대사회에도 존속하지만 종적동일성이 사회통합의 우선원리가 되는 것이다.

이리하여 개인을 분할불가능한 실체(individuum)로 보는 개인주의 와, 사회를 분할불가능한 개체(individuum)로 보는 견해는 근대의 기 본원리가 된다. 개인주의와 국민전체주의는 서로 모순되기도 하지만 논리적으로 서로를 필요로 하고 공범관계에 있는 것이다. 그러므로 전체는 개인에 내재하는 것으로서 제시될 수밖에 없다.[10] 국민적 동 일성은 히로타마사키가 지적했듯이 일군만민(一君萬民)적이고 무매개 적인 전체에의 귀속을 개인에게 요구하는 것이다.[11] 국민적공동체에

---

9) 베네딕트 앤더슨이 '상상적'이라는 말에서 표현한 것은(각주 3 참고) 이러한 종 적 동일성이 가지는 추상성일 것이다. 관계적인 동일성이라도, 얼굴과 얼굴이 부 딪히는 일 없는 사회관계(앤더슨은 이러한 사회관계를 '상상적'이라고 하는 말로 기술하려는 듯하지만)를 표현하는 말은 많이 있을 수 있기 때문이다.

10) 근대일본의 사상으로 말하자면, 와츠지 테츠로우(和辻哲郞)논리학은 흥미로 운 예를 표현하고 있다. 개인주의를 비판하면서, 관계주의의 논리를 제시한 이 논 리학은 전체로서의 국민국가(individunm)를 개인의 individunm의 인격에 내재한 논리의 기반으로서 전제하지 않으면 안되었다. 그 관계주의에도 불구하고, 그것 은 종적동일성에 기초한 국민주의 논리학으로서밖에 전개할 수 없었다. 이 와츠 지의 시험을 국민적 동일성을 논리의 기본으로 둘 때 비분할주의로서의 개인주의 (individualism)를 넘어서는 일이 어째서 곤란한가를 나타내고 있어서 흥미롭다. 더욱이 일본인으로서 인식되고 싶다라고 하는 자기인정의 욕망의 도식에 따라서 그려진 자기충족적인 통일체로서의 일본인 국민공동체의 형상에 의해 자기를 제 정하는 기제로부터 와츠지인간학은 구현되어져 있고, 그 의미로도 와츠지논리학 은 근대적인 국민국가의 동일성의 원리를 체현하고 있다고 할 수 있을 것이다(졸 고, 「西洋への回帰/東洋への回帰─和辻哲郞の人間學と天皇制」, 『思想』, 1990年 2月號).

평등한 자격으로 참가할 수 있는 원칙도 이러한 무매개적인 동일화 원칙에서 나오는 하나의 선분이다. 국민적 동일성의 추상적인 성격은 여기서 유래한다고 말해도 좋다. 에티엔느 발리바르가 국민국가와 인종이 거의 동시에 발생했다는 점을 지적한 것은 국민이 전체에 무매개적으로 동일화하는 원칙에서 보면 지극히 납득하기 쉬운 것이라고 말할 수밖에 없다. 12)

동시에, 개인은 하나의 공동체에 선택적으로 귀속하고 국민적 동일성을 얻는 이상 개인에 있어서 자국민과 외국인의 차이는 절대적인 것이 된다. 근대의 국제세계에서 국민적 동일성은 타국민에 대한 배타적인 차별로서밖에 성립할 수 없다. 왜냐하면 국민공동체의 분할불가능한 통일체로서의 본질은 이 자국민과 외국인 사이의 배타적 경계에 있어서 잡종성의 배제, 바꿔 말하면 국민적 순수성으로서밖에 성립할 수 없기 때문이다. 후쿠자와 유키치〔福澤諭吉〕가 '자타의 별(종)'(自他の別)이라는 방식으로 주장했듯이 근대의 국민적동일성 혹은 국체(國體, nationality)는 외국인에 대한 엄격한 차별에 의해 구성된다. 13) 근대의 애국심은 전체의 개인에 대한 귀속 및 외국인에 대

---

11) 히로타 마사키, 「日本近代の差別構造」, 日本近代思想體系 『差別の諸相』 권 말해설, 岩波書店, 1990, 436-516. 국민공동체 혹은 다른 집단으로의 귀속을 전제한 타인과의 공통성의 공유에 기초한 평등과, 타인과의 공통성의 결여, 즉 비공통성 그것이 하나의 사회관계이고, 이 사회관계를 평등이라고 부를 때의 평등은 엄밀하게 구별되지 않으면 안된다. 후자의 평등에 대해서는 Jacques Rancière, *Le Maître Ignorant* (Paris: Librairie Arthème Fayard, 1987)를 참고 바란다.

12) Balibar, op. cit., pp. 86-106.

13) "옛날에 국체라는 것은 한종족의 人民相集을 같이 하고, 타국민에 대해서 자타의 구별을 만들고, 자신들이 서로를 보는 것이 타국인을 보는 것보다도 두텁고, 자신들이 서로에게 힘을 다하는 것을 타국인을 위해 하는 것보다 더 노력하며 한 정부 밑에 살며 스스로 지배하는 다른 정부의 제어를 받는 것을 싫어하고 복이든 화든 스스로 감당하여 독립하는 것을 말함. 서양어로는 '나쇼날리치'라고 부르는 것이 이것이다"(『文明論 槪略』〔1875年〕, 岩波文庫, 1931, 37쪽). 더욱이 후쿠자와 가 의거한 국가체제 개념에 대해서는 밀을 참고 바란다. 밀은 국가체제를 다음과

한 절대적 차별이라는 두 개의 계기를 빼고서는 절대로 이해되지 않는다.

그러나 여기서 새삼스럽긴 하지만, 뛰어나고 근대적인 평등이라는 원칙이 갖는 아나키한 성격을 잊어서는 안된다. 왜냐하면 평등에는 기존의 사회체제 안에서 동등한 대우를 받는 권한으로서의 평등과, 사회체제 그 자체가 낳는 차별의 철폐를 요구하는 평등이 뒤섞여 있기 때문이다. 만일 전자의 평등만을 문제삼을 경우 예를 들어 군대 안의 평등이 위계의 동일성에 기초하고, 동일한 위계에 속하는 자의 평등이 다른 위계와의 상하관계 없이는 그 정당성을 가질 수 없듯이, 평등은 사회의 상하라는 차별을 강화하는 쪽으로 움직일 가능성도 있다. 다른 한 편으로, 평등의 요구는 인종과 성의 평등을 요구하는 데에서 나타나듯이 그때까지 실정적으로 인지되지 않았던 차별을 새롭게 개시하는 원칙으로서도 작동한다. 예를 들어 인종간의 평등과 성의 평등은 주어진 제국주의적이고 가부장적인 사회체제 안에서는 실현불가

같이 정의하고 있다. "인류의 일부가 자신들 사이에서 통하지만, 인류의 다른 부분과는 공유하지 않는다. 공통의 공감에 의해서 통합시키고 있을 때 이 인류의 일부는 국가체제(Nationality)—대문자 N은 원저자에 의함—를 구성하고 있다고 할 수 있다. 공통의 공감 덕분에 이 사람들은 다른 사람들과 협력하기보다도, 자기들 사이에서 협력하는 것을 즐거워하고, 그들 모두가 같은 정부에 의해 통합되기를 희망하도록 되는 것이다. 즉 공통의 공감대는 이 사람들 자신 혹은 이 사람들 중의 인간에 의해 통합되기를 바라는 욕망을 가능하게 하는 것이다. 이러한 국가체제의 감정은 각각의 원인에 의해 일어나는 것이다. 때로 이 감정은 인종적으로 같은 사람과 동조한 결과인지도 모른다. 언어의 공통성이랑 종교의 공통성은 이러한 감정이 생겨나는 것에 크게 공헌한다. 영토적으로 폐쇄되어 있다고 하는 것이 그 원인의 하나이다. 하지만, 가장 강력한 원인은 역사적으로 선행한 정체와 그들이 동일화하고 있는 것, 즉 국민사를 공유하고 있어서 그 결과 기억의 공동체를 만들고 있고, 그들이 모두 같은 공동의 자랑과 수치, 기쁨과 회오를 과거의 사건에 대해서 연결시키고 있는 것이다"(John S. Mill, "Considerations on Representative Government," in *Utilitarianism, Liberty, Representative Government* [London: J. M. Dent & Sons, 1972(originally 1861); 伊原吉之助 譯, 『功利主義論』, 世界의 名著 38, 中央公論社, 1967], p. 391).

능한 경우도 있고 이러한 요구의 실현은 사회체제를 불안정하게 만들 수도 있다. 평등이라는 요구가 국민공동체 그 자체의 재정의를 수반하거나 국민공동체의 제약을 초월한 사회성을 낳는 사회변동의 원동력이 될 수 있는 경우도 있다.

참으로 국민의 평등이라는 이상은 종종 이러한 평등에 내재하는 사회변동력에 대한 반동으로서 이용되어 왔다. 그것은 '일단 죽은 후에는 사람은 모두 신 앞에 평등하다'는 제언으로 표시되는, 유(類)의 국민공동체 안에 형성되어 있는 평등에 대한 공감에 의한 감상적인 (aesthetic) 표상이고 사람들을 묶는 합체의 느낌(communion)을 낳지만 사회제도의 변동을 피하기 위한 언설로 간단하게 전환시킬 수도 있다. 즉 평등은 사회편제의 정당화와 비정당화의 양면을 포함하고 평등을 둘러싸고 사회적인 항쟁이 분절화되는 것이다. '천황 앞에서의 평등'을 보장한 천황제의 일시동인적(一視同仁的, 신분이나 국적에 관계 없이 모든 사람들에게 평등하게 인애(仁愛)를 베푸는 것)인 평등은 이러한 반동적인 평등의 표현일 것이다. 천황제는 평등의 원칙을 감상적으로 형상화하는 제도이고 국민공동체를 합체의 느낌을 통해 전체화함으로써 항쟁에 의한 사회의 단편화를 은폐/전위시킨다는 점에서 근대의 국민공동체에 있어서 개(個)와 전체의 관계를 훌륭하게 표현하는 것이라고 말하지 않으면 안된다.

동시에 근대의 이러한 측면만을 채택해내어 근대를 부정할 수 없는 것은 동일한 평등의 원칙이 개와 전체의 조화로운 관계의 형상을 파괴하는 것으로서 기능할 수 있기 때문이다. 근대의 원칙에는 근대적인 제도를 해체하는 가능성이 잠재해있기 때문이다. 근대의 비판은 근대의 외부가 실정적으로(전근대와 후근대 하는 식으로) 존재한다는 사고로는 이루어질 수 없기 때문이다. 그것은 반드시 반근대 혹은 토착주의라는 이름의 노스탤지어(향수)에 이르고 말 것이다. 그러한 노스

190

텔지어는 간단하게 참으로 근대적인 것인 국민주의로 되돌아갈 것이다. 근대의 비판적인 해명은 근대가 스스로 포괄해 들어간 잉여, 그 잡종성(雜種性)으로부터 밖에는 할 수가 없는 것이다.

이들 근대 특유의 조건들을 고려할 때 국민어가 왜 유기적인 통일체로서 상정되어 버리는가를, 언어의 계보적인 검토만으로는 음미할 수 없는 이유가 바로 해명될 것이다. 국민어의 기원에 관한 질문을 하자면 먼저, 널리 존재하는 다양한 언어활동이 어떤 일정한 언어의 윤곽에 선별적으로 응집되고 국민공동체의 공통의 기체(基體, 기초가 되는 것)로서의 형상을 획득하는 과정을 분석해야 한다. 일본어의 기원에 한정해 말하자면, 일본열도의 어느 부분에서 통용되었던 문자와 표현력을 다른 문자/표현력과 구별하고, 더욱이 그렇게 해서 구별된 언어로 공동체의 공통의 기체(基體)를 형상화하기 위해 동원된 다양한 기제를 음미하고 고찰할 수밖에 없다.

여기서 일본어의 기원에 관한 질문은 먼저 다음 두 가지 질문들을 연쇄적으로 환기시킨다. 첫째 일본어의 생성에 있어서 언어와 비언어는 어떻게 구별되는가, 어떤 요소가 일본어의 형상에 응집되고 어떤 요소가 그 형상에서 불식되는가. 둘째 그렇게 구상된 언어의 속성 안에서 국민공동체에의 귀속을 보증하는 것으로서 무엇이 거론되었는가 하는 것이다.

언어의 실정적 외부와 텍스트 안의 외부

언어가 아닌 것을 규정하는 것이 어렵다는 것은 잘 알려진 대로다. 확실히 명사는 언어가 아닌 것을 지시할 수 있다고 되어 있지만 그렇지 않을 경우 지시된 대상을 규정하기 위해서는 명사의 의미가 외연을 포섭한다는 전제에 의존할 수밖에 없을 것이다. 나는 책상 위의 책을 지시하여 명사인 책의 지시대상을 지정할 수 있다. 그러나 이렇게 지시된 책상 위의 대상이 사실은 종이가 아니라는 보증을 얻게 되면 명사인 책은 책을 지시한다는 동어반복적인 전제로 돌아갈 수밖에 없다. 이 사태는 명사를 갖지 않는 존재자를 명사에 의거해 지시할 수 있을까 아니면 없을까라는 아포리아를 가져다 줄 것이다. 언어가 아닌 것은 언어에 등록된 명사로 지시할 수 있는 한 언어 밖에 실정적으로 존재하는 것이 된다. 즉 등록된 명사 혹은 명사에 대응하는 기술(記述)을 언어 안에 갖지 않는 존재자는 언어의 밖에도 존재하지 않게 되어버릴 것이다. 그것은 비언어적인 존재자조차도 아닌 것이 되어버릴 것이다. 즉 여기서 비언어적인 존재자 그 자체가 언어 안에 주어져 있다는 순환론이 갖는 곤란에 직면하게 되고 말 것이라는 것이다. 이른바 비언어적인 존재자는 언어의 지시기능에 연관된 채로 주어져 있다는 것이다.

그런데 거꾸로 우리들은 다음과 같이 물어볼 수도 있다. 하나의 명사가 있을 때 그 명사는 반드시 음성 및 시각에 의해 인지할 수 있는 흔적이라는 물질적인 지지물에 의해 지탱되지 않으면 안된다. 즉 그러한 지지물은 언어의 규칙 안에서부터 불거져 나온 비언어적인 존재라고 생각하지 않으면 안되는 것은 아닐까 하고 말이다(=생각해야 한다). 예를 들어 잘 모르는 외국어의 경우에 가장 전형적으로 나타나듯이 일정한 발화행위는 일련의 무의미한 잡음의 연쇄로서 지각할 수 있고 서기(書記)는 지면에 흔적이 남겨진 무의미한 문형(紋形)으로서도 바라볼 수 있다. 그러나 발음을 말의 연쇄로서가 아니라 음의 연쇄로서 지각하는 것은 다른 수준에서 물질적인 지지물을 개념적으로 한정하는 것이고, 또한 문자를 시각적인 문형으로 지각하는 것은 어떤 개물(個物)로서의 책상을 명사 '책상'의 지시대상으로 지시 한정하는 것과 마찬가지로 시각적인 형(形)으로서의 문자를 지시대상으로 만드는 것이다. 대상 '책상'을 지시할 수 있는 것이 일반자(一般者) '책상'

을 전제하는 것이듯이 문자의 물질적인 지지물을 문자의 의미로부터 독립적으로 지시할 수 있기 위해서는 분명한 시각적인 형태라든가 음성이라는 일반자가 전제되지 않으면 안된다. 그러므로 언어의 물질적인 기반이라고 하는 것조차 언어의 범주에 따라 분절될 수밖에 없는 것이다.

지금까지 나의 논의에서는 언어가 뭔가라는 점에서의 개념규정은 아직 이루어지지 않았다. 또한 염두에 두고 확인하는 것이지만, 언어를 텍스트, 언설과 등가로 사용하는 혼란주의는 어디까지나 피해야만 한다. 언어, 텍스트, 언설이 동의적으로 사용되기도 하고 대용할 수 없는 점은, 유감이지만 여기서는 충분하게 설명할 수 없다. 그럼에도 불구하고 앞에서 나타냈던 것 같은, 거의 부당하다고 말할 수 있을 정도로 단순화시킨 논의를 통해서도 언어와 비언어의 구분 자체가 뫼비우스 띠처럼 언어로 환원되어 버리는 것을 알 수 있을 것이다. 소박하게 실정적으로 언어의 외부를 정립하려는 시도는 반드시 자기모순을 일으키고 말며, 이러한 고찰로부터 실증주의가 사용하는 것과는 다른 (주로 탈구축과 연관시켜 말해진) 텍스트에 대한 이해가 요구된다는 것은 이미 알려진 대로다. 텍스트 밖의 현실은 존재하지 않는다는 지극히 유명해진 제언은, 당연한 것이겠지만, 언어의 외부, 즉 비언어적인 존재자를 실정적으로 조정할 수 없다는 인식에 따르는 것이다. 그러므로 언어와 비언어는 어떻게 구별되는가라는 질문에는, 다른 역사적인 조건과 사회편제의 제약을 무시하고 일반적으로 질문되는 경우에는 '구별할 수 없다'는 회신밖에 해줄 수 없다. 설령 그렇게 질문한다고 하더라도 언어와 비언어의 구별에 관한 질문은, 특정 언설 속에서 언어와 비언어의 구별이 어떻게 구상되고, 흡사 명백한 구별인 것처럼 어떻게 제도화되는가라는 역사적인 질문으로 변신해야 할 것이다.

그런데 언어와 비언어의 제도화된 구별은, 텍스트를 문제로 할 때 비언어적인 존재자를 실정적으로 조정(措定)할 수 없다는 것, 즉 텍스트에 내재하는 탈구축운동에 의해 끊임없이 위협받는다는 것을 알 수 있다. 언어와 비언어의 구별이 자명하게 성립해 있다는 사고는 끊임없이 역사적 현실 안에서 배반당하고 반론당해 버림에도 불구하고 사고로서 계속 재생산된다. 따라서 이 구별의 제도가 일정한 언설에 존재한다는 인식은, 텍스트의 텍스트성을 계속 억압하고 이 구별이 어떻게 해서 재생산되는가, 그리고 그러한 재생산의 역사적인 실천계(regime)가 어떠한 것인가 하는 고찰을 하게 만든다.

　실천계의 역사적인 고찰은 "비언어적인 지시대상은 뭔가"라는 물음으로부터 몸을 빼내 그러한 물음으로 욕망을 투하하는 일에 괄호치는 조작을 필요로 한다. 즉 그러한 물음이 어떠한 전제와 어떠한 수속에 의해 가능해졌는가 하는 언설의 수준으로 고찰의 초점을 옮겨야 한다는 것이다. 즉 물음의 역사화에는 어떤 종류의 초월론적이라고 형용해야 할 태도를 결여할 수 없고 역사적인 질문은 일종의 환원적인 역할을 가져올 수밖에 없다. 그러므로 역사가라는 것을 선택한다는 것은 실정성에 지배당한 실증주의의 영역에 대한 과격한 비판의 태도를 취하는 것이고, 언설이라는 것은 이러한 역사화 비판을 통과한 이후에 역사사료가 띠는 모습이다(확실히 푸코는 초월론적 주체와 초월론적 관념론의 목적론을 역사화함으로써 거절하는 문맥 안에서 언설이라는 말을 도입했는데 그렇다고 해서 '언설'이 실증주의로 회귀한 것을 의미하지는 않는다. 이러한 비판을 경과하지 않고 실증적으로 파악되었을 때 '언설'이라는 말은 전혀 이해될 수 없는 것이 될 것이다). 그러나 '언설'은 제도의 좌표이다. 즉 '언설'은 텍스트가 갖는 내재적인 우연성과 일탈성, 즉 텍스트성을 무시하고 항상적인 재생산의 기제로 생각되어지는 한에서의 역사적 편제라는 말이다. 역사화를 이렇게 설정할 때 언어와 비언어의 구별에 관한 질문을 하자면, 언어와 비언어가 어떻게 형상화되고 각각의 형상이 언설과 어떻게 공범관계를 갖는가라는 고찰을 해야 할 것이다.

역사적 현실을 '일반적인 텍스트'라고 봄으로써 언어와 비언어의 구별을 역사적으로 한정할 수 있게 되고 이 구별에 관한 일반적인 질문을 역사적 질문으로 변환시킬 수 있게 되었다. 이 변환에 따라 '우리'의 현대의 언설도 당연히 역사화되는 것이다. 과거의 텍스트에 대한 역사적인 질문은 필연적으로 현대의 '우리'를 철저하게 역사화하지 않으면 안된다. 그러므로 이 역사적 질문은 과거를 오로지 현대의 언설로 훈화하고 스스로의 역사성에 완전히 맹목적인 실증적(=실정적) 역사를 역사화하는 것이다. 그리고 만일 실증적 역사가 더 역사적이라고 불려지지 않으면 안될 경우 우리의 이 역사화의 기도는 반역사적 고찰이 되고 말 것이다.

새삼스럽긴 하지만, 이 문제설정에 있어서 일본어의 생성에 있어서 언어와 비언어의 구별을 고찰해보자. 다음과 같은 사태를 바로 판명할 수 있다. 언어와 비언어의 새로운 구별이 일본어를 다른 언어와 구별하는 가능성의 조건이 된다는 것이다. 즉 일본어를 규정(=동정〔同定〕)할 수 있는 가능성은 일정한 언어의 형상을 규정할 수 있는 가능성에 수반되어야 한다는 것이다.

이 점을 설명하기 위해—이것은 현재에도 일본어에 연관된 문제이지만—한자의 위치에 관한 문제군을 예로 들어보자. 예를 들어, '일본'이라는 명사는 한자어구에 의해 표기되는 것이 보통인데 이 명사는 일본어에 속하는가, 아니면 중국어라는 언어에(이 중국어라는 통일체는 근대 이전의 문맥에서는 거의 의미를 갖지 않는다) 속하는가. 명사 '영국'이 일본어에 속하고 'England'가 영어에 속한다는 통념에 바로 기대 논의를 전개시켜 보면 여기서 주목할 사실은 명사 'Japan'이 일본어에 속하는가라는 질문에 봉착할 것이다. 물론 여기서 '일본'이 일본어인가 아닌가를 결정하는 것은 중요하지 않다. 답을 구하는 것이 아니라 답에 주의하여야 한다는 사고의 역사성 자체를 노정(露呈) 시키는 것이 중요하다. 일본어 표기에서는 한자와 가명(假名, 한자의 일부를 빌어 일본인들이 만든 표음문자)이 병용되기 때문에 '일본'은 일본어라는 가장 상식적인 답이 분명하게 '일본어'의 존재를 전제로 하고 있고 애당초 질문 자체가 사실은 '일본어'를 전제하지 않으면 불가능한바, 그러한 질문이 사실은 '일본어'의 형상을 제작하고 제도화한다는점에 주목해야 할 것이다. 일찍이 18세기 이전의 일본열도에 주재한많은 논자들은 진명(眞名 = 한자)과 가명의 차이로 이 문제를 처리하였다. 그러나 이 차이가 바로 일본어와 중국어의 차이를 의미하는 것은 아니었다. 진명이 중국대륙에서 도래한 표기이고 가명이 일본열도의 일부에서 개발되어 다른 지방으로도 파급되었다고 이해한다고 해서 이 차이가 두 개의 국민어의 차이로 이해되는 것은 아니다. 즉 '일본'이 일본어에 속하든 다른 언어에 속하든 어느 쪽이어도 좋았던 상태가 있었을 것이고 거기서는 일본어의 규정 자체가 주제가 된 것은아니었다. 혹은, 각종의 언어적 사상(事象)이 국민어의 그것과 다른범주계에 의해 분류되었던 것이다. 즉 언어적 잡종성이 민족=국민적순수성에 대립하는 잡종성으로서 부정적인 평가를 받지 않았다. 이것은 이미 많은 논자들이 논의한 것처럼 18세기에 출현하는 한자를 배제하고 가명만을 사용하려는 태도와는 날카로운 대조를 이루는 것이었다. 14) 이 한에서 18세기까지 또(일본 전체가 균질적으로 변했던 것은아니기 때문에) 18세기 이후도 일본열도는 다언어적 사회편제가 지배적이었다고 말할 수 있을 것이다. 15)

---

14) 村井紀, 『文字の抑壓』, 靑弓社, 1989.
15) 이런 다른 다언어성을 각각의 많은 것들이 구별되지 않는 점은 근대 천황제의 문제와 결부한다라고 말할 수밖에 없다. 천황제의 근대성은 천황제를 다루는 역

그러나 여기서 다언어주의를 엄밀하게 규정해둘 필요가 있다. 18세기 이전의 다언어주의는 동일한 사회공간에 다른 언어공동체가 병존한다는 의미에서의 다언어주의를 말하는 것이 아니기 때문이다. 현재 일반적으로 생각되는 다언어주의는 민족공동체와 동일시된 언어공동체가 하나의 국민국가 안에 복수존재하는 상태를 말한다. 따라서 다언어주의(multi-lingualism)는 다문화주의(multi-culturalism), 다민족주의(multi-ethnicity)와도 동일시된다. 16) 거기서는 언어의 윤곽과 민족의 윤곽, 문화의 윤곽이 겹치는 것으로 구상되고 그 한에서 기본적으로 근대의 국민국가의 논리에 따라 다수성(multiplicity)이 이해되는 것이다. 그러므로 국민의 윤곽＝언어의 윤곽＝문화의 윤곽이라는 근대국민국가 제작의 논리를 철저하게 할 경우, 다민족사회는 필연적으로 단일언어＝단일민족＝단일문화를 원칙으로 하는 복수의 국민국가로 분열될 수밖에 없을 것이다. 현재 구유고슬라비아나 아프리카 대륙에서 진행되는 여러 민족분쟁은 사실은 뛰어난 근대적인 현상이고 이 피튀기는 살인은 전근대의 유제의 분출이든가 아니면 근대화의 진행과정의 한 측면인 것이다. 미국과 유럽에서 최근 우세해진 다문화

사학이 균질한 틀로서 '일본', 혹은 '일본어' '일본문화'를 전제해서 아무 것도 의심하지 않는다는 점에서 가장 첨예하게 나타나 있다. 근대의 연속사관의 신화도 실은 천황제에 비판적인 입장을 표방하는 일본의 역사학의 사고에도 내재할 수 있다. '일본인'과 '일본어'가 근대의 발명인 이상, '일본사'에 의해 결박된 천황제는 근대적인 것이다라는 것은 자명한 일이 아니겠는가. 천황제의 근대성에 대해서는 이것 외에도, Carol Gluck, *Japan's Modern Myth* (Princeton: Princeton University Press, 1985). 히로타, 前揭書, 前書한 졸저, 安丸良夫 『近代天皇像の形成』 岩波書店, 1992; Fujitani, *Power and Imperial Pagentry in Modern Japan: a historical ethnography*(가제) (Berkely: University of California Press 〔근간예정〕) 등이 있다.

16) 왜 18세기를 특권적인 시대로서 규정하는가에 대해, 또 이하의 18세기의 상세한 설명에 대해서는 크게 생략할 수밖에 없었다. 졸저, *Voices of the Past: the Status of Language in Eighteenth-Century Japanese Discourse*를 참고한다면 좋을 것이다.

주의에 대한 반발도 똑같은 원칙에서 다수성을 이해하고 있다. 다문
화주의는 분리주의에 의한 민족분쟁을 가져온다는 판단에서 그들은
다문화주의에 반발하고 있는 것이다.

18세기의 일본열도에서 한문, 화한혼교문(和漢混交文, 한문과 일본
어가 섞여 있는 문장), 이른바 의고문, 후문(候文, '…입니다'의 일본
어는 '데스네'인데, 이것을 옛날에는 편지 같은 데에서 쓸 때 '소우로
우'라고 말했다. 이런 표현이 들어간 문장이 후문이다. -역자), 가문
(歌文), 그리고 속어문 식으로 다수의 다른 문체와 서기체계가 사용되
었다. 이들 다른 마카로니 같은(우아한 말과 속어가 같이 쓰인) 문
체17)는 지방별 이언(俚言, 사투리) 혹은 고향말과 함께 혼재되어 있
고 각각을 민족언어로서 하나의 윤곽에 응집시킨 적은 없었다. 계급
과 신분에 의해 큰 차이가 있었다고 말할 수 있고 한 개인이 이들 다
른 언어들의 사이를 기회닿는 대로 순회해도 기묘하다거나 이상하다
고 생각되지 않는 사회편제가 있었다. 그러므로 개인은 다른 언어에
중층적으로 속해 있었고 하나의 언어공동체에 무매개적으로 동일화하
는 것은 생각할 수 없었다. 일관된 체계성으로서의 어떤 공동체 안에
서 공통적으로 이해할 수 있는 가능성을 가진 민족언어 혹은 국민어를
거기서는 생각해낼 수 없는 것이다. 애시당초부터 언어의 동일성이
정부가 통치하는 정당성의 근거가 되지 않았다는 것이다.18) 그러니까
일본어의 탄생은 어떤 표준어의 성립 혹은 국민공동체 안에서 보편적
으로 통용할 수 있는 언어가 사실상 성립한 것으로 생각할 수 없다.
그러나 국민어를 실정적으로 확인할 수 없었다고 해서 바로 일본어가

---

17) Leonard Forster, *The Poet's Tongue: Multilingualism in Literature*
(Cambridge: Cambridge University Press, 1970), pp. 9-25.
18) 홉스봄은 유럽에서도 언어의 동일성이 '국민'의 윤곽을 결정하는 것은 19세기
까지는 없었다고 설명하고 있다. 물론 균질한 문화와 언어를 공유하는 '국민
(Nation)' 개념은 말할 것도 없다(Hobsbawm, op. cit., pp. 14-45).

성립하지 않았다는 것을 함의하는 것은 아니다. 이러한 상황을 있어야 할 균질적인 언어매체가 결여된 상태, 즉 일본어의 결여의 상태로 인지할 수 있는 가능성이 남아있기 때문이다. 무엇보다도 먼저 국민 언어의 형상은 하나의 요청으로서 구상된다. 그것은 먼저 격률로서 발명되고 주어진 현실을 있어야 할 제도의 결여상태로서 지각하는 것을 가능하게 만든다.

일본어의 생성은 따라서 잡종성을 허용하는 다언어성으로부터 잡종성을 이상한 사태로 보는 다언어성으로 이행하는 시도 안에서 일어난다고 말하지 않으면 안될 것이다. 물론 일본어가 생성할 때 다언어가 사용되고 있다는 상황 그 자체가 대폭적으로 변한 것은 아니다. 그때까지 당연하다고 여겨진 잡종적인 다언어 상황이 균질적인 언어매체를 결여한 것으로서 부정적으로 평가되고 초극되지 않으면 안되는 상황으로서 인식된 것이다. 참으로 이러한 다언어성의 변환과정에서 앞서 말한 '일본'이라는 명사에 예시된 잡종성이 부정적인 의미로 문제되는 것이다. 즉 '일본'은 일본어에 있어서 본래적인 말인가 아니면 외래적인 말인가 하는 질문은 잡종성을 분명하게 부정적인 것으로 보는 것일 뿐만 아니라 균질적인 언어매체가 존재해야 한다는 암묵적인 요청을 담지한 채로 검토되는 것이다.

물론 한자어구로 이루어지는 명사 '일본'이 일본어에 속하는가 어쩌는가는 그 명사를 고립적으로 취급해서 처리할 문제는 아니다. 이 질문은 다른 어(語)와 결부된 규칙, 다른 어와 그 기능에 있어서 어떻게 형태론적으로 구별되는가, 더 나아가 어와 발화의 관계라는 일련의 연구를 요구한다. 일본어는 어의 무기적인 집합이 아니라 어의 단위를 결정하는 규칙과 어의 용법의 일관된 체계의 통일체로서 구상되는 것이다. 한자어구에 의해 규정된 단어의 수준이 아니라 체계의 통일체로서 일본어가 규정되는 것이다. 18세기에 있어서 통사론

연구의 보급이 시사해주는 것은 이것이다. 더욱이 이렇게 규정된 일본어가 왜 '일본'으로 환원되지 않으면 안되는가가 문제가 될 것이다. 즉 일본어의 형상이 언어와는 다른 위상에 있는 어느 공동체로 환원되는 것은 어떤 형식을 통해서인가가 문제가 될 것이라는 말이다. 더욱이 '일본어'를 상실된 것으로서 발명한(=생각한) 논의는 반드시 그것이 '일본어'로 인지한 문체로 쓰여진 것은 아니다. 즉 발화의 매체로서 즉자적으로 주어진 '自'와 일본어라는 요청이 요구하는 동일화의 대상으로서의 '自'는 동일한 수준에 주어진 것이 아니라는 말이다. 이것은 다언어성을 부정적으로 대상화하는 것의 다른 측면에 연관된 것이다. 일본어가 상실된 것으로서 주어진다는 것은 논자들이 본래 사용해야 할 순수일본어를 상실해버렸다는 가슴아픈 본래성 상실의 감각을 환기시킨다. 여기서 논자는 일본어를 관계성의 논리에 따라 재잘대는, 가설된 공동체에 귀속시키는 것은 아니다. 본래적 공동체를, 개(個)로서의 스스로의 존재의 핵(核)에, 타인과의 사회관계라는 매개를 거치지 않고, 부정적인 그러나 직접 개(個)에, 내재해야 할 것으로서 파악하는 것이다. 즉 있어야 할 공동체로의—관계성의 매개를 거치지 않고—귀속의 욕망과 귀속해야 할 공동체가 부재하는 현실이 일본어를 상실된 것으로 정립시키고 동시에 가시화시키는 것이다.

18세기의 언설에 있어서는 일본어와 일본어를 보편적으로 통용시켰을 공동체의 존재가 고대에 있다고 가정함으로써 일본어가 탄생하게 되었다. 더욱이 일본어와 일본민족의 존재는 고대에는 존재해도 현재에는 존재하지 않는 것, 현재에는 이미 상실된 것으로서 가정되지 않으면 안되었다. 즉 일본어의 탄생은 일본어의 사산으로서만 가능했다.

이렇게 일본어를 고대로 가정하는 것은 일본국의 역사의 문맥에서만 시작한 것은 아니었다. 조래학(徂徠學)*에 가장 전형적으로 나타나듯이 고대중국의 성인에 의한 이상적인 사회와 순수고대중국의 존재라는 가설은 새로운 역사의식과 사회편제에 대한 이해방식을 가져다 주었다. 즉 일본어의 탄생은 어떤 일반적인 언설의 변환의 귀결이고 이 변환의 귀결로서의 한학에 있어서도 똑같은 형태의 역사의식이 탄생하였다. 일본어는 고대일본어 사료에 대한 연구가 축적된 결과 나타난 것이 아니라는 것이다. 물론 사태는 그와 반대이고 일본어가 사산한 덕택에 일관된 고대일본어의 문헌연구가 가능해졌다. 바꿔 말하면 일본어는 먼저 칸트가 말한 통제적인 이념이라고 부른 것으로서 일정한 역사적 과거에 설정된 것이었다는 말이다.[19]

이것은, 통일체로서의 일본어는 그 존재를 경험적으로 검증할 수 있는 것이 아니라 일본어에 있어서의 체계적인 지식 혹은 경험의 가능성의 조건으로서 설정되는 이념이고, 통일체로서의 일본어 그 자체는 경험할 수 없는 것이라는 것을 의미한다. 일본어는 경험을 가능하게 한다. 그러나 그 자신은 경험할 수 없다. 고대에 일본어가 존재했는가 어떤가는 실증적으로 증명할 수도 반증할 수도 없고 그와 같은 실증적인 연구가 있기 위해서는 통일체로서의 일본어를 가정하지 않으면 안되기 때문이다. 18세기의 언설에서 일어난 것은 이러한 일본어를 먼 과거에 있다고 가정한 것으로, 그 결과 고대일본어의 실증적 연구가 도쿠가와(德川幕府) 막부체제하의 도시와 지방에서 폭발적으로 보급되었다.

그러므로 많은 한학자와 국학자가 당시의 언어상황의 잡종성에 있

---

* 오기유우 소라이(荻生徂徠, 1666-1728)라는 사람이 중심이 된 학문. 소라이는 중국의 고대성인들에 심취하여 일본국학자들로부터 비판받았음. -역주
19) 졸저, *Voices of the Past: the Status of Language in Eighteenth-Century Japanese Discourse*의 각주 5) 참고.

어서 위기의식을 가졌던 이유를 언어가 투명성을 잃고 사람들 사이의 전달기능이 상실되었기 때문이라고 하는 역사적 사실에서 찾을 수는 없다(여기서 인과율에 바탕한 역사적 설명을 구하는 것은 일본어의 이념의 생성에 엿보이는 우연성/사실성을 은폐해버리는 것이라고 생각할 수 있다. 더욱이 역사적 변화에서 궁극적인 토대를 구할 수도 없다. 역사는 정신의 자기전개에서도 이성의 목적론으로서도 생각할 수 없다. 역사에는 최종적인 근거가 존재하지 않기 때문이다). 그것이 아니라 투명하고 균질적인 잡종성을 갖지 않는 순수일본어라는 이념이 다언어성에 대한 이해의 대폭적인 변환에 따라 등장하는 것에 그들의 위기의식이 연관되어 있는 것이다. 투명하고 균질적인 언어의 형상을 가정함으로써 불투명하고 불균질한 것으로서의 기존언어를 지각할 수 있게 되었다. 즉 일본어의 사산은 동시에 순수하고 균질적인 비잡종적인 언어에의 욕망을 환기시킨 것이다.

더욱이 통제적 이념은 반드시 다언어성을 배제하지 않는다. 오히려 이념은 반복과의 연관에서 보면, 오히려 잡종성으로서 가능한 것을 잊어버려서도 안된다. 질 들뢰즈가 주장하듯이 다언어성을 반드시 비분할체로서의 통일체로서의, 언어의 다원적 병존으로서 생각할 필요는 없는 것이다. "이념은 다수성이다. 모든 이념은 다수성 혹은 다양성이다…다수성이 다(多)와 일(一)의 결합을 지시하지 않으면 안되는 이유는 없는 것이고 다수성은 다(多)로서의 다에 속하는 종류의 조직을 의미하는 것이며, 체계를 형성하기 위해 별도로 통일을 필요로 할 이유는 전혀 없는 것이다."[20] 일(一)이 되는 것의 지배하에서 다(多)가 총합될 필요는 없다. 공시적 전체로서의 랑그와 구별된 의미에서의 체계는 통일을 필요로 하지 않고 다로서의 다에 있어

---

20) Gilles Deleuze, *Différence et Répétition* (Paris: Presses Universitaires de France, 1968; 財津理 譯, 『差異と反復』, 河出書房新社, 1992), p. 236.

서도 체계를 생각할 수 있다. 즉 이러한 통일성을 필요로 하지 않는 다언어성을 구상할 능력의 상실을 동반한 채로 일본어는 탄생한 것이다.

순수종으로부터 잡종이 어떻게 나왔는가가 아니라 잡종적인 언어로부터 순수일본어가 어떻게 발상되었는가, 즉 순수일본어라는 가설이 잡종적인 다양성을 탈피하면서 잡종적인 다수성을 배제하는 식으로 어떻게 구상되었는가를 분석해야만 한다. 확실히 순수종과 잡종을 개념 수준에서 파악하게 되면 잡종은 순수종의 조합이 된다. 즉 논리적으로 구성요소가 복합체에 선행한다는 의미에서 순수종은 잡종에 선행하는 것으로 이해되어야 할 것이다. 더욱이 국민국가의 헤게모니의 지배하에서는 이러한 논리적 선행은 연대기적인 선행과 종종 혼동된다. 그러나 순수일본어는 개념이 아니고 이념의 수준 이외에서는 의미를 잃는다. 개념이라면 구성요소가 복합체에 선행한다고 말할 수 있는 것이지만 이념에는 이런 이치가 해당되지 않는다. 그런 이상, 잡종을 순수종의 파생물로 보아서는 안된다. 잡종적인 언어야말로 통상성/규범이고 그런 입장에서 순수일본어가 어떻게 생성하고 어떻게 재생산되었는가를 검토해야만 한다.

18세기의 고대일본어 연구를 인식론적인 시점에서만 생각할 수 없는 것은 이 때문이다. 일본어라는 통제적 이념은 체계적으로 경험을 구성하기 위해서만이 아니라 공동체의 일정한 존재방식과 묶여 가정된 것이다. 그리고 일본어라는 통제적 이념은 투명하고 균실석인 인간관계를 공상하는 데 있어서 구체적으로 이해된다. 여기서 우리들은 두 번째 물음, 국민공동체에의 귀속을 보증하는 것으로 구상된 언어의 속성 안에서 무엇을 거론해야 하는가 하는 질문에 대답하게 될 것이다.

구어(話言葉)와 새로운 주체의 조직

구어의 발명

가설된 일본어는 한문도 아니고 후문(候文)으로 쓰여진 것도 아니었다. 18세기의 일본어논자는 구어가 공동체 안의 일상적인 언어활동을 담보하였다고 상정하였다. 물론 역사를 통해 사람들은 말하는 것을 그만둔 것은 아닐 것이고 특히 한자도래 이전의 서기(書記) 체계가 없던 시대에는 고대일본어가 오로지 구어로서 존재했었다는 그들의 주장은 당연하다고 생각할 수 있을 것이다. 여기에서 언뜻 보면 당연한 듯한, 서기 이전의 직접적인 언어활동을 구어로 정립하려는 입장이 나타난다.

구어란 무엇인가. 이 심하게 과잉결정된 어구인 '구어'를 어떻게 이해해야 할 것인가.

구어가 근대 이전에도 존재했었다는, 진실로 정상적으로 들을 수 있는 제언은 철저하게 의심해볼 필요가 있다. 먼저 여기서 이야기되는 구어를, 문자에 대한 구어라는 식으로 생각할 수 없다는 점을 확인해두자. 구어와 문어의 대비 혹은 의미소(seme)에 따라 파악해보면 문어는 책에 많이 나타나는가 혹은 책에 적용한 문체의 것이며 구어는 회화에 사용되고 혹은 회화에 적용한 문체라는 것이 된다. 구어는 실제로 말해진 말이고 문어는 실제로 쓰여진 말이라고 해야 할 이유는 전혀 없다. 즉 구어를 쓰고 표기하는 것도, 쓰는 말을 말하는 것도 모두 똑같이 가능할 뿐만이 아니라 구어라는 범주 자체가 쓰는 말의 존재를 전제로 하지 않으면 성립할 수 없다는 것을 바로 알 수 있다. 구어라는 것은 쓰여질 때, 어떻든 구어처럼 읽을 수 있는 일정한 문체라고 말해두는 것이 좋다.

18세기 일본어 논자가 주제화한 구어는 문체가 아니라 회화 그 자체 혹은 서기(書記)에 의해 고정되지 않는 발화행위가 될 것이다. 서기에 의해 고정되지 않는 구어라는 생각에는 서기에 의해 고정되고 영속화됨으로써 잃어버린 발화행위 그 자체가 갖는 직접성과 화자와 청자 사이의 얼굴과 얼굴을 충돌시키는 인격적인 교류의 직접성이 함의되어 있다. 즉 발화행위에는 발화행위의 장면에의 내속(內屬)이 있고 문어는 이러한 발화행위의 장면에의 내속을 불식시킨 것이라고 이해되고 있다.[21] 물론 발화행위 그 자체가 갖는 직접성이라든가 발화행위의 장면에서 화자와 청자간의 얼굴과 얼굴을 충돌시키는 인간적 관계라는 음성중심주의적인 사고가 사실은 수상쩍은 냄새를 풍긴다는 것은 두말할 필요도 없다.

일본어의 탄생이라는 사건의 특이성은 문어에서만이 아니라 발화행위로서의 회화의 수준, 일본어의 통일체의 요소를 구하려는 욕망에 있다고 해도 좋다. 언어의 형상 안에서부터, 쓰여진 언어 그리고 표의성이 비본래적인 것으로 추방되었다.[22] 말하자면 고학이나 국학의 언어연구에서 엿보이는 통사론과 원초적인 발음에의 집착은 이러한 발화행위로서의 회화에 집착하는 것의 일면이다.[23] 즉 문자로서 고정된

---

21) 졸저, *Voices of the Past: Discourse on Language in Eighteenth-Century Japan*, pp. 105-177; 졸저, *Voices of the Past: the Status of Language in Eighteenth-Century Japanese Discourse*, pp. 240-279.

22) 물론 표의성와 표음성의 구별 자체가 음성중심주의 안에서밖에는 유효하지 않다. '이야기'는 내재적으로 음성적이지도, 기록적이지도 않고 당연히 텍스트로서의 모양을 취하고 있기 때문이다. 진명/가명의 대립이 서기/회화의 대립으로 전이되어 혼동시키고 있는 것이다. 물론 가명이든 진명이든 모두 문자인 것은 변하지 않는다. 그러나 18세기의 설명에서는 중국어와 일본어를 비교해서 동일함을 밝혀 확인하기 위해서는(대표적인 것으로서는 賀茂眞淵, 『國意考』, 日本思想大系 第39卷, 岩波書店, 1972〔초판 1789년〕, 374-393 및 本居宣長, 『古事記傳』 卷1 本居宣長全集 第9卷, 筑摩書房, 1968〔초판 1790년〕, 3-48 등을 들 수 있다), 이러한 가명이 문자가 아닌 듯하다는 혼란을 단속(斷續)적으로 발생시키는 실천 동기가 필요했기 때문이다.

23) 통사론과 말의 어원론, 음운론연구가 반드시 이러한 음성중심주의적 편집을

언어의 수준에서가 아니라 음성적인 것이라고 분명하게 결정된 발화 행위에서 순수일본어의 유기적인 통일을 보려는 일련의 시도와, 일본어의 탄생은 상관관계를 가질 수밖에 없다. 30년 전에 자크 데리다가 음성중심주의로서 정식화한 기제로서 일본어가 탄생했다고 볼 수밖에 없는 것은 이 때문이다. 다만 음성중심주의를 단순히 문자의 부정과 음성언어에의 집착으로서 대상화하고 규정해서는 안된다는 것, 혹은 사람은 흡사 음성중심주의의 외부에 서있을 수 있다는 듯이 그것에 대한 비난을 해서는 안된다는 점은 아무쪼록이라도 복습할 필요가 있다.24) 음성중심주의의 요점은 일방적인 음성의 강조에 있는 것이 아

가지지는 않는다. 이것은 18세기의 언어연구에 현저하게 나타나고 있다.
24) 음성중심주의의 규정에 대해서는 1960년대의 데리다의 훗설현상학의 독해에 의한다. Jacques Derrida, Introduction à *L'origine de la géométrie* (Paris: Presses Universitaires de France, 1967; 田島節夫 外 譯, 『幾何學の起源』[훗설 저]의 서론, 青土社, 1976) 및 *La voix et le phénome* (Paris: Presses Universitaires de France, 1967)를 참고 바람. 데리다는 서양 형이상학에서는 음성중심주의가 로고스 중심주의로서 전개하는 것을 나타내는 것이지만, 19세기의 일본열도에 있어서 언어연구의 설명이 '서양'의 밖에 있었기 때문만은 아니다. 데리다의 서양 형이상학의 이해에 의하면, 그러한 실정적인 '서양 형이상학의 외부'를 생각하는 것은, 정말로 '서양의 형이상학'보다 깊이 접하는 일이며 '서양 형이상학'을 보강하고, 재생산하는 일일 것이다. 하지만 초기의 *De la grammatologie* (Paris: Editions de Minuit, 1967; 足立和浩 譯, 『grammatologieについて—根源の彼方へ』, 現代思潮社, 1967) 이래 데리다는 '서양 음성중심주의의 실정적인 외부로서, 중국 혹은 일본을 상정해 버리고 있다. 이것은 역으로 서양이 자기동일성을 확보하기 위해 행하는 배제와 억압의 우수한 해석을 행하고 있음에도 불구하고 데리다에 있어서 서양이 실정적인 특전의 경우로 상정되어 버린 것을 보여주고 있다. 이같은 '서양'이 설정되어 있을 때, '서양 중심주의'의 탈구축은 어느 지점에서 재구축으로 반전되어 버리는 것은 아닐까. 즉, '서양으로의 회귀'의 길이 사전에 준비되어 있는 것이다. 최근의 저작, *L'autre cap* (Paris: Editions de Minuit, 1991; 高橋哲哉·鵜飼哲 譯, 『他の岬』, みすず書房, 1993)은 이렇게 이미 준비되어 있던 '서양으로의 회귀'가 어떤 식으로 생각될 것인가를 여실히 보여주고 있다 (山田廣昭, 「『精神の政治學』とはなにか—폴 발레리와 유럽」, 『思潮』, 1990年 7月; 「유럽精神と日本精神」, 『批評空間』, 1991年 1號; 「갑(岬), 자본, 포로(Cap, Capital, Captif)」, 『批評空間』, 1993年 8號).
더욱이 음성중심주의에도 같은 문제가 존재한다. 음성중심주의로부터 스스로 자

니라 도대체 서기(書記)와 음성이 변별가능한 것이냐 하는 전제에 있다. 따라서 잘 알려진 대로 음성중심주의에 대한 비판은 구어를 서기에도 포함시켜 함께 원초적 서기로 생각하려는 시도에서부터 시작할 수밖에 없다.

구어는 그것이 말로서 인정될 수 있는 한, 그 의미작용을 박탈시켜 생각할 수는 없다. 먼저 구어에 있어서는 개개의 발화행위의 장면에의 내속이 상정되어 있다고 해도 구어를 반복할 가능성을 갖지 않으면 의미를 갖지 못한다. 발화행위는 그것이 무엇을 의미하려고 했는가 하는 발화의도 혹은 지향에 관한 질문에 대한 회답을 분명하게 전제하지 않으면 의미를 갖지 못한다. 구어의 의미란, 이 반복가능성 즉 반복가능성으로서의 의도 혹은 지향=내포(외연에 대한 것으로서의)의 말이기 때문이다.[25] 더욱이 의미의 반복가능성은 발화자와 발화의 장면에 의존하지 않고 의미가 이해되는 것을 전제로 한다. 의미가 개념성을 갖는다면 이 개념성은 발화행위의 장면의 개별성을 상실하는 것이라는 점에서의 일반성에 다름 아니다. 의미는 그 일반성을 분명하게 전제하는 것이고 의미된다는 것은 그 자체가 의미의 일반성을 함의하는 것이다. 일찍이 타무라류이치[田村隆一]는 언어와 죽음에 대한 최대한의 인식을 작품 『가느다란 선』에서 "자네는 총렬을 당기고 나는 언어 안에서 죽는다"[26]라고 표명한 적이 있지만, 여기서 훌륭하게 시사된 것은 의미의 일반성의 존재방식이다. 발화자와 발화행위의 문맥의 개성을 소거하는 한에서 의미할 수 있

유로워져 있다고 생각하는 음성중심주의의 비판은 극히 간단하게 음성중심주의에 난데없이 나타나 있다.

25) '의미'는 종종 동사로서 표기되지만 동사표기는 의미의 반복과의 연관을 잘 표현하고 있다. 영어의 'meaning to say' 혹은 'What is it meant to say?'에 연속하고 있다. 유사의 사례가 프랑스어의 경우에도 있다. 마침 데리다가 분석해 보였던 Vouloir-dire이다(Derrida, op. cit., 1967).

26) 田村隆一, 『田村隆一詩集 1 四千の日と夜』, 思潮社, 1966, 63.

다는 것, 화자와 발화행위의 장면의 소거야말로 의미의 성립조건이다. 그러므로 작가의 죽음이라는 제목으로 널리 알려진 것처럼 사람은 환상에 걸린 스스로의 개별성을 발화행위 안에서 상실할 수밖에 없고, 그런 한에서, 사람은 말 안에서 죽음으로써 의미할 수 있다는 것이다. 언어의 가능성은 죽음의 가능성과 표리관계를 이루지 않으면 안된다. 27)

따라서 구어는 그 의미를 통해 발화행위의 장면에 내속하지 않는 이상 의미로부터 발화행위의 장면을 회복하는 수단이어서는 안된다. 더욱이 구어가 우선한다는 주장은 다른 난제를 불러일으킨다. 각각의 발화행위는 일반화할 수 없는 발화행위의 장면도 갖기 때문에 각각의 발화행위를 충분하게 이해한다는 것은 처음부터 불가능하다는 것이다. 언어가 전제하는 공동성이 바로 공동체의 공통성을 구성할 수는 없지만 의미의 일반성을 통과하지 않는 공동체도 또한 생각할 수 없다. 그러므로 개별성에 대한 끈기있는 추구로서의 구어에 대한 집착은, 물론 언어사용의 효용 범위를 세분화하고 공동체를 단편화하는 식으로 작동할 수 있다고 생각할 수 있다. 18세기에 구어에의 편집증은 국학에서 가장 전형적으로 나타나는 고대의 노래 및 가요에 대한 사고 외에 말하자면 희작(戱作, 에도시대의 연극)에 나타나는 회화문에 대한 매니아적인 관심으로서도 표현되어 있다. 28) 전자가 균질적인 공동체에 대한 공상을 가져왔다면 후자는 도시문화의 다양성과 언어에 집중되는 정치에 대한 감각을 불러일으킨 것이다. 그러므로 구어

---

27) 여전히 언어와 죽음에 대해서는 헤겔 정신현상학의 감각적 확신에 대해서의 유명한 장을 포함한 많은 의논이 행해져 왔다. 최근 이 논의를 새롭게 정리한 것으로서는 다소 고풍스러운 감과 '서양으로의 회귀'를 생각나게 하지만, *Agamben, Giorgio Language and Death*, Karen E. Pinkus trans. (Minneapolis: University of Minnesota Press, 1991) 이 있다.
28) 式亭三馬, 『酩酊氣質』, 古典文學全集 第47卷, 小學館, 1971(初版 1806年), 201-253.

에의 편집은 균질적인 공동체의 가설과 다양성의 강조라는 서로 상반된 방향으로 열려있다고 생각할 수 있다. 29)

이러한 구어관(口語觀)에서는 구어도 문어도 필사 혹은 전사(轉寫)라는 조작에 의해 서로 공약가능한 것으로 처음부터 전제되어 있다는 점을 잊어서는 안된다. 근대의 언문일치라는 이데올로기에서 그 극단적인 표현을 볼 수 있듯이 흡사 말하는 것처럼 쓰지 않으면 안된다는 공상은 사실, 쓰여진 말의 음성화라는 과정이 전도된 것으로 발음과 서기의 차이라고 하는 상념이 품고 있는 것과 마찬가지의 도착을 포함하고 있다고 말할 수밖에 없다. 필사 혹은 전사라는 음성중심주의적인 원칙이 당연시되지 않는다는 경우에는 말하듯이 쓴다는 요구 자체가 의미를 갖지 않고, 발음과 서기의 차이가 적으면 적을수록 좋다는 가치판단 자체가 타당하지 않으며, 수학의 방정식이 수학자의 구어의 전사라고 생각할 수 있는 사람은 거의 없고, 그렇게 생각할 수 있는 사람은 그들 방정식이라는 진술의 성격을 다분히 이해할 수 없을 것이다. 이와 마찬가지로 역사와 이야기가 구어의 전사라고 생각할 수밖에 없는 이유는 없다. 그러므로 황표지(黃表紙, 표지가 노란 책으로서 에도시대의 해학물)와 쇄락본(洒落本, 에도시대의 책으로 하류계에 나도는 익살스런 풍속소설책)에 보이는 구어에 대한 비대한 호기심 그 자체가 읽기의 실천계의 근본적인 역사적 변화를 전제하지 않는 한에서 이해할 수 있는 것은 아닐 것이다. 구어는 자연의 거기에 있는 것이 아니다. 구어는 쓰는 말에 대응하는 형상을 회화의 장면에 투사한 상상적인 존재자고 이야기꾼 혹은 청자가 스스로의 말하는 행위 혹은 듣는 행위에 관하여 갖고 있는 상상적인 관계의 상관자이며 어느 특정한 주체의 분절화를 제도화하면서 발생한 것이다. 즉 이제껏 일

---

29) 졸저, *Voices of the Past : the Status of Language in Eighteenth-Century Japanese Discourse*, pp. 103-208.

상생활 안에 살아있던 구어가 새롭게 발견된 것이 아니라 구어는 발명된 것이라는 말이다.

구어와 주체의 조정 (措定)

인용의 조작과 직간접화법의 구별이 결부되고 그 결부방식이 제도화되었을 때 비로소 구어가 주제화될 수 있었다. 즉 구어는 묘사되기도 하고 전달되기도 한 것이 아니라 직접 인용된 것, 혹은 진짜에 가까운 것(眞似＝흉내라는 뜻)으로서만 규정될 수 있기 때문이다. 더욱이 구어가 규정된다고 하지만, 그것을 조잡하게나마 말해본다면, 보고문과 구어를 구성하는 문장 사이의 단속이층적(斷續移層的)인 수준의 차이가 일정한 방식으로 고정된 것이다. 단속이층적인 차이가 고정된다는 것은 무슨 말인가.

어떤 인물 a가 슬픔에 차 소리를 높여 운다고 치자. 이 상황을 'a가 운다'는 피발화태(énoncé)[30]로 파악했다면 이 피발화태는 구어로는 볼 수 없을 것이다. 그러나 이 상황을 '아아'라는 피발화태로 파악하면 보고문이 설정한 대로 이 피발화태는 구어의 자격을 획득할 가능성이 있다. 물론 'a가 운다'를 a의 피발화태로 생각하기는 어렵다. a가 소유하는 혹은 a에게 그 존재를 부담지우는 피발화태로 보기 어렵다는 말이다. 오히려 a이외의 인물에 의한 a의 행위 또는 상태에 대한 관찰을 진술한 것으로 보일 것이다. 즉 a이외의 인물에 의한 피발화태로 받아들여지는 것이고 최초의 상황설정의 약속을 무효로 하지 않고서는 " a

---

30) 문장, 글, 혹은 진술 명제 따위가 아니라, 피발화태 혹은 énoncé라는 것은, 하나의 피발화태의 단위는 판단에 의한 통일을 의미하는 명제와 가깝고, sentence 진술 혹은 문장과 혼동되어서는 안 되는 것, 또 하나는 발화행위 혹은 enonciation 과의 대비가 확실하게 보이듯이 하기 때문이다. 문장 혹은 진술을 내적인 통일을 미리 포함하는 것으로서 언어의 기본단위를 나타내는 개념이고 일정한 주관의 모습이 전제되어 있다. 그 때문에 이러한 용어를 사용하는 것에 의해 주체의 분절화 과정이 보이지 않게 되어버리는 것이다.

가 울고 있다'고 a가 말했다"로 변형할 수 없기 때문이다. 이에 대해 최초의 상황설정의 약속을 위반하지 않고 '아아'는 '아아 하고 a가 말했다'로 변형시킬 수 있다. 그 한에서 '아아'는 주체 a의 피발화태라고 말할 수 있다. a의 소유 혹은 a에 그 존재를 부담지우는 피발화태라고 생각되는 것이다. 즉 '아아'를 중심으로 접어 넣은 다른 피발화태 '아아라고 a는 말했다'는 보고문과의 관계에서 피발화태 '아아'는 구어의 자격을 획득하고 동시에 a는 '아아'의 발화행위의 주체로서의 자격을 획득한다. 즉 발화행위의 주체는 '아아'로부터 '~라고 a가 말했다'로의 단속이층에서 나타나는 것이다. '아아라고 a는 말했다'에 있어서 a는 피발화태의 주어이지만 '아아'에 있어서는 발화행위의 주체이고, '아아'로부터 '아아라고 a는 말했다'로의 변형은 발화행위의 주체가 발화의 주어로 바뀌는 것과 관계되는, 자기동일성의 운동인 주체구성기제의, 혹은 헤겔에 따라 말한다면, 욕망기제의 궤적을 따라가는 것이다.[31]

아아가 구어라는 것은 피발화태 아아가 어떤 의미작용인가와는 전혀 관계없다. 구어는 말하자면 속어와 다르고 이미 말했듯이 문체에 의해서도 형태론적 특징에 의해서도 규정할 수 없는 것이다. 인용의 틀을 파악하는 방식, 즉 단속이층적인 수준의 일정한 고정화가 구어를 낳는 것이다. 그것은 '아아'가 다른 수준을 다르게 하는 발화행위에 어떻게 관계하는가에 의한다. 어떤 피발화태가 일정한 보고문 안에 이레루가다(入れる型, 크기의 차례대로 안으로 넣을 수 있게 만든 상자)로 집어넣어지고 보고문과의 사이에 일정한 단속이층적인 관계에

---

31) 이 변형의 과정을 자크 라캉은 보다 상세하게 도식화해서 나타내고 있다 (Jacques Lacan, "Subversion du sujet et dialectique du désir dans l'inconscient freudien," in *Ecrits II* (Paris: Editions du Seuil, 1971; 左々木考次 外 譯,『エクリ』II, 弘文堂, 1977). 말할 것도 없이 여기에서 묘사된 주체형성 이론은 많은 것이 라캉에게 빚지고 있다.

들어가는 것이 구어성립의 조건이 되는 것이다. 따라서 구어의 출현은 일정한 주체의 구성을 동반할 수밖에 없다.

여기서 우리들은 이 변형의 조작을 다음과 같이 이해하려고 하는 일에 수시로 주의를 기울여야 한다. 먼저 주체 a가 독립적으로 존재하고 그 주체가 발화행위를 행하며 그 결과 피발화태가 생겨난다고. 이러한 이해에서 a가 분명한 통일체로서의 주체로서 조정(措定)된다. 더욱이 이 주체는 발화의 원인으로서 발화에 시간적으로 선행하여 존재하는 것으로 생각된다. 발화행위는 이 경우 주체 안에 분명하게 존재하는 암묵의 사고와 은폐된 내면을 표출시키는 외화(外化)의 과정에 다름 아니게 될 것이다. 이러한 이해에 대하여 스스로 존재하는 존재자로 여겨지는 발화행위의 주체가 어디까지나 상상적인 것이라는 사실을 강조해두자. 상상적인 것은 현재의 논의 맥락에서는 바로 발화행위의 주체가 발화행위에 선행하여 존재하는 것이 아니라 발화행위에서 나타나는 것이고 피발화태의 주어에 대하여 인과적으로도 시간적으로도 선행하는 것은 아니라는 사실이다.

그러나 주어진 신체의 형상에 의해 대표되는 것 같은, 자존하는 것으로서의 주체를 생각할 수 있는 입장을 취하게 되면, 발화행위의 주체가 흡사 발화행위에 선행하여 존재하는 것처럼 생각되어지고 발화행위의 원인으로서 사후추인적으로 상상되는 기제가 이해할 수 없게 되어버린다. 이런 입장에서는 주체를 통일체로서 분명히 이해하기 위해 주체의 생성에 있어서, 발화행위에 있어서 발화행위의 주체와 피발화태의 주어의 단속이층적인 분열이, 본질적인 사태임에도 불구하고 무시되어 버린다. 32) 타무라류이치[田村隆一]가 "나는 언어 안에서

---

32) 토키에타 케이기[時枝誠記]는 인용과 주체의 관계를 '이레코'(入れ子, 크기의 차례대로 포개놓을 수 있는 상자)로서 훌륭하게 정식화했을 뿐만 아니라, 주체와 주어의 분열기제의 해석에 거의 달하는 분석을 나타내고 있지만(時枝誠記, 『國語學原論』, 岩波書店, 1941), 최후까지 주체를 통일체라고 하는 견해를 자를 수 없

죽는다"라고 말했던 사태가 망각되는 것이다. 즉 발화행위의 주체는 발화행위의 분열에 의해 생기는 결여에 그 존재를 짊어지고 있음에도 불구하고 발화행위 이전부터 있었던 어떤 통일체를 지시하는 형태로서의 자기의 신체와 발화행위의 주체는 사후추인적으로 오해되어 버린다는(다만 이 오인은 올바른 인정에 대립하는 잘못된 인정이 아니라 불가피한 오인이다),[33] 오인을 통한 자기동일화의 사실이 간과되어 버린다는 것이다. 언어의 질서에 들어감으로써 사람은 어떤 충실한 자기가 되는 것이 아니라 결여가 된다. 주체는 단절로부터 생긴다. 그러므로 발화행위 이전에도 있었다고 상상되는 자기의 신체부위의 상에 대한 기억, 신체감각이라는 여러 가지 현상을 '나의 자기'라고 상상적으로 동일시하는 기제에 대한 통찰이 주체를 자존하는 것으로서 생각함으로써 묵살되어 버린다. 발화행위의 주체는 상상적이다. 주체성은 통일성을 제1의적으로 의미하는 것이 아니라 오히려 단속이층적인 분열 혹은 휴지(休止)로서 고찰되지 않으면 안된다.

구어는 이렇게 오인된 발화행위의 주체에 상관하여 나타나는 별도의 항(項)이다. 그러나 이러한 발화행위의 주체를 주제화하는 것은 구어성립의 하나의 조건에 지나지 않는다.[34] 즉 단속이층적인 분열을 어느 특정한 이야기, 서기법과 묘사장치에 의해 처리하는 에코노미가 제도화되지 않는 한, 제도로서의 구어가 성립했다고 말할 수 없기 때문이다.

었다. 주체를 통일체로 보는 견해는 토키에타(時枝) 언어학이 국민주의에 경계를 나타내고, 마침내 그 한계를 돌파할 수 없는 것과 관계해 있을지도 모른다.

33) 이 오해는, 발화행위에 있어서 불가피하게 생겨나는 것으로 정신분석학 용어로 말하면, 무의미의 불가피성에 대응하는 것으로서의 오해인 것이다. 모든 주체는 자기를 오해하는 주체이다.

34) 18세기의 학문적인 것으로서는 언어론, 또 창작적인 것으로서는 이른바 희작(戱作, 에도시대 후기의 통속 오락소설＝黃表紙) 등의 설명에서 '발화행위'가 집중적인 문제가 된 것은 이 때문이다.

이야기 안에서 단속이층적인 분열은 끊임없이 일어난다. 그러나 구어를 주제화하고 집어내는 틀이 역사적으로 늘 존재하는 것은 아니다. 이 점에서 18세기가 인용을 표시하는 각종의 표를 발명했다는 사실은 중요하며 구두점과 회화의 인용을 표시하는 부호가 이 시기에 일정한 장르에서 개발되었다는 사실은 간과할 수 없는 것이다. 인용부의 발명은 단속이층적인 분열을 제한된 형식 안에 제어하려고 하는 실천계의 작동과 떼어서는 생각할 수 없기 때문이다. 인용부, 혹은 인용부와 동등한 역할을 하는 이야기의 형식화를 통해 먼저 인용된 피발화태와, 인용하는 보고문을 명확하게 구분할 수 있게 된다.[35] 더욱이 이처럼 인용된 피발화태로부터는 보고자의 의견이나 해석은 엄밀하게 배제된다. 앞의 예를 들어보면, 'a는 슬픔에 차 아아라고 소리내어 울었다'는 발화 안에서 묘사와 해석을 포함하지 않는 '아아'의 부분만이 구어로서 주제화될 수 있는 것이고 'a는 비통에 차 통곡했다'에서 구어는 존재하지 않는다. 그러므로 이 언설의 편제 안에서 말하자면 직접화법에 상당하는 양태를 표시하는 인용구에 의해 꺼내어진 발화 '아아'는 a의 발성의 사건을 직접 지시하고 사필(寫筆)하는 것이 된다. 더욱이 이 사필의 관계는 발화행위의 묘사가 아니라 발성이라는 면에서만 파악된 발화행위의 사건에 대한 모사(模寫), 즉 사물의 진(眞)에 가까운 것 같은 재생산이다. 구어는 처음부터 "배우기＝眞似의 실천공식에 따라 주어진 것이다." 그러나 발화행위 이전에 있었던 어떤 통일체를 지시하는 형태(gestalt)와 발화행위의 주체가 사후추인적으로 오인되듯이 적출된 구어는 이야기장치에 의해 매개된 그 직접성을 통해 발화행위

---

35) 인용부는, 가령, 말의 음조, 절의 유무, 반주의 음악의 유무, 손짓 등, 각종 이야기에 수반하는 표시에 의해서도 대용될 수 있다. 가령, 황표지(黃表紙, 에도 시대 중엽에 간행된 소설책 해학문학) 등의 작품이랑 인형정유리(人形淨琉璃, 정유리에 맞추어 놀리는 인형극, 음곡에 맞추어서 낭창하는 옛 이야기)의 실연(實演)에 있어서, '일상적인 말'이 어느 정도나 제시되는가를 생각해 보면 좋다.

의 직접성을 지시하는 것으로 오인된다. 구어가 카무라 케이키〔香村景樹〕의 가학(歌學)에 나타나듯이36) 발화행위의 장면에서 이야기꾼이 체험하는 갖가지의 정동(精動)에 이르는 최단거리의 통로이고 이야기꾼의 사고와 사람에게 알려져 있지 않은 실천을 지시하는 것으로 믿어지는 것은 이 기제에 의한다.

물론 이러한 직접성의 양태는 이야기의 장치에 매개되어 있고 그 자신 직접성의 하나의 존재방식에 지나지 않는다. 그러므로 구어를 통해 발화행위에 이르려는 시도는 그 내재적인 모순으로부터 결코 성취할 수 없는 것이다. 구어는 결코 만족되지 않는 욕망인 것이다. 그리고 이 결코 만족되지 않는 욕망은 정확하게 국민이라고 불려지는 주체가 제한 없이 자기구성의 욕망에 들볶이는 것에서 자기를 구성하듯이 주체를 결코 도달할 수 없는 발화행위로 계속 부채질해 가게 만드는 것이다.

일반적으로 발화행위는 잡종적으로만 일어난다. 발화행위는 음성적인 것도 단순히 언어적인 것도 아니다. 사람은 말을 할 때 그 장(場)에는 화자/청자의 신체, 음성, 여러 물체 등의 시청각적으로 또 촉각적으로 작용하는 여러 '의미하는 것'이 공존한다. 이것들을 다양한 텍스트라고 부른다면, 발화행위는 많은 병존하는 텍스트를 작동시킨다고 말할 수 있을 것이다. 그러므로 많은 텍스트의 개재(介在)가 말하는 상황을 만들어낸다. 말하는 행위는 구어로 환원할 수 없는 잡종적인 물질을 동반하면서 생길 수밖에 없고 이야기 혹은 듣기행위는 구어와는 전혀 다른 잡종적인 수준에서 일어난다. 그러므로 구어에 의해 발화행위를 대표시키려는 입장은 (구어를 발화행위의 대표로 삼으려는 입장은) 이러한 (복수의 민족어의 혼재로서의 잡종성과는 다른) 의

---

36) 香川景樹(成島司直 編), 『歌學提要』, 日本古典文學大系 第94卷, 岩波書店, 1996(初版 1850年), 131-177.

미에 있어서도 이질적인 텍스트의 병존으로서의 잡종성을 배제하고 단일한 매체(여기에서는 음성으로 규정된 매체의 단일성)로 환원시키는 조작을 통해 균질적인 매체의 수준에서 발화행위의 주체를 상상적으로 구성하는 것이 될 것이다. 구어는 잡종성으로부터 균질성으로 변환하는 통로이며 더욱이 주체의 자기조정을 위한 단속이층적인 분열을 봉합하는 수단이 되기도 할 것이다. 즉 이런 식으로 (그 이전에도 다른 의미에서의 잡종성은 억압되기 때문에) 새롭게 주체는 잡종성을 억압하는 것으로서 조직된다.

즉 구어에의 편집이 동시에 균질적인 전달을 보급한 순수일본어가 공동체로 귀속하려는 욕망일 수 있었던 것은 어떠한 실천계에 의한 것이었을까.

국민공동체와 일본어

근대의 언문일치의 실천계와는 다른 구어는, 말하자면 말〔言葉〕이 아니라 이야기〔話〕에 초점을 두고 이해되어 왔다. 발화행위는 먼저 행위이고 그것은 신체가 행하는 몸짓으로서 이해되었다. 따라서 모토오리 노리나가〔本居宣長〕의 언어론에 있듯이 고대인의 구어는(말하는 언어는) 손짓, 몸짓으로도 파악되었다. 여기서 구어는 이중적으로 규정된다. 먼저 구어는 발화행위의 장면에 내속하는 행위로서 이해된다. 그러나 동시에 구어는 연기로서도 이해된다. 발화행위의 장면은 발화자와 청자의 위치, 장면에 있어서 모든 사물의 배치, 발화행위가 일어나는 전후맥락 등의 제요소를 고려하면 결코 반복할 수 없는 일회적인 역사적 사건으로서 생긴다고 생각할 수 있다. 그런데 구어는 습득된 재연가능한 연기라고도 생각할 수 있다. 여기에는 행위＝연기 'to act'의 이중성이 소묘되는 것이다. 발화행위는 행위인 이상 이 세계에 어떤 사회적 의미를 가진 물질적 변화를 가져오는 의도된 신체적

운동이다. 동시에 어떤 '몸짓을 하는' 것, 자신이 누군가인 것처럼 몸을 움직이고 연기하는 것이다. 37) 그러므로 행위로부터 연기로서의 성격을 박탈할 수 없다. 더욱이 연기에는 첫 번째 시간적인 방향의 차이에 따라 전개된 반복으로서 그것이 학습할 수 있는 행위라는 것, 따라서 몇번이고 연습을 통해 몸에 익힐 수 있는 것이라는 것, 두 번째 인칭적인 차이에 따라 전개된 반복으로서 그것이 타인의 것이기도 하지만 모방에 의해 재현할 수 있는 것이 필요하다는 것. 즉 연기로부터 배우기= 진사(眞似)의 성격을 박탈할 수 없는 것이다. 즉 구어는 인류의 공동성을 확인하는 수속임과 동시에 인류공동체를 제작하는 수단이기도 하다는 것이다.

일회적인 역사적인 사건으로서의 성격과 반복가능한 연기로서의 성격은 서로 상대를 필요로 하고 더욱이 한 쪽이 소거하지 않으면 다른 쪽이 나타날 수 없는 배반적인 관계에 있다. 구어를 일회적인 사건으로 고찰하게 되면 그 연기로서의 재연가능성을 억압하지 않으면 안된다. 구어는 여기에서는, 들뢰즈가 수동적 종합으로서의 수축성(contraction)이라고 불렀던 것의 존재방식을 나타낸다. 38) 이 종합은 이제까지 반복된 일련의 연기를 낳는 현재에로 통합한다. 그러나 이 생생한 현재에는 과거의 반복된 연기가 수축되어 축적되어 있는 한편, 미래도 반복되지 않으면 안된다는 선구적인 기대로서 이 현재에 수축되어 선취적으로 보존된다. 그러므로 구어가 기호 즉 말〔言葉〕로서의 성격을 획득하고 '어떻게 이 기호를 이해할 것인가' '이 기호는 무엇을 현전=표상시키는가'라는 오성개념과 기억의 기제가 연관되는 능동적 종합의 대상으로서 파악되기 전에, 먼저 이러한 수축성을 갖는 것으로서의 수동적 종합의 수준에서의 구어가 존재하지 않으면 안된다.

---

37) 졸저, *Voices of the Past: the Status of Language in Eighteenth-Century Japanese Discourse*, pp. 81-112, 166-172, 305-319.
38) Deleuze, op. cit., pp. 96-98.

말 이전에 이야기(話) 혹은 연기로서의 구어의 성격이 강조되는 것이다. 더욱이 살아있는 현재는 그 현재가 시간 안에서 구성하는 과거로부터 미래에로, 즉 특수성으로부터 일반성으로, 그 생생한 현재가 수축성에 의해 포섭하고 있는 특수자로부터 현재에 포함되어 있는 선구적 기대의 장(領野, le champ de son attente)에서 전개하는 일반자로 향하는 것이라면,[39] 확실히 18세기에 주제로 삼아 묻게 된 구어는 고대의 그것이고 18세기의 시점에서의 현재에 있어서 그 재연은 과거의 특수성을 회복시키는 것을 목표로 하였다고 볼 수 있지만, 고대의 일본어를 배우기＝진사(眞似)로 보려는 시도는 그 배우기＝진사의 목적을 일본어에 두는 것인 한, 재연의 반복을 통해 습득을 목표로 하는 대상으로서 일본어를, 미래로 향하게 해 일반자로 가정하는 것과 다름없게 될 것이다. 확실히 목표는 과거에 구상되고 재연과 학습의 시간성은 역시 선구적 기대의 장에 그러한 순수일본어를 미래＝일반자로서 가정하게 되어버리는 것이다. 즉 과거로 향하는 것이 미래에로의 투기(投企)와 같은 새로운(維新) 기제가 여기에는 예시되는 것이다. 그것은 과거의 이름 아래 미래로 향해 학습해야 할 일반자로서의 목표상을 줄 수 있는 실천계이지만 학습을 통해 미래에 실현되는 제도는 복고풍의 복장하에 새롭게 제작될 것이다. 그러므로 이러한 연기로서 배우게 되는 순수일본어는 의례체계에 가까운 것이 될 것이다.

연기는 반복을 통해 그 만큼의 차이를 낳는다. 물론 차이는 반복을 전제하지 않으면 안된다. 그러나 개별적인 차이의 단독성으로 향하는 반복과 차이의 단독성을 불식하는 반복의 두 가지 사이에 서서 중점의 위치를 바꿀 수 있다. 후자 즉 반복으로 향할 때 연기는 의례로서의 성격을 강하게 갖는다. 마찬가지로 진(眞)에 가까워지기로서의 반복도 연기의 의례로서의 성격을 강화할 수 있다.

---

39) Ibid., p. 97.

즉 이 실천계에서는 순수일본어는 배우지 않으면 안되는 통일체로서 주어지고 이미 몸에 익힌 것으로서가 아니라 이것으로부터 미래로 향해 학습하지 않으면 안되는 것으로서 구상된다. 이러한 한에서 순수일본어는 18세기의 일본어 논자들에 있어서 하나의 외국어에 다름 아닌 것이다. 외국어는 그 발음 통사법 등을 흉내〔物眞似〕내지 않고 배울 수 없다. 그러나 이러한 진사=배워지는 일본어는 동시에 잃어버린 본래성으로 제시되고, 상실된 우리의 본래적인 공동성을 진사로 보증하는 것으로 구상되었다. 그러므로 일본어의 사산에는 외국어로서의 일본어를 스스로의 것으로 계속 착오하고, 학습으로 몸에 익히는, 실천적인 규범이 분명히 내재한다고 생각하지 않으면 안될 것이다.

여기에는 국민어의 생성조건이 제시되어 있다. 국민어는 국민이라는 통일체가 그렇듯이 가설되고 미래로 향해 제작되지 않으면 안되는 것으로 구상된다. 그러나 이렇게 투사된 미래의 목표에 이르는 궤적은 상실된 본래성으로의 회귀, 스스로의 생의 깊은 곳에 머무는 기원으로의 동일화의 과정으로 공상된다. 그러므로 식민지배체제하에서 피지배자가 식민지지배자에 의해 찬탈 억압된 스스로의 문화를 자각하고 본래성을 되돌려 놓으려고 하는 공상 안에서 스스로의 민족어 혹은 국민어(물론 식민지지배 이전에 민족어와 국민어가 존재했던 것은 아닐 것이다)를 구상하는 기술을 배워가듯이 18세기의 일본어논자는 한자어 혹은 중국대륙에서 온 문명을 억압적인 지배체제에서 진단함으로써 찬탈과 탈회(奪回=회복)의 비유를 써가며 스스로의 민족적 본래성이라는 공상을 짜냈던 것이다.

이리하여 민족적 본래성이 현현하는 양태로서의 구어는 학습되지 않으면 안되는 습관의 경우로 가설된 것이다. 그러므로 구어는 습관처럼 반복됨으로써 화자의 신체에 내면화해 가는 연기체계이고 더욱이 습관화되지 않으면 안되는 것은 연기가 '무엇을 의미하는가' 하는 능동적 종합의 대상이기 전에 습관이 갖는 수축성으로 파악된, 선구적 기대의 장에 있어서 '일반자의 장소'로서의 순수일본어인 것이다. 40)

다만 재차 확인해두는 바이지만, 이러한 반복의 선구적 기대의 장에 있어서 '일반자의 장소'가 애초부터 국민/민족과 동일화된 통일체이지 않으면 안되는 이유는 없다. 더욱이 통일체로서 조정할 이유가 없는 이상, 이 일반자의 장소는 다른 일반자의 장소와 배타적으로 관계하고 그 자기동일성을 획득하면 안된다는 필연성도 없다. 애초부터 장소를 자타의 차이에 의해 한정할 수 없는 것이고 따라서 유 및 유의 부정으로서의 무에서만 말할 수 있는 동일성을 장소로 끌고 들어와 생각할 수 없을 것이기 때문이다. 41)

국어가 성립할 때 먼저 생겨나는 것은 언어가 잡종성을 배제한 것으로 구상된다는 것과, 동류의 다른(즉 다른 국어＝하나의 국어와 다른

---

40) 말할 것도 없이 '일반인의 장소'는 니시다 키타로〔西田幾多郎〕의 조어이다. 「일하는 사람에서부터 보는 사람까지」(1923-27)에 있어서 이 구의 규정으로부터, 철학론 문집(1935-43)에 이르는 단계에서, 니시다는 '유의 장소' '무의 장소' '절대적 무의 장소'라고 하는 경우로 분류를 도입해 가지만, 「일하는 사람으로부터 보는 사람까지」의 논문의 '장소'에 두는 규정을 대충 기본적인 것으로서 둔다. 거기에 의하면, (1) 관계의 항목과 관계 그 자체의 구별, 혹은 의식의 내용과 의식의 작용의 구별이 가능한 것, (2) 이 구별이 성립하는 것은, '같다고도 할 수 없고, 다르다고도 할 수 없다. 있다고도 없다고도 말할 수 없다. 이른바 논리 형식에 의해 한정하는 것도 불가능하다. 오히려 논리 형식 또한 성립하게 하는 장소'(『働くものから見るものまで』=「일하는 사람에서부터 보는 사람까지」, 西田幾多郎全集 第4卷, 岩波書店, 1961〔初版 1927年〕, 203)에 의한다.

41) '일반인의 경우'는 타인과 자신을 구별하는 기본적인 경험으로서 '타인의 타자성〔他者性〕'을 보편주의적으로 소거하는 가능성을 항상 가지고 있다. 그러나 '타인의 타자성'으로 문제가 되는 타인과 나와의 구별은 일반과 특수의 대립으로 파악되는 공약가능한 타자성이 아니다. '일반인의 경우'를 동일성의 논리에 봉인하는 것은 '타인의 타자성'을 외국인과 자국인의 차이에 환원하는 것에 상응하는 것이다. 그 경우 타인은 외국인이 되어버린다.

국어의 차이는 종의 차이〔種差〕가 된다.) 것과 대조적인 관계에 있는 통일체로 조정된다는 것이다. 그 한에서 국어는 종적(種的) 동일성의 논리에 모순되는 것일 수밖에 없다. 이를 위해서는 먼저 일반자의 장소를 체계로서가 아니라 공시적 전체성으로서의 체계성으로 파악할 필요가 있을 것이다. 42) 더욱이 언어의 통제적 이념이라는 성격을 형상화된 도식으로 잘못 이해할 필요가 있다.

체계성으로서 파악할 때 언어는 닫혀진 정합성을 가진 자기완결적인 순환성으로서 상정된다. 그리고 다른 국어와 배타적으로 구별되고 일본국민이 다른 국민과 자타의 별종을 유지한 채 종적(種的)으로 규정되듯이 일본인의 국어로 규정될 수 있는 가능성이 생겨난다. 그리고 그 정합성은 유한개의 정언명령에 의해 고정화할 수 있는 것처럼 생각된다. '문법'이란 개념이 정치적인 권위와 국민국가의 배타성을 둘러싸고 나타나는 것은 이 단계에서이다. 올바른 일본어라는 편집과 교육상의 권위로서의 문법은 반드시 언어체계를 체계성으로 대체하는 수속과 표리관계에 있는 것이고 잡종성, 틀린 일본어에 대한 불관용, 모국어 안에서 생겨난 특권의 상징으로서의 'native fluency'(원주민처럼 유창하게 언어구사하기)에 대한 병적인 집착은 이러한 체계와 체계성을 살짝 바꿔치기하여 그 기초를 축하하는 것이라고 생각할 수 있다. 더욱이 'native fluency'에의 고집은 자국민과 타국민 간의 '자타의 별종'을 강화하는 것만이 아니라 잡종적이고 문법에 맞지 않는 어법에

---

42) 가령, 하나의 조항은 다른 조항과의 변별적인 차이에 의해 그 가치가 결정된다고 한다. 소쉬르 언어학의 견해는 언어를 체계로서 보는 것을 가르쳐 준다. 여기에서, 체계를 닫혀진 정합적인 전체성이라고 보지 않으면 안된다. 정합적인 전체성으로 간주해야만 할 이유는 없다. 공시적인 언어체계라고 하는 개념을 변별적인 차이의 체계에 결부할 때, 체계는 닫혀진 정합적인 차이의 체계의 전체성이라고 간주된다. 이때, 체계로부터 잡종성이 배제되는 것이다. 체계는 전체성이 아니다. 따라서 현전=표상으로부터 끊임없이 일탈하는 것이다. 체계와 공시적 언어체계 또는 체계성은 엄밀하게 구별시키지 않으면 안된다.

대한 금기를 증가시키고 타국어에 대한 태도를 극단적으로 소심하게 만드는 것이다. 'native fluency'를 갖지 않아도 말하자면 외인(外人)으로서 그 언어에 관계될 수 있다는 것을 사람들에게 망각시키는 것이다. 즉 외인이라는 사실에 대한 열등의식과 금기를 낳음으로써 자국민으로의 동일화의 기제를 작동시킨다. 그러니까 외국어습득 능력의 빈곤화는 근대의 국민의 성립과 연결되어 있다.43) 가장 성공한 국민국가의 국민에 있어서 외국어습득 능력의 빈곤화가 가장 현저하다는 사실은 단순한 우연이 아니다. 왜냐하면 가장 성공할 때 국민은 제국주의의 관리자가 되어 국민적 자존을 획득할 것이기 때문이다. 그리고 제국의 국어는 설령 현재의 영어처럼 링가 프랑카로서 제국내의 식민지주민이 배우지 않으면 안되는 언어와 일치하는 한편, 종주국민은 (선교사, 식민지통치관 등의 예외를 빼고) 식민지의 언어를 배우게 되며 종주국의 언어와 식민지의 지방어 사이에 표준어와 방언에 어울리는 일방적인 학습지향의 상하관계가 만들어져버릴 것이기 때문이다. 말할 필요도 없지만 표준어가 보급되기 위해서는 이러한 표준어학습을 지탱시켜주는 상승지향의 제도화가 절대적으로 필요하고 이 관계는 종주국과 식민지 사이에서도 재생산된다. 국어의 선택에 있어서 제국주의의 힘관계가 가장 노골적으로 개시되는 것은 이 때문이다. 성공한 국민주의가 반드시 제국주의가 되지 않으면 안된다고 하지만 나는 그러한 예에 대해 아는 것이 거의 없다. 성공한 국민국가에서 자국어에 대한 독선적인 성격[獨善性]을 배양시키지 않았던 예를 아는 것이 없다는 말이다.

일본어와 일본인의 사산이 막부(幕府) 체제에 대해 비판적인 의미를 가졌었다는 것을 나는 부정할 수 없다. 근대는 비근대의 사회환경에 대해 중요한 비판적인 기능을 갖는다. 그러나 일본인이 현존한다는

---

43) Forster, op. cit.

구상이 일반적으로 의심할 수 없게 되는 '부활' 후의(대체로 일본열도에서는 연대기적으로는 20세기초 전후로부터 15년 전쟁기에 걸쳐 균질적으로가 아니라 뿔뿔이 부활되었다고 여겨진다) 근대에 있어서는 근대의 사회편제의 핵이 되는 국민적 동일성을 주저없이 받아들여서는 안된다. 왜냐하면 근대의 국민국가가 가져온 것이 지극히 매력적이고 사람들의 은근한 분노에 매우 교묘하게 호소할 수 있기 때문이다. 물론 근대는 경제의 비약적인 발전과 기술에 의한 급속한 사회편제의 변혁에 의해 지탱되는 것이기 때문에 만일 근대비판이 실체화된 전근대로의 회귀노선에서 전개되었다면, 그것은 단순한 국민주의의 토착성으로서 근대의 국민 이전 상태인 민중 혹은 대중을 감상적으로 이상화하는 일일 것이다. 지식인의 민중으로부터의 소외라는 부정적인 계기를 이용하여 지식인이 국민이라는 형상을 만들고 그러한 국민에로의 공감을 계속 말하는 국학같은 사조에 관계되는 작업을 지속하게 될 것이다.44) 즉 사회적인 항쟁을 뒤집어버리기 위해, 국민적 전체에로의 합체감으로 사람들의 고립감과 절망감을 횡령하기 위해, 국민적 동일성의 미학적 형상인, 국체(國體)가 재생산되어갈 것이다.

국체는 탈구축되지 않으면 안된다. 특히 20세기 후반의 일본 같은 근대적인 원리에 토대를 두면서도 근대화에 대해 장해를 낳는(말하자면 평등원리를 국민공동체의 성원 외에게도 확대하려는 이민수용 의

---

44) 토착적인 '민중'의 형상은, 거의 예외없이, 지적 엘리트에 의해 만들어진 점을 잊어서는 안된다. '국민'의 주체화는 국민으로부터 소외된 관점을 필요로 하는 것이다. 국민의 형상의 제작과 그 주체화는 국민 중 이질적인 사람, 즉, 지적 엘리트를 필요로 한다(M. Kroch, *Social Precondition of National Revival in Europe*, [Cambridge: Cambridge University Press, 1983]). 잡종성과 분별이 없는 곳에서는 주체화는 일어나지 않는다. 게다가, 국민적 주체는 잡종의 부인(否認)으로서밖에 구성되지 않는다. 국민은 자연적이고 내발적인 발전으로서 일어나는 것이 아니다. 국민주의가 국민을 만드는 것이다(Ernest Gellner, *Nations and Nationalism* [Ithaca: Cornell University Press, 1983], pp. 49-55).

무로 대표되는) 제도를 하나하나 박멸시켰다는, 말하자면 균질적인 사회편제를 만들어낸다는 점에서 근대의 최첨단을 가는 국가에 있어서는 특히 국체가 철저하게 탈구축되지 않으면 안된다. 근대에 내재하는 그 잉여로부터 국체를 탈구축하는 것은 그 사회편제를 널리 지배하려는 것으로 볼 수 있고, 사회성의 궁극형태를 합체감으로 볼 수 있는 균질지향 사회성에 대한 유효한 비판을 모색하기 위해서도 우리가 건드려야 할 과제가 될 수밖에 없다. 45)

---

45) 균질한 사회편제는 근대사회의 기본 권리이다(Gellner, op. cit; Calhoun, op. cit). 현대의 일본이 비교적 균질한 사회문화기구를 달성해 있다고 하는 것은 그 국민성 혹은 민족문화의 전통에 의해서가 아니다. 그러한 문화론적 설명은 일본의 근대화 과정에서의 균질화를 달성하기 위해 사용된 여러 정치적 조작의 하나였고, 거기에는 원인과 결과가 전도되어 어긋나게 받아들여지고 있는 것이다. 이른바 단일민족론이 문제인 것은 사실 일본주재의 타민족을 무시하고 있기 때문이다라고 말하기보다는 오히려 단일민족이라고 하는 가설이 일본사회의 균질성을 설명하고, 정당화하는 원칙이 되어버린 것이다. 왜 민족의 동일성이 구성되고, 동일성의 주장이 어떠한 배제의 기구를 필요로 하는가 하는 문제의식이 일본 단일민족론을 세우는 것에 의해 사전에 부인되어 버리기 때문이다.
더욱이 여기에서 사용되고 있는 균질지향 사회성은 에바 세즈윅이 말한 근대사회의 남성이 여성을 배제하는 것에서 만드는 동질성으로서의 호모소사이어티와는 그 용법과 대상이 되는 사회현상이 어긋나있는 점을 기억해 둔다.

7장 '서양에의 회귀'와 인종주의
─현대보수주의와 지식인

인종주의와 주체의 구제(構制)

근대세계에 있어서 인종주의의 편재

인종주의를 제시하지 않는 근대론은 기껏해야 일종의 농담에 지나지 않는다.

근대는 많은 다른 방식으로 규정할 수 있지만 그 가운데에서 가장 중요한 것은 근대라는 것은, 인종이라는 이 허깨비 같은 범주가 맹위를 떨치는 시대라고 하는 규정이다. 근대세계는 인종이라는 범주에 의해 질서지어지고 근대화하는 데에서 피할 수 없는 일면으로서, 우리들은 인종의 위계질서를 통하여 세계의 사람들과 우리들의 상대적인 관계를 이해하고, 인종의 위계질서를 내면화함으로써 세계에서 자기의 위치를 판정하는 능력에 익숙해진 것이다. 더욱이 시민사회에 있어서 계약에 기초한 사회관계나, '합리적인' 과학적 사고방법, 종교의 세속화라는 근대의 다른 규정들에 비교하여, 인종주의의 위계질서는 매우 큰, 국제자본주의의 발달과 국민국가의 전세계적 보급에 거의 필적할만한 파급력을 갖고 있었고 지금도 갖고 있다. 계약에 기초한 사회관계를 내면화하고 있는 인간의 수는 인종의 위계질서를 내면화하고 있는 인간의 수에 비교해 턱도 없이 모자라고 그런 의미에서 많은 사회에서 계약에 기초한 사회관계가 일부의 '근대화'된 엘리트의 특권인 것처럼 생각되는 데 비해 인종주의적 세계관의 보편성은 전세계에 확립되어 있고 계급을 무시하고 널리 침투되어 있는 것으로 볼 수 있다. '인종주의'는 끊임없이 변용하고 있고 우리들의 일상생활의 중요한 하나의 틀이 되어가고 있으며 근대세계에서 사람은 '인종주의'의 외부에 서는 것은 거의 불가능하게 되어 있다고 해도 좋다. 우리들은 일본에서도 '인종주의'의 한복판에 살고 있다. 즉 근대세계에서 사람이 자기는 누구이고 타인은 누구인지를 인지할 때에 국민적 동일성과 나란히 실효적으로 기능하는 범주는 인종주의에 의한 인간의 분류법이라고 말할 수밖에 없다.

그러나 '인종'이라는 개념이 유럽에서는 이미 18세기 말에 나타났던 것에 대해 '인종주의'라는 개념은 역사가 짧다. 이 사실은, '인종'과 사회편제의 관계를 대상적으로 끊어버려 생각하는 태도가 비교적 최근에 시작되었다는 것을 나타낸다. 또한 '인종'의 역사성에 대한 의식도 적기 때문에 많은 사람은 아직도 '인종'을 자연스러운 토속적인 개념으로 알고 있고, 근대 이전에도 있었던 인간을 그 외관으로 구별하는 여러 사회적 차별의 양식과 인종주의를 변별할 수 없다. [1]

---

1) 인종주의를 비판하면서 인종주의의 함정에 빠진 역사적 사례로서 유명한 것으로는, Ruth Benedict, *Race; Science and Politics* (Public Affairs Committee, 1943)가 있다. 여기에서, 베네딕트 앤더슨은 인종주의는 근대의 미신이지만, 인종 개념 그것은 과학적인 개념이라고 주장하고 있다. 여기에 대해서, 현재는 인종 개념은 18세기 이후 유럽에 있어서 문화의 세속화, 과학의 보급, 비유럽 지역의 식민지화 등을 통해서 전개했다고 하는 의미가 넓게 인식되고 있다. 가령, Robert Miles, *Racism* (London and New York: Routledge, 1989), pp. 30-38. 또 인종개

인종주의의 분류법은 근대세계의 사람들이 국제적으로 교섭하기 위한 공약성의 일반적인 기반이 되어버렸고 누구도 금방 알 수 있는 분류법이 되어 있다. 이 분류법은 사람의 지성에 호소하기 전에 감성에 호소하는 심미적인 규칙의 체계이고 근대국제세계의 '공통감각'이라고도 해야 할 심정의 법칙이 되어버리고 있다. 다만 인종주의의 분류법은 개별 사물(個物)의 단독성을 철저하게 소거하기 때문에 예를 들어 '흑인'으로 인지된 사람과 나 사이의 교섭에 역할을 하는 경우는 지극히 적다. 왜냐하면 첫 번째 '인종'은 대화의 회로에서 탈락한 제3자로서의 타인을 인지 규정하기 위한 균질지향사회적(homo social)인 범주이고 자기의 인종에 대한 자각은 처음부터 이용되지 않는다. 그것은 자기가 귀속하는 '인종'의 인지에는 반드시 타인으로부터의 혹은 타인종으로부터의 강제요소를 포함하지 않을 수 없다. 특히 '열위' 인종으로 분류된 사람들에게 있어서 자기가 그러한 인종에 속한다는 느낌이 들 때 거기에 반드시 고뇌가 수반되는 이유는 그 때문이다.[2] 물론 인종주의의 분류법은 해당하는 사람을 떼어내 제3자 사이에서 그 사

넘의 생성과, '자연사'에 대해서는 George L. Mosse, *Toward the Final Solution: A History of European Racism* (Madison: The University of Wisconsin Press, 1978), pp. 1-34 및 Mary Louise Pratt, *Imperial Eyes: Travel Writing and Transculturation* (London and New York: Routledge, 1992). '자연사'와 권력의 문제에 대해서는 Michel Foucault, *Les mots et les choses* (Paris: Éditions Gallimard, 1966; 渡辺一民・佐左木明 譯, 『言葉と物』, 新潮社, 1988), 특히 제5장, pp. 137-176을 참고 바란다.

2) 이 고뇌를 이야기한 작품은 많다. 한 예로서 James Baldwin, *The Fire Next Time* (New York: The Dial Press, 1963)이 있다. 또 호모 소사이어티에 대해서는 Eve K. Sedgwick, *Between Men—English Literature and Male Homosocial Desire* (New York: Columbia University Press, 1985)를 참고 바란다. 특히 세지윅(Sedgwick)은 호모 소사이어티(남성중심사회성)를 남성이 여성을 대조화하고 남성간의 연대를 만들어내는 규제와 근대사회에 특유의 대조화에 의해서 집단내의 균질적인 감각의 연대를 만들어내고, 근대의 국민의 동일성의 구성도 포함하는 균질지향 사회성의 의미로도 사용하고 있다.

람에 대해 의견을 교환할 때의 공약성의 기반이 된다고 생각할 수 있을 것이다. 더욱이 이 분류법에는 많은 가치판단과 위계관계가 축적되어 있고 유로서의 인간을 서로 우열관계를 가진 종의 위계질서로 정렬하는 역할이 있다.

그러나 이 분류법은 어떤 종의 '공통감각'이라고 해도 균등하게 세계 어디에서나 똑같이 작동하는 것은 결코 아니다. 예를 들어 일본에서는 북유럽계의 사람과 남유럽계의 사람을 구별하지 않을 뿐만 아니라 유럽계의 사람을 중근동에서 온 사람들과 구별하는 습관을 갖지 않은 사람들이 인구의 대다수를 차지하고 있다. 유럽에서라면 인종분쟁의 화근이 되는 인종 사이의 차이가 지각되지 않는 것이다. 이러한 사람들이 '백인'의 집합으로 모두 처넣어져 버린 것이다. 그러니까 근대의 일본에 인종주의의 분류법이 존재하지 않는다는 것은 물론 아니다. 가메이 히데오[龜井秀雄]는 강호기부터 명치 초기에 걸치는 산문의 인물묘사에 대해 단순하게 말하자면 근대적인 '내면'으로의 응시가 결여되어 있을 뿐만이 아니라 사회적 신분을 나타내는 의복을 벗은 '자의식의 신체적인 부위'로서의 얼굴에 대한 관심이 없는 반면에 명치중기 이후의 소설에서는 용모가 인물묘사의 주요한 역할을 하기 시작한 사실을 지적한다.3) 여기서 인간의 내적인 본성의 발현으로서의 신체의 외관이라는 인종주의적인 분류법 중의 한 가지 조건이 예를 들어, 인종주의의 전형으로 여겨지는 사회진화론의 도입과는 다른 문맥에서도 성립된다는 점이 나타나있다. 그리고 현대일본의 대중매체에서의, 인종에 대한 스테레오 타입은 대단할 정도로 잘 알려져 있다. 각종 선전에 나타나는 백인여성과 고급레스토랑의 편성에서부터 시작하여 흑

---

3) 더욱이, 1876년에는 문부성에 의해서 골상학 책이 번역되고 있는 일도 가메이〔龜井〕는 지적하고, 인물 묘사에 얼굴 묘사를 넣는 것에 의해 혁명적인 변화를 초래했다. 츠부우치 소우요〔坪內逍遙〕는『當世書生氣質』과 골상학의 관계를 시사하고 있다.『신체 이 신비한 것의 文學』, 煉瓦書房新社, 1984, 9-35.

인남성의 격렬하게 운동하는 근육과 운동용품의 연상에 이르기까지, 일본 근대대중이 인종주의의 기반이 된 18세기의 빙켈만으로 대표되는, 이상화된 고대그리스의 나상(裸像)을 정점으로 하는 미의식에 기초한 인체미의 유형의 체계를 변형해가고 있고, 어떻게 훌륭하게 우리 것으로 하고 있는지 보여주고 있다. 이러한 상업화된 미의식이, 예를 들어 해변에서 노는 건강하고 젊은 남녀의 신체가 흡사 고대 그리스의 인체미를 모방하듯이 표현되는 미합중국의 상업선전에 이용되는 캘리포니아문화의 이미지가 잠재되어 있는 인종주의와 공통된다는 점을 부정할 수 없을 것이다. 말할 필요도 없이 이러한 인체미의 유형체계에 의하면 유색인종의 체계는 더 열등한 것이다. 아시아계의 사람들에 대한 각종의 사회적 차별이나 많은 인구가 갖고 있다고 얘기되지 않는 '백인'에 대한 열등의식은 일본에 있어서 인종주의적인 분류법의 존재를 매우 노골적으로 증명해주고 있다. 4)

이와 같이 인종주의의 분류법은 지정적 조건이나 역사의 문맥에 의해 다양하게 변화한다. 더욱이 다른 분류법이 연계되고 흡사 균질한 분류법이 세계전체의 인간의 인종적인 배치를 만들듯이 세계를 표상하는 운동을 한다. 인종주의가 역사적 사회적 문맥의 특수성에 제약되고 있음에도 불구하고 그것이 마치 보편타당성을 갖는 것처럼 출현하고 있는 것이다.

이미 많은 지적이 있었듯이 인종이라는 개념을 '합리적'으로 설명하는 것은 아주 곤란하다. 생리적 혹은 생물학적 외관으로 사람을 구별하기 위해 인종은 18-19세기의 골상학이나 인상학이 과학적인 학문으

---

4) 물론 18세기의 계몽기의 미학이 직접 일본에 이식되었다라고 하는 것은 아니다. 또 서유럽의 인종에 관한 미의식은 다양하고, 역사적으로도 많은 변화를 일으키고 있다. 이러한 미의식의 변화와 여성의 신체에 대해서 최근의 논거로서는 나리타 류이치(成田龍一)의 「위생의식의 정착과 '미의 쇠사슬'—1920년대, 여성의 신체를 감싸는 한 국면」, 『日本史硏究』 366號, 1993年 2月號, 64-89가 있다.

로 여겨졌듯이 자연과학적인 개념으로 여겨지는 경우가 있지만 사회적 혹은 심미적인 판단을 자연과학적으로 판정하려는 시도를 포함하여 그 자신은 자연과학의 개념이라고 인정하기 어렵다. 독일의 국민사회주의자가 인종 개념의 체계화를 시도하여 실패한 일화에서 잘 알수 있듯이 피부색에 의한 것, 두골형태에 의한 것, 성인기의 체형에 의한 것, 두발의 형태에 의한 것은 그때마다 인간의 사회적 구별과는 다른 구분법일 수 있다는 것은 이미 몇 번이고 증명된 바 있다. 인종이라는 생각 자체가 근대세계에 있어서는 보편적으로 통용되는 분류법이고 마치 생리적인 수준에서 관찰되는 사실인 것처럼 받아들여지고 있기 때문에 자칫하면 인종의 역사성이나 사회적 특수성이라는 느낌을 갖지 못하고 근대 이전의 세계에서도 있었던 개념인 것처럼 간주하며 근대의 진화에 의해 해소될 것처럼 생각하는 경우가 많았다. 인종을 과학적인 개념으로 생각하면 매우 비합리적이기 때문에 비합리=전근대/합리=근대라는 단순한 공식에 따라 인종을 전근대적인 사고로서 부정하게 된 것인지도 모를 일이다.

그럼에도 불구하고 인종은 사람들의 행동을 동기 짓거나 규제하고 사회집단을 만들어내는 데 강력한 지침으로 기능한다는 것을 우리들은 혐오스러울 정도로 보아왔다. 인종은 종종 생리적인 외관을 지표로 하고 사회집단의 구분을 본질화하는 언설의 구성체, 다른 말로 말하면 언설의 실정성이다. 이 점에서 인종은 국민국가의 국민과 종종 등치되는 '민족'과 통하는 측면을 갖는다. 그리고 '인종'이 비유적으로 '민족'이나 '국민'으로 자리바꿈할 가능성이 늘 존재하고 있다. 특히 '민족'이나 '국민'이 본질주의적으로 이해될 때 그것들의 동일성은 '인종'의 동일성과 거의 다를 바 없게 되어버린다. 그러나 본질주의는 정치적 집단을 수립하려고 하는 데 있어서 아주 매력적인 정치적인 기술이라는 점도 인정하지 않으면 안된다. 사람이 어떤 사회집단에 귀속하는 것이 자연스럽게 소거되고 그런 의미에서 그 사람의 신체에 각인되어 개인의 자의로는 변하게 할 수 없는 집단의 운명처럼 받아들여지는 것으로부터, 인종은 강고한 주체성을 만들어내는 데 가장 유용한 주체적 기술도 될 수 있다. 인종 개념이 근대국민국가의 성립에 있어서 이 정도로 중요한 역할을 한 것은 그 때문이다. 사람이 백인으로서 혹은 황인으로서 태어나 죽는다면 그 사람은 태어났을 때부터 죽을 때까지 백인 혹은 황인의 집단에 귀속하게 될 것이다. 기존 사회집단에의 귀속에 불확실성을 갖고 있기도 하고 혹은 배제되어 있기도 한 사람들에게 있어서 인종이 증오와 매력의 양면성을 갖고 나타나는 것은 인종이 어떤 집단에의 종신금고와 동시에 그 집단에의 영구귀속을 자연스럽게 보증해주는 것으로 상상되기 때문이다. 만일 근대사회의 조건 중 하나를, 직업, 친족, 지방공동체 등에 의해 주어진 안정된 신분적 동일성을 개인이 상실하는 것에서 구할 수 있다면, 왜 인종주의가 매력적인 것으로 보일 수 있는지도 이해할 수 있을 것이다. 더욱이 이러한 동일성에 대한 향수어린 요구에 부응하는 것으로서의 종교가 근대적인 의장을 걸치고 다시 흥할 때 왜 근대적인 종교가 인종주의와 종종 연대하는 결과를 낳았는지도 이해할 수 있을 것이다.

인종주의를 피차별자에 대해 권력을 행사하는 것만이 아니라 차별하는 쪽에 있는 인간이 자기동일성을 은밀하게 희구하는 것이 나타난 것으로도 봐야 하는 것은 이 때문이다. 차별과 배제의 논리 배후에 태연하게 자신을 갖고 자리잡고 있는 것처럼 볼 수 있는 차별하는 쪽의 사람도 사실은 자기동일성의 불안에 대해 너무 신경쓴 나머지 위협당하는 듯한 느낌을 갖고 있는 것이다. 이러한 불안을 심리적인 것으로서가 아니라 사회적인 실천과 사회편제의 어느 정도 필연적인 계기로 이해할 때, 인종주의는 이러한 불안을 참을 수 없고 불안을 부인하는 자의, 스스로의 허약함을 전이시킨 것이라고 이해할 수 있다. 그것은 자기동일성을 희구하는 한 가지 형식인 것이다. 배제의 폭력에 의해 자기동일성을 손에 넣으려고 하는 사회적 실천이라는 말이다.

차별에 대한 저항과 차별기제의 내면화

인종주의는 근대인에 있어서 자기동일성을 희구하는 한 가지 형식이라는 사실은 인종주의에 대한 비판을 극도로 곤란하게 만든다. 인종주의의 분류법은 세계의 사람들을 구분하고 그 배치를 일정한 위계질서에 따라 표상하는 도식이지만, 사람이 다른 인종의 사람과 사회관계를 맺을 때에는 상하관계나 배제-수용의 이항대립을 결정하는 규제가 되기도 한다.

상하관계나 배제-수용의 선택은 사회편제에는 많이 보이는 현상이고 직업, 계급, 국적, 성별, 가족이나 회사, 학교 등의 집단, 직업적 지위 등은 모두 인간간의 상하관계나 배제와 수용을 정하는 규칙이다. 그 중에서도 인종은 성별과 함께 가장 자연스럽고 인위적으로 만들 수 없는 개별 속성으로 생각되는 경우가 많다. 직업, 계급, 국적, 가족 등이 개인의 의지에 의해 변할 수 있는 것에 반해 인종이나 성별은 변할 수 없는 것으로 표상된다. 근대사회에서 개인에 있어서 직업적 지위나 계급이 부대적인 속성이라고 여겨지는 데 비해 인종이 개인의 내면적인 주체성의 더 본질적인 속성으로 여겨지는 것은 이 때문이다.

예를 들어 '백인'이라는 것은 종종 거의 독선과 차이가 없는 냉대와 의무감을 '백인'으로서 자기확정하는 그 개인에게 주어지고 개인적 주체성의 핵을 만들어냈다. 다른 인종에게는 없는 높은 수준의 윤리의식과 자기를 희생해서라도 다른 인종을 지도 보호하지 않으면 안된다는 사명감을 '백인' 개인의 내면에 심었다고 말할 수 있다. 현재에도 각종의 국제구제기관이나 발전도상국에 대한 휴머니즘운동의 일부 안에 이러한 나르시시즘적인, 자칫하면 감상적이라고도 말할 수 있는 의식이 있는지 살펴 아는 것은 나만이 아닐 것이다. 물론 이것은 다른 인종에 대한 차별의식을 뒤집기한 것은 아니지만 인종이 어떻게 깊이 개인의 주체성을 내면에 만들어가는가를 우리들에게 가르쳐준다. 동시에 이러한 잠재적으로 인종주의의 분류법으로 규정된 냉대는 다른 인종의 인간이 '백인'을 지도하기도 하고 보호하기도 하는 일의 커다란 장애가 된다. 냉대를 유지하기 위한 경제 정치적인 조건이 없어졌을 때 그러한 냉대는 '하위'의 인종에 대해 거의 폭력적인 분노로 바뀔 수 있다. 그것은 여성이 높은 지위에서 움직이는 것을 싫어하는 남성의 페미니즘에 대한 반발과도 흡사할 것이다.

그러니까 이러한 인종의 배제의 역학은 동시에 수용의 역학이기도 하다는 것을 망각할 수 없다. 인종에 기반한 배제가 강하게 움직이는 곳에서는 다른 '인종'으로부터의 소외감과 반발은 동시에 동일한 '인종'의 사람에 대한 편안함과 연대감을 낳을 것이다. 다른 '인종'에 대한 대결에 있어서 똑같이 억압되고 배제된 인간이 단결하는 것이다. 구체적인 예를 들면, 식민지지배가 인종주의의 분류법에 따라 많이 이루어진 18세기 후반 이래 반식민지주의 투쟁이 식민지지배에 대한 저항을 통해 새로운 국민적 주체를 만들어오는 과정이 여기에는 나타나 있다는 것이다. 인종을 배제하는 역학은 배제하는 쪽의 사람만이 아니라 배제되는 쪽의 사람에게도 주체를 만들어가는 것이다.

또한 다른 '인종'에 대한 지배와 배제를 통해 국민적 주체가 구상되는 경우도 있다. 식민지체제 아래에서 배제된 것이 다른 '인종'을 더욱 배제함으로써, 말하자면 식민지 쪽의 국민적 주체에 동일화를 꾀하는 경우도 있는 것이다. 예를 들어 미합중국에 있어서 아일랜드계 이민 문제는 이러한 현상으로 일찍부터 지적되어온 문제이다. 영국의 식민 체제 아래에서는 피식민자로서 '비백인' 특유의 열성(劣性)을 각인한 아일랜드계 이민은 19세기 중반 미합중국에서 기왕의 흑인층과의 사이에서 고용쟁탈을 벌이게 된다. 이러한 자본주의의 발전과정에 있어서 많은 아일랜드계 이민들은 흑인에 대해 스스로를 '백인'으로서 동일화하고 그때까지 스스로 짐지고 있었던 열성(야만, 방탕, 경조부박〔輕佻浮薄〕, 성적 무분별성 등. 실제로 아일랜드인을 스테레오 타입화하는 것과 흑인을 스테레오 타입화하는 것의 유사성은 인종차별과 식민지차별의 구조적인 동계성〔同系性〕을 시사하는 것으로 생각하는 것이 좋다)을 흑인에게 각인시키는 것이다. 즉 '하얀 아메리카'에 동일화함으로써 많은 아일랜드인은 식민지피지배자 쪽으로부터 지배자 쪽으로 전환을 꾀한 것이고 미국의 국민적 동일성으로의 동일화가 어떤 문맥에서는 인종주의와 결부된다는 사실은 이러한 모습으로도 나타난다는 것이다. 5)

더욱이 배제되는 쪽은 유징(有徵)으로서, 배제하는 쪽은 무징(無徵)으로서 배제가 이루어지는 것이 보통이다. 여기서 유징과 무징의 구별은 인류학에서 사용되는 것과 조금 다르고 주체의 구성기제에도 관여한다. 즉 자기의 동일성을 재현-표상하는 자와 그렇게 재현-표상되는 주어와는 반드시 분열되고 표상하는 자는 반드시 무징이기 때문이다. 이러한 분열을 전제하지 않으면 동일성이라는 한정의 존재방식 그 자체가 불가능해질 것이다—이러한 분열을 나타내기 위해 재현-표상하는 자를 '발화행위의 주체'로 하고 재현-표상되는 주어를 '언표의 주어'로 불렀는데, 나로서는 '주체'라는 역어에 얽히는 문제가 있기 때문에 여기서는 복잡한 논의를 피하고자 한다—. 이 표상하는 자를 '초월론적 주관' 혹은 다른 문맥에서는 '현존재'라는 방식으로 말할 수밖에 없었던 것은 그것을 형상화할 수 없다는 것, 즉 무징일 수밖에 없

5) David Roediger, *The Wages of Whiteness: Race and the Making of the American Working Class* (London, 1991); Ronald Takaki, *A Different Mirror: A History of Multicultural America* (Boston: Little, Brown and Company, 1993), pp. 139-165.

었다고 하는 것이 있었기 때문이다. 그러나 이 무징은 인류학에서 말하는 유징과 무징의 대칭적인 구분과는 전혀 다른 종류의 구분이라는 점에 주의하지 않으면 안된다. 이 무징은 '적'의 부정이 아군이듯이 유징의 부정으로서 대-형상적으로 지시되는 주체적 위치가 아니다. 그리고 자기의 동일성을 표상하는 자와 재현-표상되는 주어 사이의 무징-유징관계는 기본적으로는 '시간적인' 관계이고, 이것에 대해 차별하는 자와 차별되는 자 사이의 무징-유징의 대립은 '공간적인' '공시적인' 대립이고 이 두 가지는 전혀 다른 심급에 속하는 것이다.

그러나 참으로 무징이기 때문에 차별하는 자로서의 무징과, 표상하는 자로서의 무징을 혼동시킬 수 있게 된다. 즉 대칭적인 관계에 있어서 우월한 지위에 있는 것과 지의 생산에 있어서 초월론적 주관의 위치를 점하는 것이 혼동되는 언설이 가능하다는 말이다. 차별하는 쪽은 스스로 생산하는 지가 중성적이고 객관적이며 차별하는 쪽과 차별당하는 쪽 양쪽으로 열려있다고 계속 전제하고, 동시에 그러한 객관적인 지의 체제가 차별하는 쪽의 점유물이라고 주장하는 것이 가능해진다는 것이다.

일반적으로 배제되는 자가 배제대상으로서 의식되는 것에 반해, 배제하는 자는 주관적으로 의식되는 경우가 거의 없다. 혹은 이렇게 말하는 방식도 있을 수 있다. 배제하는 쪽은 스스로를 '상식'화된 투명한 일상성이 된 보편성으로서 제시하고 배제되는 쪽을 정상에 대한 이상, 혹은 '현재화'(顯在化) 된 특수성으로서 제시하려고 한다고. 이 정상-이상과 투명-현재의 대립을 거꾸로 하는 데 있어서 유징의 사람들이 유징-무징의 구분 그 자체를 통해 저항의 주체를 만들어내려고 하는 경우가 있다. 더욱이 이러한 저항에의 주체를 구성하는 데 있어서 그러한 주체로서 자기확정하는 사람들은 '자기인지'의 의례를 통해 스스로를 자기확정하려는 의지를 확인함과 동시에 타자와 때로는 적대자를 향해 이제까지 묵살되었던 스스로를 인지할 것을 요구하는 경우가 있다. 60년대에 미국의 시민권운동에 있어서 '흑색은 아름다움이다'라는 슬로건이 미국사회에서 유징으로서 배제된 사람들에 의하여 스스로를 저항의 주체로 구성하기 위한 의례로 사용되었다는 것은 잘 알려져 있다. 정치경제적으로도 압도적으로 불리한 입장에 놓인 자들이 백=우위/흑= 열위라는 가치판단을 보편적으로 타당한 상식으로 받아들이는 것을 거절하고 그 대신에 자기들을 용기있는 말하자면 주문(呪文)으로서의 이 슬로건을 선언함으로써 저항의 주체로서의 스스로들의 '자기확인'을 행한 것이다. '동일성의 정치'가 관계하는 이 투쟁은 '상식'이 강제해오는 스테레오 타입에 대한 싸움이고 더욱이 이러한 가치판단을 투명하고, 무징인 것으로 하는 것은 참으로 아프리카계 미국인들이 살아온 역사 그 자체의 존재를 증명하는, 그들에게 있어서 불평등한 정치 경제 문화체제 그 자체였다. 가치적으로 열위에 놓인 자가 그 입장에 정색을 하며 "검은 것이 어디가 나쁘냐"라고 반론하는 것은 그 역사적인 문맥에 있어서는 당연시되는 '상식'의 보편성이 사실은 지방적인 협애함의 속일 뿐이라는 점을 폭로하고 '상식' 안에 끼워 맞춰져 있던 가치판단을 규탄하는 역할을 하였다. 그러니 이러한 반식민지주 혹은 반인종주의 투쟁에서는 종종 저항의 주체가 식민지주의자 쪽이 사용한 분류법으로 자기를 규정하는 경우가 있다. 그런 한에서 '상식'에 대한 비판은 중간에서 끝날 수밖에 없고 탈식민지화의 과정은 중도에서 좌절하고 말아버린다.

인종주의 비판의 다양성

일반적으로 인종주의에서 상위에 선 것이 스스로의 인종주의를 과시하는 것은 아니다. 아시아인, 노동자, 그리스도교도, 자유주의자, 사회주의자, 일본인 등으로 자칭하는 인간은 있어도 스스로를 인종주의자라고 자칭하는 인간은 거의 없다. 즉 식민지주의나 인종주의도, 특히 독일의 국민사회주의가 행한 인종주의정책의 비참한 결과가 널리 보고된 제2차 세계대전 후에는, '인간은 모두 형제'라든가 '인간은 모두 똑같다'는 감상적인 휴머니즘(인류주의)의 논의를 단순하게 받아들이고 있을 뿐만 아니라 '인종'의 범주가 아니라 '인류'의 범주를 사용하여 적극적으로 자기주장하는 경우가 많다. 배제의 실행은 예를 들어 '백인' 대 '흑인'이라는 범주에 따르려고 해도 배제하는 쪽은 스스로를 '백인'으로서 드러내지 않는다.

이러한 상황에서는 인종주의의 분류법에 따라 주체를 구성하는 배제된 쪽의 인간은, 거꾸로 인류주의의 보편주의에 대한 특수주의로서의 인종주의라는 모습을 스스로 선택해 취하는 것처럼 볼 수 있게 된다. 그러니까 인류주의의 보편성이라는 원칙을 믿고 뻐기는 인종주의자가 이러한 '자기인지'에 의해 주체를 제어하려고 하는 자들을 인류로서의 공통성이 아니라 인종이나 민족의 차이를 고집하는 인종주의자라고 부르고 인종주의의 그 피해자에게 스스로의 책임을 전가하는 듯한 사태가 일어난다. 스스로의 인종주의를 은근히 무시하여 상대방의 인종주의를 탄핵하는 것은 간단하거니와, 물론 그러한 인종주의의 규탄은 인종주의의 재생산밖에 되지 못한다. 똑같은 '인종'이어도 배제하는 쪽이 사용하는 경우와 배제되는 쪽이 사용하는 경우에는 미묘한 차이가 있고 이 차이는 정치적으로 결정적인 의미를 갖는 경우가 많다. 아마도 여기에 '인종주의'와 '민족주의'의 차이가 있을 듯하고 '민속주의'에는 저항의 계기가 있다는 것을 우리들은 무시할 수 없다. 동시에 저항의 계기를 잃었을 때 '민족'은 종종 '인종'으로 자리 바꾼다는 것을 잊어서는 안된다.

여기서 브라질, 오스트리아, 미합중국, 남아프리카공화국처럼 식민자가 원주민을 탄압하고 살 거처를 정하며 이민이 사회편제의 원리로서 수용되는 이른바 다민족·식민·이민수용국과, 프랑스, 일본, 영국처럼 식민자가 원주민을 탄압하는 과정이 역사적으로 장기간에 걸쳐 행해지다가 최근에는 없어졌기 때문에 주민들이 식민자로서의 의식을 상당히 잃게 되었고 이민을 송출하는 경우는 있어도 이민을 받아들이는 일이 적었던 이른바 단민족·원주·이민송출국에서 인종주의가 다른 종-류의 대립을 사용한다는 것은 주의해둘 필요가 있다. 일반적으로 국민국가와 근대사회는 후자의 국가—단민족·원주·이민송출국—이미지에 토대를 두고 고찰되는 경우가 많다. 그리고 다민족·식민·이민수용국가와 단민족·원주·이민송출국가에서는 국민주의라는 말이 다르게 사용되는 경향이 있다. 후자에서는 국민은 거의 모든 경우 프랑스국민, 일본국민처럼 국가의 관리 아래에 있는 인구의 전체와 동등하게 사용하는 경우가 압도적으로 많은 데 반해 전자에서는 다민족의 구성민족집단 각각에 대해 사용되는 경우가 많다. 따라서 전자의 경우에는 민족국민주의와 국가국민주의가 혼동되는 일이 적은 데 반해 후자의 경우에는 그런 구별이 희박하고 또한 전자의 경우에는 내셔널리즘이라는 말이 민족국민주의에 한정되어 의도적으로 사용되며(예를 들어 블랙 내셔널리즘이라는 식으로) 마치 국가국민주의로부터 내셔널리즘을 비난하는 자 자신이 자유로운 듯한 착각을 주는 경우가 종종 있고 국가국민주의의 입장(류)에서 민족국민주의의 입장(종)에 대한 비판이 이루어지며 국가국민주의에 내재하는 인종주의의 은폐 역할을 하는 경우가 있다. 류의 입장에 선 보편주의(전체로서의 사회 혹은 인류)로부터 종의 입장에 선 특수주의를 분리주의적인 것으로서 그 저항의 계기를 무시 혹은 부인하는 일이 종종 시도되어 왔다.

식민국가가 국가내 소수민족집단의 비판을 회유하고 또는 선교사나 식민통치정부가 식민지주민의 독립 요구를 회유하기 위해 사용하는 보편주의는 이러한 종류의, 스스로의 인종주의를 은폐하기 위한 인류주의이다. 동시에 인종주의적인 구분에 기초한 반식민지세력 쪽에서의 주체 구제(構制)가 식민지주의가 은밀하게 자기권위화를 꾀할 때 의존하는 '상식'의 이화가 아니라 거꾸로 그 상식을 강화하는 경우가 많은 것도 잊어서는 안될 것이다.

가치판단의 전제가 되는 분류법을 현재화(顯在化)시키고 무효로 만드는 일을 하지 않으며 '상식'을 인종의 우열관계에서만 비판할 때 사람은 자기의 동일성을 확인하고 자기인지하는 것의 정치성이나 폭력성을 보지 못하게 되고 만다. 확실히 배제의 역학과 우열관계를 바꿀수 있을지는 모르겠지만 식민지주의를 수용하는 역학을 통한 지배의 기제는 살아 남을 것이다. 즉 인종주의의 분류법은 배제 대상을 유징적으로 제시하지만 동시에 배제하는 자의 쪽을 무징적으로 규정(同定)한다. 배제의 실천은 배제하는 자에게 있어서 현재화되지 않는 암묵의 '자기인지' 의례이기도 하다. 즉 배제되는 자와 배제하는 자 사이에는 대-형상화의 도식이 개재해있고 대칭적으로 상상되는 한에서의 타자로서의 인종, 민족 또는 국민집단을 차별적으로 규정 유징화함으로써 배제하는 자는 스스로를 무징적으로 규정하고 있다. 그러니까 30년 전에 제임스 볼드윈이 훌륭하게 지적했듯이 배제하는 자는 스스로의 동일성을 유징적으로 배제된 자의 존재에 힘입고 있는 것이다. 배제하는 자들은 배제되는 자들이 또렷하게 표시되어 있지 않으면 자기들이 세계의 어디에 있든지 무관해져 버릴 것이다. [6]

---

6) James Baldwin, op. cit. 이 소책자에서 서양 중심주의에 대해서 서술해야만 하는 것은 모두 서술되어 있다고 봐도 좋을 정도이다. 그 일부를 여기에 인용해둔다. "행위하는 것은 스스로를 거는 것이다. 스스로를 건다고 하는 것은 위험에 몸을 내던지는 것이다. 그렇다면 대부분을 백인인 미국인들에게 있어서, 위험이라는 것은 그들의 동일성을 상실해 버리는 것이다. 어느 날 아침 눈을 떴을 때 태양이 비치고, 거기에다 별이 반짝반짝 빛나고 있는 상태를 상상해 보면 된다. 그런 상태는 자연의 질서로부터 벗어난 것이기 때문에, 분명히 당신은 위협을 느낄 것

저항을 위해서는 단결이 필요하고 단결을 위해서는 기존의 용어를 사용하여 주체를 구성하지 않으면 안된다. 그러나 이렇게 구성된 주체는 예전에 하나다 기요테루〔花田淸輝〕가 간파했듯이 식민지주의적 억압에 대한 저항에 선행하여 존재하는 것은 없다.7) 식민지주의가 없다면 반식민지투쟁을 통해 만들어지는 민족이나 국민이라는 주체는 존재할 수 없다. 인종도 마찬가지이다. 식민지주의가 들이대는 범주를 거꾸로 취해 내면화함으로써 국민, 민족, 인종으로서의 주체가 구성되는 것이다. 근대 중국이나 아시아 아프리카의 나라들만이 아니라 미합중국, 아르헨티나 등도 유럽 식민지주의에 대한 반발로서 국민주

이다. 우주의 격변은 어떤 것이라도 두렵다. 이것은, 그러한 격변은 개인의 현실 감각을 깊이 하는 데 거역하는 것이다. 즉, 흑인은 백인 세계 안에서 고정된 별로서, 부동의 기둥으로서의 역할을 완수해내는 것이다. 그렇기 때문에 흑인이 주어진 위치로부터 벗어나기 시작한다면, 하늘도 땅도 근본부터 동요해 버리는 것이다. 당신이 두려울 필요는 없다. 백인이 멋대로 정한 정의를 배신해서 당신이 생겨나는 것이 반드시 허용되지 않고, 당신의 고유이름을 당신 자신이 단언하는 것이 허락되지 않은 채로, 당신이 게토 안에서 파멸해 버리게 되도록 이 세상은 기획되어 있는 것이다라고 나는 말했다. 하지만, 당신은 그리고 우리들 중의 대다수는 이 기획을 좌절시켜온 것이다. 당신을 감금해 두면, 그들 자신의 안전이 보장된다고 믿고 있는 순진한 사람들도 마땅히 지독한 법칙, 역설적인 법칙 때문에 현실을 놓치기 시작하는 것이다. 하지만, 그들도 역시 당신의 형제인 것이다. 당신의 헤매고 있는 동생인 것이다. 그리고 '사회통합'이라고 하는 말이 뭔가를 의미한다면, 그것은 바로 다음과 같은 것이다. 즉, 우리들은 애정을 가지고 우리들의 형제들에게 자신들이 무엇에 지나지 않는다는 것을 각성시키지 않으면 안되고, 그들이 현실로부터 피하는 것을 막고, 현실을 변혁하기 시작하도록 지도하지 않으면 안 되는 것이다(pp. 23-24)." 더욱이 로버트 마이루스도 '백인'이라고 하는 나르시시즘적인 자기 동일성의 욕망에 있다고 서술하고 있다. 즉, 다른 인종주의 분류법은 백인의 나르시시즘이라고 하는 자기동일성이 요점이 되어서 연계하고 있다고 생각되는 것이다. 이 의미에서도 서양중심주의(그리고 그 배후에 있는 제국주의)와 인종주의는 뗄래야 뗄 수 없는 관계에 있다고 말하지 않으면 안 된다.
7) 「朝鮮民族の史的變遷」, 『花田淸全集』 第1卷, 講談社, 1979, 213-235(초판 1935년). 더욱이 다케우치〔竹內好〕도 국민적 주체의 구성에 대해서 유사한 견해를 갖고 있지만, '민족'에 대해서는 하나다 기요테루 같은 동료를 끝끝내 찾을 수 없었다. 『近代主義と民族の問題』, 竹內好全集 第7卷, 筑摩書房, 1981, 28-37.

체를 구성했고 스스로가 식민지국가화 또는 제국주의화하고 있음에도 불구하고 자국민이 반식민지-반유럽 독립운동의 주체인 척하게 만든 것은 이 때문일 것이다.

그리고 이렇게 구성되고 차별되는 자의 주체는 저항이라는 동기를 계속 유지해가고 차별하는 자에게 무징의 주체성을 계속 부여한다. 그리고 참으로 이 수준에서 배제된 자의 주체성을 유지하기 위한 특수주의와 배제하는 자의 보편주의는 상호의존-공범관계를 만들어내 버린다. 그러니까 배제된 자의 '자기인지'의 의례가 배제하는 자에 대한 항의로서 행해지는지도 모르고, 마침내 인종주의의 분류법을 승인하는 연기(演技), 그리고 최초에 이러한 분류법에 대들었을 식민지주의에 대한 반발이 아니라 '구애' 행동, 식민지주의에 의해 '인지'되고 싶다는 욕망의 표현이 되어버린다. 즉 식민지지배자 쪽의 나르시시즘적인 욕망을 만족시켜주고 싶다는 전이적인 욕망에 피지배자가 붙들리게 되고 마는 것이다. 그런데 이 과정을 통해 유징과 무징의 분배는 변하지 않는다. 식민지주의적인 관계의 구조는 상처 없이 남게 되는 것이다. 그러므로 식민지주의와 인종주의가 배제되는 자들이나 열위에 놓여진 소수자집단의 내면에 깊은, 치유하기 어려운 상처로 각인하는 것은 주어진 식민지주의나 인종주의의 분류법에 따라 '인지'되고 싶다는, 말하자면 고백하고 싶은 욕망이라고 말할 수 있다. 탈식민지화의 과정에서 가장 최후에 남는 가장 곤란한 문제는 이 '자기인지'라는 자기동일성에 대한 향수 어린 욕망에 연관되어 있다. '인지'의 욕망을 통해 식민지주의는 지배하는 것이다. 그리고 일단 이 욕망이 각인되면 지배자에 대한 규탄, 비판, 항의의 행위가 모두 '구애' 행동이라는 이유를 갖고 시작하게 된다. '힘에 대한 의지'는 '지배욕'(또한 그것을 뒤집은 '종속욕')으로 타락한다. 자기를 확립하려는 욕망은 '인정받고 싶다', '가련한 느낌을 받고 싶다'는 자기연민을 동반하는 자기동일성에 대한 욕망에 지나지 않게 되어버린다. 설령 그것이 폭력적이고 적대적인 형태를 띤다고 할지라도.

무징의 장소로서의 '서양'

인종주의의 보급과 서양중심주의

역사적으로도 지역적으로도 인종주의를 균질적이고 일괴암적으로 된 제도로 파악할 수 없다. 또한 인종주의적 분류법이 바로 인종차별을 구성하는 것도 아니다. 차별과 배제라고 말하기 위해서는 그것이 사회적 실천과 연결되어 있지 않으면 안되기 때문이다. 더욱이 인종주의적 실천이 되면 그 다양성은 더욱 커지게 된다. 서유럽 각지에서 일어나고 있는 비유럽계의 이민에 대한 폭력이나 남아프리카공화국에서 실시되고 있는 법제화한 인종주의의 실천으로부터 작년(1992년) 로스앤젤레스에서 발생한 경찰에 의한 인종주의적인 폭력의 실행과 재판소에 의해 그 폭력을 법적으로 정당화한 작업은 가장 알기 쉬운 예일 것이다. 이렇게 알기 쉬운 예를 인종주의적 실천의 견본으로 할 때 인종주의는 오히려 세계의 제한된 지역에나 보이는 현상처럼 여겨지고 말 것이다.

지역, 사회층, 역사의 단계 등의 특수조건을 고려함으로써 인종주의의 사례를 무수하게 집어내기 시작하고 비교인종주의라고도 할 고찰을 전개할 수 있을까. 사례의 수를 늘림으로써 인종주의의 가장 일반적으로 타당한 형태를 추출해낼 수 있을까. 그러나 미리 국지적 조건을 식별하고 사례비교에서 공통성과 차이의 일람표를 만들어내는 작업을 하기 위해서는 전세계를 인식에 있어서 널리 보려고 하는 관찰자의 입장이 전제되지 않으면 안될 것이다. 그러나 이러한 관찰자의 입장 정립 그 자체가 18세기의 자연사에 의한 인-류(공통성)와 인-종

(차이) 이라는 인종주의적인 분류법의 전제와 중복될 가능성이 있다는 것은 이미 지적된 바 있다. 즉 비교인종주의적인 관찰자의 입장은 무징과 유정의 구분에 기초하여 인종주의적인 주체 구성에 있어서 투명한 '상식'의 보편성을 참칭하고 배제하는 자 쪽의 논리에 영합하는 것이 되어버린다. 다시 말해 인류 전체에 통용되는 듯한 인종주의의 정의를 가정하지 않고 국지적으로 먼 곳과의 조우가 그때마다 우리들의 인종주의에 대한 이해를 변경하는 듯한 방식으로 문제에 접근하라는 요청을 우리들은 받고 있다고 말할 수 있다. 더욱이 우리들의 인종주의에 대한 이해가 미리 특수조건에 의해 한계지어져 있다는 것을 자각하면 그만이라는 것은 아니다. 그것은 '서양에서는'이라든가 '일본에서는'이라는 등의 단서를 붙임으로써 '서양 이외' 혹은 '일본 이외'에서는 인종주의에 대한 기존의 이해가 타당하지 않다는 것을, 국지적으로 먼 곳과의 조우에 앞서는 것이라고 미리 판단해두는 것은 아니라는 말이다.

그런데 인종주의가 근대세계에 편재하는 것은 어떻게 이해해야 할 것인가.

인종주의의 전파는 이질적인 집단이 만나는 곳에서 일어난다. 더욱이 인종주의의 전파는 인종주의 분류법이라는 지식의 전파이기 이전에 각종 차별의 실천으로서 생겨난다. 인종주의를 이해하기 위해 근대의 식민지주의를 이해하지 않으면 안되는 것은 이 때문이다. 즉 근대에 있어서 유럽세력권의 전세계적 확대와 떼어내 인종주의를 말할 수는 없다. 그러나 식민지주의가 부과하는 상하관계가 바로 인종주의적인 상하관계인 것도 아니다. 예를 들어 북미의 영국식민지에서는 17세기 말까지 아프리카에서 온 노예도 유럽에서 온 노예와 똑같이 취급되었고(학대받았고), 백인 주인이 흑인 남성 종을 강제적으로 백인 여성의 종에게 장가들게 한 것은 드문 일이 아니었다고 전해진다. 이러

한 노예경영은 18세기 이후가 되면 생각할 수도 없는 일이 되어버린
다.8) 더욱이 서반구 각지에 있는 영국의 다른 식민지에서도 인종주의
와 식민지주의의 관계는 한 가지 모습이 아니다. 북미식민지에서는
흑인과 백인의 혼혈자식의 사회적 지위가 존재하지 않게 된 것에 반해
카리브해의 영국식민지에서는 그러한 혼혈자의 사회적 범주가 성립하
게 된다.

　그렇다고 해도 식민지주의에 의해 만들어진 계급관계에 대한 사후
적인 정당화의 수단으로서 인종주의적인 분류법이 사용되었던 것은
거의 확실하다고 생각할 수 있다. 더욱이 이러한 분류법은 인종의 범
주에 의한 주체를 만들어 나간다. 식민지주의적인 지배관계에 있어서
지배하는 자와 지배되는 자의 계급관계를 기축으로 하여 인종의 범주
를 토대로 주체가 분절화되어 가는 것이다. 그러니까 인종주의적 분
류법은 인류의 특수범주로서 인-종을 규정하기 때문에 그 한에서는
인종은 인류의 하위범주에 지나지 않게 된다. 그러나 어떻게 해서든
지배하는 자와 지배되는 자의 관계가 보존되고 만다. 달리 말하면 지
배하는 것의 인종을 중심으로 하여 다른 인종이 조직된다는 것이다.

　현재 유럽중심주의가 종종 비판받지만 유럽중심주의를 다른 자민족
중심주의와 동렬에 놓고 말할 수 없는 이유는 여기에 있다. 아마도 모
든 민족, 인종이라는 규모의 집단(민족, 인종이라는 집단은 물론 근대
특유의 범주이다)은 스스로를 세계에서 가장 우위에 있는 집단으로서
자기확정하고 싶다는 욕망을 갖고 있다. 그런 의미에서 모든 민족, 인
종집단은 자기중심주의의 경향을 피할 수 없는 것이다. 그러나 근대
세계에서 이러한 자기중심주의들은 유럽중심주의를 제외하고는 성공
하지 못했다. 다른 자기중심주의는 예를 들어 중국의 중화사상처럼

---

8) George M. Fredrickson, *White Supremacy* (New York: Oxford University
Press), pp. 94-108; Edmund S. Morgan, *American Slavery, American Freedom*
(New York: W. W. Norton and Company Inc., 1975), pp. 316-337.

제국주의에 의해 박살났던 것이다. 자민족중심주의를 유지하기 위해서는 국제세계로부터 완전히 몸을 빼내던가 이 세상을 떠나 피안에서 자기확정의 욕망을 실현할 수 있기를 기대하는 것밖에 없다. 즉 식민지주의에 의해 패배당한 사람들은 자기의 인종, 민족, 국민적 주체를 확립할 때, 늘 식민지주의의 문맥에서 지배하는 자를 대칭적으로 참조함으로써 자기확정할 수밖에 없다. 더욱이 주체의 구제(構制) 과정에서 지배하는 자의 모든 제도들은 내면화되고 지배하는 자는 무징의 대칭항으로서 참조되는 것이다.

즉 근대에 있어서는 유럽 이외의 자민족중심주의는 유럽중심주의를 그 음화로 늘 가지고 다니게 된다. 인종, 민족, 국민이라는 주체가 유징인 것에 반해 그렇게 참조되는 무징의 대칭항인 유럽은 명확하게 규정되지 않는 것이 보통이다.

민족, 국민이라는 범주는 인종과는 다른 범주이다. 따라서 반식민지주의・반제국주의 투쟁에 있어서, 예를 들어 베트남의 국민적 단결은, 먼저 종주국인 프랑스에 대해, 그 다음에는 미합중국에 대하여 달성되었다고 말해야 할 것이다. 그러니까 베트남의 국민주의의 대칭항이 되는 것은 프랑스의 국민이고, 그 다음 미합중국의 국민이라는 것이 당연한 것처럼 생각될 수 있다. 그런데 식민지에 있어서 상하관계는 국적의 상하관계임과 동시에 인종의 상하관계로서도 표상되어 버린다. 다시 말하면 베트남의 주체에 대한 것은 어떤 막연한 유럽인이라는 것이 되고, 그 다음에는 백인이라는 인종의 범주가 되어버린다. 식민지체제에 있어서 지배자의 위치를 점하는 것으로서 서양 혹은 유럽의 막연한 대표로서의 백인과, 식민지체제에 있어서 차별하는 쪽의 사람의 집단을 무매개적으로 동일시해서 안 되는 것은 이 때문이다.

인종, 민족, 국민은 종종 자리바꿈을 하는 것이라고 이야기했다. '일본인'이라는 '국민'은 종종 '일본민족'과 똑같은 뜻으로 사용되고, 때로는 '일본민족의 순수한 피'라는 식으로 '일본 인종'의 의미로 사용되어버리는 경우가 많았다. 그런데, 유징의 측면만이 아니라, 무징의 측면에서도 이러한 자리바꿈이 일어난다. 그것은 유럽이라는 규정 그 자체에 일어나고 있는 것이다. 물론 복수의 국민으로 이루어지는 '유럽'을, '일본국민'을 '일본민족'으로 교환하듯이, 직접 국민으로 자리바꾸는 것은 무리일 것이다. 그러니까, '유럽'이 다른 방향으로 자리바꿈을 하는 것은 일본에서 발표되는 출판물에서도 빈번하게 유럽, 서양, 구미라는 지시어가 마치 교환가능한 것처럼 사용된다는 점에서 가장 잘 나타나고 있다. 유럽은 동쪽은 아시아로부터, 서쪽은 아일랜드로부터, 북쪽은 핀랜드로부터, 남쪽은 스페인에까지 이르는 지정적인 영역을 나타내는 경우가 많다. 서양은 동양 혹은 비서양에 대한 범주에서, 비서양을 어떻게 파악하는가에 따라 그 지시 영역은 어떻게든 변할 수 있다. 전후의 냉전기 중에는 서양(The West는 서쪽 세계라고도 번역되었다)이 자유주의경제체제 아래에 있는 모든 나라들을 의미하고 동양이 사회주의체제 국가를 의미하는 경우도 있었다. 일본도 서양의 일원으로서 방위의 의무를 부담해야 한다는 논의가 나오는 것도 이러한 서양에 대한 이해에 토대를 둔 것이다. 그리고 구미란, 서유럽과 북아메리카를 가리킬 것이다. 아주 제한된 문맥에서는 어떠한 말도 명확한 것처럼 생각될 수 있다. 그러나 유럽, 서양, 구미에 공통되는 중심적인 지시대상을 구하려고 하면, 완전히 모르게 되고 말 것이다. 이 정도로 유동적인 규정인 유럽, 서양, 구미에 대하여 어떻게해서 마치 상호교환가능한 것처럼 이야기되는 것일까. 또한 왜 자민족중심주의라고 하는 말을 할 수 있는 것일까.

서양과 '접촉영역'

'유럽'도, '서양'도, '구미'도 인종으로서의 '백인'을 규정하는 데에서 자유롭지 못하기 때문이다. 더욱이 '서양'이 지시대상이기 이전에 하나의 주체라는 것을 느끼지 못하기 때문이다. 엄밀하게 말하면 영국에 있는 우간다에서 온 이민도, 프랑스에 있는 베트남에서 온 난민의 자식들도, 미국의 아프리카계 미국인도 모두 서양인일 것이지만, 그렇게 생각되지는 않는다. 또한 거꾸로 대다수의 아르헨티나 사람도, 오스트리아에 주재하는 영국인의 자손도, 또한 남아프리카 연방의 백인도 비서양인이지만, 그렇게 자기를 규정하는 사람은 놀라울 정도로 적다. 그들은 여전히 자기들을 서양인으로 생각하고 있다. 유럽이나 서양이라는 규정을 둘러싸고 유럽에서도 미국에서도 인종 분쟁이 일어나는 것은 이 때문이다. 이러한 분쟁에서 유럽 쪽에서 자기를 규정하고 싶은 인간은 종종 서양의 문명에 대한 애착이라든가, 유대 그리스도교의 전통이라는 표제어를 걸고 논쟁을 전개한다. 단순하게 인종으로서의 동일성에 지나지 않는 것을 문화나 전통에 결부시켜 스스로를 유럽이나 서양의 대표자인 것처럼 말하려는 것이다. 그리고 서양을 일관된 전통으로서 옹호하고 단결하기 위한 기반으로 삼으려는 시도는 결국 인종의 범주로 되돌아갈 위험을 감수할 수밖에 없을 것으로 여겨진다. 서양이라는 주체를 구성하기 위해서는 배제가 필요하고 그 배제를 '자연화'된 범주에 바탕을 두고 행하게 된다.

'유럽'도 '서양'도 각각의 문맥에 놓이면 명확하게 한정시킬 수 있지만 문맥이 혼란될 때 뭔가 신비화된 주체로서 이야기되어 버린다. 이러한 많은 다른 문맥들을 모아 의도적으로 서양에 혼란주의를 불러일으킬 수 있는 것은 '서양'-'백인'-'보편성'이라는 연계가 단순한 역사적 우연임에도 불구하고 개념적으로 연관되는 것처럼 표현할 수 있기 때문이다. 그것은 '서양'도 '백인'도 '보편성'도 무징의 측면에 놓여져 있고 새삼스럽게 주제화되는 경우가 적었기 때문이다. 즉 서양은 무징의 주체로서 서로 무관계한 혹은 모순하는 규정을 모아놓고 있다. 그러니까 서양은 명확한 한정을 늘 피해가면서 모순된 규정을 포용하는 논리적인 장소와 같은 것으로 생각하는 편이 좋다.[9] 근대세계에 있어서는 비서양의 민족, 국민은 모두 이 서양에 있어서 유정화되고, 주제화되며 주어로서 정립되고 더욱이 민족, 혹은 국민으로서의 자기동일성을 획득한 것이다.

여기에서 '서양'이라는 주체의 구제(構制)와, 식민지주의 혹은 인종주의에 대한 투쟁에 있어서 지배되고 배제된 자의 주체의 구제 사이에는 커다란 차이가 있다는 것을 다시 확인해두자. 독립운동에서 구성되는 주체는 유정이고 주제적으로 표상되지만 서양의 주체는 무정으로서 일반적으로 주제화되지 않고 그 대신에 지배되는 쪽도 지배하는 쪽도 공통으로 의존하는 상식의 기체(機體)로서 구상된다. 물론 공통적으로 의존한다고 해도 사실상 그러한 보편성을 검증할 수는 없다. 지배되는 쪽은 그러한 검증작업에서 미리 배제되어 있고, 보편성을 검증하는 자 자신이 검증되어야 할 상식에 의존하고 있기 때문이다. 에드워드 사이드가 일찍이 오리엔탈리즘이라는 제도의 한 가지 기능으로서 해석해 보였던 것처럼 상식의 보편적 타당성은 상식에 이의를 제기하기도 하고 이화(異化)하려는 입장을 미리 제도적으로 배제함으로써 유지된다. 거기에서는 단독성에 길항(拮抗)하려는 보편성은 결

---

9) 논리적 '장소'는 어쨌든 다음과 같이 정의해둔다. '장소'는 거기에 있어서 술어적 한정이 생겨나는 아리스토텔레스가 '기본'이라고 부르는 것이다. 또 동시에 '장소'는 술어적 한정에 선행하고, 거기에서 모순이 생겨나고, 그 한계에서 모순률을 초월하는 어느 수용체이고, 그 의미로 플라톤이 '코라'(chora)라고 부른 것의 본연의 모습이다.

'서양철학의 전통'에서 유래한 이 개념 **논리적 '장소'**는 말할 것도 없이 '장소'와 '코라'에 대해서는 니시다키 타로우〔西田幾多郎〕에 의해서 조어되었지만, 무정의 주체로서의 '서양'을 해석하는 것에 유효할 것이라고 생각된다. '장소'와 '코라'에 대해서는 西田幾多郎, 『西田幾多郎全集』 제 4・5・6卷 (岩波書店, 1965)과 Julia Kristeva, *La révolution du langage poétique* (Paris: Éditions du Seuil, 1974; 原田邦夫 譯, 『詩的言語の革命』I, 勁草書房, 1991)를 참고 바람.

코 일어나지 않으며 그런 의미에서 보편성은 기존의 보편주의의 실천 계에 있어서 일반성의 반복으로서만 나타난다. 보편성의 검증은 지배 되는 쪽의 단독성을 소거하고 지배되는 쪽을 순화된 특수성으로서만 표상하며, 그런 한에서 동어반복적으로 이루어질 수밖에 없게 된다. 즉 이 '서양'이라는 이름의 논리적인 장소에서는 모든 특수성이 '서양' 에 소유된 특수성으로서, 피히테의 관념론에서 주체에 대해 세계가 그러한 것처럼, '서양'이라는 주체의 표출물처럼 수용되어 버린다. 그 것은 서양이 나르시시즘적으로 구성될 수밖에 없기 때문이고 그 때문 에 주체의 구제(構制)가 서양의 경우에는 스스로의 편재성을 강조하 는 것으로 이루어지고 더 정확히 말하면 스스로의 편재성을 고집하는 것으로서 이루어진다. 즉 서양이 나르시시즘적이라는 것은 서양이 자 기의 모습에 매혹당한 '자기인지'를 끊임없이 요구하고 자기 이외의 다 른 사물에 관심을 돌리지 않게 하는 것이 아니라 어떤 것을 보든 그것 을 자기의 이미지로 물들여 버린다고 하는 사태를 나타내기 때문이다. 즉 서양은 모든 사상(事象)에서 자기의 그림자를 보려고 하고 자기의 우월성을 나타내는 증거를 발견하려고 한다. 그러니까 더 넓게 말하 면 '서양'의 보편주의는 사실 이러한 자기편재성이라는 자신감을 무너 뜨리게 될 타자의 타자성=단독성에 대한 공포, 불안으로서, 즉 '서양' 이라는 주체의 구성에 매달리는 피해망상적인 징후로 독해할 수 있는 것은 이 때문이다.

더욱이 '서양'이라는 주체는 지정적인 영역으로서의 유럽 안에서부 터 내발적(內發的)으로 생성하는 것도 아니다. 메어리 루이즈 브라트 가 '접촉영역'(contact zone)이라고 부른 조우의 장소에서의 식민지적 지배관계에 대한 반발을 통해, 비서양의 '민족'이나 '국민'이 주체를 구 성하는 것과 마찬가지로 '서양'도 또한 외발적으로 주체를 구성하는 것 이다. 10) '서양'은 서양-비서양의 차이를 단편화시킨 계열에 의해 구성된 주체이고 불가분체(不可分體) 혹은 개체 (individium)는 아니다. 서양은 한편에서는 비서양을 자기확립하기 위한 대칭적인 타자(the self-consolidating other)로 재현-표상하는 것을 통하여, 접촉영역에서 자기를 구성한다. 11) 그러니까 내발적인 과거에서 미래를 향해 자기를 넘어나가는 단선적인 역사를 따른 내발적인 주체구성의 모델은 '서양' 에도 바로 적용되지 않는다. '서양'에서는 근대적인 국민이 내발적으로 나타난 것에 반해 비서양에서는 근대적인 국민이 외발적으로 나타났다고 하는 사고는 그 자신이 식민지주의의 관계에 있어서 '서양'이 무징이라는 것의 효과에 불과한 것이다. 그것은 '서양'도 또한 외발적으로 나타났지만 참으로 무징의 주체이기 위해 자기확립을 위한 대칭적인 타자에 대한 의존관계를 은폐할 수 있다고 말하는 것에 불과한 것이다. 서양이든 비서양이든 인종, 민족, 국민이라는 근대적인 주체는 외발적으로 구성되고 대-형상적인 도식에 의해 매개될 수밖에 없는 것은 이 때문이다. 자국민의 이미지를 재현-표상함으로써 주체를 만들어내기 위해서는 어떻게 해서든지 대조적인 타자의 형상이 필요한 것이다.

'서양'의 주체의 구성과, 식민지주의 혹은 인종주의에 대한 투쟁에 있어서 지배되고 배제된 자의 주체의 구성 사이의 차이 한 가지를 들어보자. 비서양의 각각의 민족은 자기확립을 위한 대칭적인 타자로서의 대칭항을 갖지만, 그것들 대부분이 '서양'에 집중하고 있다는 역사적인 사실이다. 이 사실은 더욱이 비서양의 국민들이 다른 비서양의 국민들을 알고 교류하기 위해서도, '서양'을 경유하지 않으면 안된다

---

10) Mary Louise Pratt, op. cit.
11) Chandra Talpade Mohanty, "Under Western eyes, feminism scholarship and colonial discourses," *Boundary* 2, 12-3/13-1 (Spring/Fall 1984), pp. 333-358. 또 동아시아의 문맥에서 이 문제의 훌륭한 분석으로서는 Rey Chow, *Woman and Chinese Modernity* (Minnesota: University of Minnesota Press, 1991)를 참고 바람.

는 짓기의 정치를 규정하고 있다. 예를 들어 일본에 주재하는 사람이 만일 라틴 아메리카, 중동, 아프리카 사람들과 교류하려고 할 때 근대 '서양어'를 사용하지 않으면 안된다는 것이다. 즉 일본에서 비서양의 '현지어'를 알고 있는 사람의 숫자는 놀랄 정도로 제한되어 있고 또한, 이러한 나라들에서는 일본어를 아는 사람의 숫자는 더욱 적기 때문이다. 현대세계에서 국제어 즉 비서양세계의 나라와 나라를 연결시키는 언어는 대체로 '유럽어'이다. 그것은 영어이고 스페인어이며 프랑스어이다.

물론 '서양어'의 편재성은 근대의 역사가 서양식민지주의의 역사였기 때문이고 우리들은 이 역사적인 축적을 무시해서는 비서양의 사람들과 거의 교류할 수 없다. 동아시아 일부에서 일본어가 보급되는 것도 일본의 식민지주의에 연결되어 있는 것이다(무엇보다 이 점에 관해서는 현재시제 혹은 미래시제로 말해야 할는지 모르지만). 특히 19세기의 영제국주의와 20세기의 미제국주의에 의한 영어의 보편화를 무시해서는 국제세계에 있어서 지식의 전달에 대해 어떤 것도 말할 수 없다. 동아시아에서조차도 젊은 세대의 많은 지식인들은 영어를 말하는 것부터 최근에는 영어로 교류하는 것이 주류가 되고 있다. 이처럼 비서양세계에 있어서 국민적 주체를 구성하는 정치와, 지식의 국제교류의 정치는 중복되어 있다. 제2차 세계대전 후의 세계는 많은 식민지가 독립했음에도 불구하고 지식전달에 있어서 '서양', 특히 영어의 국제적인 지배는 오히려 강화되고 세계의 정보는 영미권에 집중하는 늦한 사태를 나타냈다. 이것은 각 나라가 독자적인 국민적 매체를 갖고 있지 않다는 것과 각 나라에서 '국어'의 제도화가 진척되지 않는다는 것을 말하는 것은 아니다. 분립한 국민적 대중매체를 연계하는 공통 공약항의 역할을 영어가 하는 정도가 급속하게 증가한 것이다. 아마도 사상 최초로 지구의 어디에서도 통용될 수 있는 문자 정도의 국제

어가 성립했고 그리고 이러한 영어의 세계적인 보급이라는 의미에서
도 '서양'은 현대세계에 편재하게 되었다. 그리고 근대유럽어가 다른
언어에 대해 우위를 점하는 위계질서가 가장 새롭게 전개된 것이다.

서양과 정보의 집중

새삼스럽지만 확인해두자. 유럽어의 보급은 식민지주의의 종주국
언어가 확대된 것이다. 스페인어는 이베리아반도에 위치하는 하나의
국민국가의 이름을 아직도 보존하고 있고, 프랑스어도 마찬가지로 프
랑스라는 서유럽의 근대국민의 이름을 공유하고 있다. 또 영어는 대
서양의 북서부에 있는 일군의 군도 일부에 성립한 통일왕국(The
United Kingdom) 장소인 남부지방 잉글랜드의 이름을 띠고 있다. 이
것은 모두 식민지체제를 세계 안에 확대하는 과정에서 국어가 된 언어
이다. 즉 이들 언어는 종주국의 국어로서 성립한 것이다. 그런데 영어
나 프랑스어가 국어화된 영국민이나 프랑스 국민의 통일을 표현하는
언어가 되었다는 사실은 이들 언어들이 종주국의 언어라는 것을 나타
내는 것이지, 종주국의 주민에 의해서만 사용되는 언어라는 것을 의
미하는 것은 아니다. 그것은 식민지경영의 일익을 담당한 것으로서도
성립하였다. 즉 식민지에 있어서는 종주국에서 온 식민자는 현지인
혹은 식민지에 이주해온 노예나 노동자에게 자기 언어를 가르쳐주지
않으면 안된다. 그러므로 결과적으로 영어나 프랑스어는 잉글랜드나
프랑스의 영어나 프랑스어를 모어로 하는 사람들 이외의 사람들에 의
해 사용되었고 식민지주의가 성공하면 사용될 정도로 그 언어들을 사
용하는 사람들의 수는 증가한다. 인도, 홍콩, 캐나다, 오스트리아, 남
아프리카공화국, 미합중국, 동아프리카의 구 영국식민지, 싱가폴 등
에서는 영어가 널리 사용되고 있다. 그 외 구 소비에트연방이나 동유
럽, 일본, 한국, 멕시코, 중동에 위치하는 이슬람권의 나라들을 포함

하여 교육을 받은 관료, 과학자, 기술자, 비즈니스 지도자층은 거의 영어를 읽고 또 때로는 말한다. 그러므로 영어를 사용하는 인간이 거주하는 지역에서 말한다면 영어를 잉글랜드의 말 즉 영(국)어라고 부르는 것은 사실은 우스운 일이 될 것이다. 영어가 사용되는 지역이라는 점에서 말한다면 영어가 옛날부터 유럽의 언어라는 점을 중지시켜 버리는 것이다.

그럼에도 불구하고 영어가 잉글랜드의 국어라는 점을 의심하는 사람은 적다. 그것은 '옳은' 영어는 아직 잉글랜드의 사람들이 말하고 쓰는 국어라고 생각하고 있기 때문이다(19세기 이래 영어의 정의가 조금 넓어져 미어(美語)도 포함하게 되었지만 미국영어는 영어와 비교해 국어로까지 성공하지는 않았다). 그리고 미국영어의 정통성을 주장하는 논의도, 미어도 '옳은' 영어의 한 가지라는 표현법을 쓴다. 왜 세인드어, 홍콩어, 케냐어라고 하는 식으로 영어를 비유럽화하는 사고가 생겨나지 않았을까. 그러한 주장이 받아들여지지 않았던 데에는 그만한 이유가 있다.

'옳음'의 규범이 종주국의 주민과 식민지의 주민 사이의 권력관계에 겹쳐지는 식으로 형성되어 왔기 때문이다. 본가본원(本家本元, 원래)의 영어는 종주국의 인간이 떠드는 영어이고 식민지주민의 영어는 말하자면 방언이거나 가짜로 상상되어 왔기 때문이다. 그것만이 아니다. '옳음'은 배워야 할 학습을 동기짓는 것으로서 주어졌다. 종주국의 주민과 식민지주민의 관계를 단순하게 식민통치권력에 의한 강제억압의 관계로서 생각할 수 없는 이유는 이 때문이다. 종주국의 문화-언어는 식민지의 주민을 매혹하는 것이지 않으면 안된다. 그것은 종주국의 풍속이 매혹적인 것으로서 식민지의 사람들에게 받아들여지고 더욱이 그들의 상승지향의 욕망 안에 받아들여지지 않으면 안된다. 그러므로 영어의 '옳음'은 동시에 영국의 중심성과 상위성을 확인하는 것으로 제시되지 않으면 안되었다. 더욱이 영국의 중심성과 상위성은 식민지 주민 쪽이 자발적으로 상찬하는 것이지 않으면 안된다.

이미 영문학이라는 제도가 영국 본토에서는 없고 이러한 식민지라는 '접촉영역'에서 성립했다는 것은 알려져 있는 사실이다.12) 똑같은 기제를 통해 불문학도 세계에 보급되었다. 영어와 프랑스어의 다른 언어에 대한 상위성은 종주국의 문화의 매력과 결부되어 왔고 비서양 사람들의 상승지향의 욕망을 환기시키면서 확립되었다. 세계의 언어 사이에 세워진 위계질서는 이처럼 비서양사람들 자신에 의해 긍정되고 강화되었다. 그리고 비서양사회 안에 유럽어의 지식이 그 사회내의 계층화와 겹쳐지면서 보급되었다. 서양의 지식을 갖는다는 것은 그 사회 안에서 문화적으로 또는 기술적으로 우위를 점한다는 것을 의미했다. 일본의 근대에서 보듯이 서양화와 입신출세주의자의 상관관계에 대해서는 더 이야기할 필요가 없을 터이다.

다만 한 가지 확인해둘 것이 있다. 그것은 참으로 이러한 언어의 위계질서 때문에 아라비아어와 같이 전혀 다른 문맥에서 국제어로서의 위치를 유지하고 있는 언어를 제외할 때 유럽어 특히 현재로서는 영어는 가장 배우기 쉬운 언어이고 그 결과로서 가장 보편적인 언어라는 점이다. 배우기 쉽다는 것은 발음의 측면과 문법적으로 쉽다는 언어 그 자체의 성격에 의한 것이 아니다. 일반적인 상승지향에 따라 배우기 위한 동기부여가 가능하기 때문에 많은 사람들을 영어가 매혹시킨다는 것이다. 영어를 배움으로써 세계의 많은 장소에서 취직의 기회가 증가하고 출세할 가능성이 생기기도 하며 상층계급으로 가는 티켓을 손에 넣을 수 있다고 믿어지고 있다. 이에 대해 유럽어를 모어로 하는 자가 하위에 있는 언어를 배우는 것은 매우 어렵다. 하층지향에

---

12) Gauri Viswanathan, *Masks of Conquest: Literary Study and British Rule in India* (New York: Columbia University Press, 1989).

따라 동기부여를 하는 것이 대단히 곤란하기 때문이다. 하위에 있다고 생각되는 언어를 배움으로써 상층계급으로 가는 티켓을 손에 넣는 것도 출세가능성을 얻는 것도 적기 때문이다. 가능한 한 그러한 언어의 전문가로서 보통 사람들이 갖고 있지 않은 지식을 가질 수 있는 정도일 것이지만, 대체로 그러한 하위에 있는 언어에 흥미를 갖는 사람은 적기 때문에 전문지식을 피력할 수 있는 기회도 적다. 사람은 상위에 있는 언어를 동경하며 배운다. 그러나 하위에 있는 언어는 원주민을 교화한다는 사명감에서든 원주민으로부터 이득을 얻어내기 위한 도구로서든 혹은 이국취미의 대상 이외에 배워야 할 이유를 찾아내는 것은 매우 어렵다.

그럼에도 불구하고 이러한 흐름을 거슬러 하위의 언어를 막대한 시간과 노력을 들여가며 배우는 사람들이 있다는 점은 새삼스럽지만 확인해두지 않으면 안될 것이다.

즉 외국어를 배우는 동기를 만들어내자면 사람들 사이에 세계언어의 위계질서와 그러한 언어들의 배치도라고도 해야 할 것이 내면화되어 있지 않으면 안될 것이다. 이 배치도는 인체미의 유형의 위계질서와 기묘한 중복을 이루고 있다. 더욱이 이러한 언어의 위계질서도 국제세계의 '공통감각'에 각인되어 있고 이미 심정의 법칙이 되어버리고 있다. 예를 들어 명치시대의 가토 히로후미〔加藤弘文〕나 후쿠자와 유키치의 저작은 이러한 시점에서 볼 때 어떻게 해서든 상승지향욕망의 기초가 되는 이러한 배치도를 일본 민중 사이에 보급해야 한다는 문제의식에 투철했다는 것을 알 수 있을 것이다. 동시에 이러한 언어의 위계질서는 모든 국민들 사이의 위계질서와 중복되고 인종 사이의 위계질서와도 연대하는 경우가 많았다. 인종주의의 분류법은 우리들이 상식으로서 갖고 있는 세계의 모든 언어들의 배치도에도 침투해 있으며 그것을 단순히 '서양'이 비서양에 강제한 것으로 볼 수 없다. 물론 '서양'이라는 동일성과 자존이라는 사고는 비서양으로부터의 동경의 시선에 의해서도 지탱받고 있고 '서양'의 자기확인은 비서양의 상승지향에 의해서도 유지되고 있다. 그러므로 가토 히로〔加藤弘文〕나 후쿠자와 유키치〔福澤論吉〕의 작업은 일본국민의 주체의 제작에 즈음하여 일본 국민에게 어떻게 하면 인종주의의 분류법을 내면화시킬 것인가라는 점을 둘러싸고 이루어질 수밖에 없었다. 일본국민의 동일성도 또한 '서양'을 자기확정하기 위한 대칭적인 타자로 여기고 상위국민에 대한 동경과 하위국민에 대한 우월의식을 규정하는 인종주의의 분류법을 경유하여 만들어질 수밖에 없었다. 전전 중국에 대해 일본의 많은 지식인들의 깔보는 듯한 태도는 일본이 근대세계에 순응한 사실에서 유래하는 거의 불가피한 결과였다. 아르헨티나, 미합중국, 이탈리아, 남아프리카공화국 같은 국민들처럼 일본국민도 또한 근대세계 안에서 '이식문화'(transculturation)를 통해 그 주체성을 만들어낸 것이다.[13]

보수주의의 대두와 '서양'

서양의 확대와 확산

오늘날 상업활동의 습관, 교육제도에서 전제되고 있는 인간의 능력이나 그 평가방식, 의료위생에 관한 자기신체의 취급방법, 정치제도의 운용 방법 등이라는 점에서 일본과 '서양'을 구별하는 것은 거의 의미를 잃었다고 나는 생각한다. 물론 일본이라고 해도 지방의 차이, 계급차이, 성차 등에 의한 다양성이 있지만 '서양'에는 더 많은 다양성이 있다. 그러니까 '서양'을 규정하는 공통된 특징을 발견하는 일은 대단

---

13) '이식문화'에 대해서는 이하를 참고바람. Mary Louise Pratt, op. cit.

히 어렵다. 예를 들어 그리스도교의 전통이라는 '서양'에 고유한 특징을 예로 들어보자. 그렇게 보면 '서양'에는 페루, 필리핀, 에디오피아가 당연히 포함될 것이다. 그러나 고도로 발달한 자본주의를 생각해보자. 그러면 '서양'에는 싱가폴, 일본, 대만이 포함되고 포르투칼, 보스니아, 알마니아, 아일랜드는 제외될 수도 있다. 더욱이 '서양'과 근대를 결부시켜 생각해보자. 예를 들어 '서양'의 일부가 되는 폴란드와 일본을 경제, 교육, 종교, 일상상식 등의 점에서 비교해보면 좋다. 소위 근대사회의 특징이라는 점에서는 일본은 더 근대적이고 폴란드는 전근대적이라는 판단이 나올 가능성이 많이 있다. '서양'은 앞에서도 말했듯이 논리적인 '장소'와 같은 것이고 하나의 동일성으로 규정하려고 하면 몇 가지 모순들이 나오기 때문이다. 그럼에도 불구하고 참으로 국제세계를 통합한 위계질서의 배치도 때문에 근대화는 곧 서양화로서 표상되는 경우가 많았다. 그러니까 근대화는 세계 각지에 '서양'의 독점물이라고 여겨지는 것을 분배 확산시킨 것이다. 영어가 그 한 가지 예이다. 비서양은 그러한 '서양'의 제도를 배워 내면화시켰다.

그러나 일단 그 서양적인 모든 제도들이 보급되어 버렸을 때 '서양'과 '비서양'을 구별하는 방법을 어디에서 구하면 좋을까. 20년 정도 전까지는 과학기술이 서양문명의 한 가지 특징으로 생각되었지만 현재 과학기술에서 서양의 본질을 구하는 사람은 더 적어졌다. 과학기술이 그 보편성 때문에 비서양세계에도 널리 보급되었던 것 외에 예를 들어 1930년대 이래 세계의 과학기술의 중심이라고 생각되었던 미합중국에서 과학기술개발 담당자가 차례로 아시아계의 사람들에게 이전되었던 것도 관계될 것이다. 과학기술을 지정적인 영역에 한정시킬 이유가 점점 더 없어지게 된 것이다. 일정한 경제적 사회적 조건이 있는 곳에서는 어디든 과학기술이 발전한다. 그리고 언뜻 보아 문화적으로 이식이 곤란해 보이는 언어에도 똑같은 일이 일어나는 것은 이미 보았다. 현재 영어를 말하는 사람들은 세계에 확산되어 있고, 이미 영어를 영국이나 미합중국에 한정시킬 수 없듯이 정보는 식민종주국의 언어 매체를 통해 유럽이나 미합중국으로부터 세계에 확산되어 있으며, 영어의 보급은 그 과정을 더욱 대폭적으로 촉진시켜 왔다. 물론 확산과정에서 영국의 표준어에서 보면 온통 잘못 투성이의 영어가 되는 잡종화나 방언화, 즉 영어의 비유럽화는 과학기술의 비유럽화가 일어났던 것처럼, 당연히 일어났던 것이다. 잘못된 영어와 올바른 영어의 일견 명료한 구별도 역사적인 과정에서는 차례로 상대화되고 '본래'의 영어와 '비본래'의 영어와의 구별은 어려워지게 된다. 현재 영어는 국민전통으로도 인종으로도 민족으로도 한정시킬 수 없는 것이다. 마찬가지로 '서양'은 종교로도 지식으로도 소득 수준으로도 한정시킬 수 없게 되어버렸다.

더욱이 정보만이 아니라 급격히 불어난 난민이나 이민의 숫자가 식민지와 구 종주국 사이를 흔들어놓은 것은 주지의 사실이다. 그런데 종주국은 식민지를 잃었기 때문에 공식적으로는 구 식민지에 대한 정치적 혹은 행정적 우월성을 향수할 수 없게 되었다. 즉 경제 사업수단 외에 구식민지에 대한 우월성은 주로 문화의 정치를 통해 유지되게 된다. 즉 만일 현재 '서양'의 윤곽을 찾으려고 한다면 그것은 비서양과 서양의 위계의 차이를 만들어내는 구조밖에 없다. 예를 들어 영어와 다른 언어의 차이가 아니라 '본래'적인 영어와 '비본래'적인 영어의 차이라는 식으로. 그렇게 되면 '서양'은 배워야 할 것을 공급하는 원천, 그것에 대해 '비서양'은 배운 만큼 보람이 있을 정도의 매력을 갖지 못한 것이라는, 상승지향의 욕망을 구성하는 틀은 계속 남아있게 될 것이다. 서양은 비서양에서 자기개선을 위한 흥미를 가질 수 없고 비서양은 서양에 탐욕스러울 정도로 흥미를 계속 가질 것이라는 틀은 변하지 않을 것이다. 비서양은 서양을 학습하고 모방하려는 욕망을 계속 갖는다는 사태가 계속되지 않으면 안된다. 이러한 측면에서 생각하면 비서양은 서양에 대하여 구조적으로 우위의 입장에 놓여있다고 말할 수 있을 것이다. 비서양은 그 자기확정의 구조로부터 서양을 '따라잡아야 할' 운명에 처한 것처럼 볼 수도 있다. 그리고 서양이 비서양에 흥미를 갖는다 해도 즉 자기의 우위를 증명하고 싶다는 '서양'의 나르시시즘적인 구조는 변하지 않을 것이다. 그러나 이러한 틀 때문에 비서양은 서양에게 흥미를 나타내지만 비서양의 다른 부분에는 흥미를 나타내지 않으며, 비서양의 다른 비서양에 대한 흥미는 늘 서양에 의해 중계되어버릴 것이라고 말할 수도 있다.

서양에의 회귀

이러한 '서양'의 확산이 계속 일어나고 있을 때에도 여전히 '서양'의 동일성을 지탱해주는 것은 무엇일까. 도대체 무엇이 '서양'을 '비서양'과 구별시키는 것일까. 도대체 뭐가 '서양'을 '비서양'으로 용해시켜가는 것으로부터 구제되는 것일까. 현재 미합중국과 서유럽의 지식인 사이에 엿보이는 보수화의 경향은 '서양'의 확대나 확산에 연관되어 있다.

유럽의 나라들은 이전의 제국주의와 식민지주의를 청산하도록 압박을 받았다. 물론 식민지주의의 소멸, 식민지의존경제로부터의 탈피라는 문제가 거기에 있었던 것은 확실하지만 '서양'의 확대와 확산은 '서양' 지식인의 자기확정 그 자체에(그리고 '서양'을 자기확정의 대칭적인 타자로 하는 비서양 지식인의 자기확정에도) 문제를 안겨다준 것이다.

그러니까 '서양'이라는 동일성을 본질화하고 자연화하는 경향이 나온 것은 당연한 것으로 생각된다. '서양'의 동일성의 기초를 사회 경제 정치에 있어서 역사적인 변용을 초월한 항상적인 범주에서 찾으려는 바램을 거절하기란 매우 어려울 것이다. 당연한 일이지만 근대에 있어서 가장 빈번하게 사용된 역사적인 범주는 '인종'이고 인종과 혼동되어 이해된 '민족'이며 그러한 민족과 상관관계가 있는 것으로 이해된 '문화'이다. 이와 같이 생각된 '인종'도 '민족'도 '문화'도 모두 과거에 있고 더욱이 현재 그리고 미래를 향해 연속적으로 존재해간다는 의미에서의 초역사적인 범주로 파악된다는 점은 주의할 필요가 있다. 비서양에 대한 우위의 현실이 흔들리고 있을 때 비서양에 관계론적으로 한정된 '서양'의 동일성이 아니라 '다른' 것과의 상대적인 관계없이 '서양' 안에서 자기완결적으로 구성되는 '영원한 본질'로서의 '서양'의 동일성으로 회귀하려는 욕구가 증대하는 것은 당연할 것이다. 그리고 '서양'의 동일성을 이러한 의미에서의 초역사적인 범주에 기초지우는 것은 정치적인 정책이나 시민운동의 수준에서는 인종 혹은 민족으로서 이해된 한에서의 '서양인'에 속하지 않는 사람들을 비본래적인 '서양인'으로서 배척하든지 아니면 종속적인 위치에 놓는다는, 일종의 '양이'(攘夷) 운동을 동반하지 않을 수 없을 것이다. 즉 이러한 '서양에의 회귀'는 '서양' 안에 거주하는 비서양적인 요소에 대한 인종주의적 폭력을 반드시 동반하지 않을 수 없을 것이다.

　'서양'을 인종, 민족 그리고 공동체주의적인 문화로서 규정하든 규정하지 않든 간에 그 동일성을 유지하기 위해서 '서양'은 잡종성을 배제하고 서양과 비서양의 차별＝구별을 제도화한 폭력적인 식민지체제를 다시 만들어낼 수밖에 없을 것이다. 그리고 이제까지의 스스로의 식민지주의나 인종주의의 비판을 던져버릴 수밖에 없게 될 것이다. 여기에는 어떤 통절한 인식이 있다. 그 인식에 의하면 '서양'의 동일성에 있어서 인종주의나 식민지주의는 역사적 우연으로서의 '서양'의 주체구성에 있어서 부대조건이었던 것이 아니라 오히려 그 본질적인 요소를 이루는 서양과 비서양의 차이＝차별 그 자체를 만들어낸 것이 아니었을까. 즉 인종주의나 식민지주의가 소멸했을 때 '서양'도 또한 소멸할 운명에 있는 것은 아닐까.

각각 10년 동안 미합중국이나 서유럽의 지식인들 사이에는 한마디로 말해 '서양'에 대해 자기비판하는 능력이 감퇴하는 일이 일어났다. 그것은 일종의 '서양으로의 회귀'이고 유럽중심주의, 식민지주의, 인종주의에 대해 비판하려는 의지의 감퇴였다. 그것은 또한 변용과 확산 대신에 '서양'의 동일성을 고정시키고 자연화하고 싶어하는 원망이 차례로 드러나는 과정이기도 했다.

'서양으로의 회귀'에 대한 가장 뚜렷한 한 가지 예는 쥴리아 크리스테바에게서 찾아볼 수 있을 것이다. 1960년대 말부터 1970년대 초에 걸쳐 러시아 형식주의의 유산과 구조주의적인 문학텍스트 분석의 수법, 그리고 라캉의 정신분석을 결합시켜 페미니즘의 새로운 지평을 연 이 선구적인 사상가는 70년대 전반에는 『중국여인』을 대표로 하는 저작에서 서양중심주의와 남성중심주의에 대해 예리하게 비판했지만 70년대 후반 들어 마치 독일 낭만파의 궤적을 더듬어가듯이 가톨리시즘으로 강력하게 기울어간다. 그리고 흡사 서양의 사명을 일거에 받아들이듯이 '여자가 서양을 구원한다'고 선언하는 데까지 서양으로 회귀한다. 14) 여기서 문제로 삼지 않을 수 없는 것은 무엇보다도 먼저 '여자가'가 아니라 '서양을 구원한다'는 발상이다. 그리고 더욱이 '서양'의 무엇이 구원되지 않으면 안되는가 하는 것이 당연히 문제된다.

프랑스에 있어서 첨예한 이론가의 보수화를 논한 최근의 논문에서 비니프렛 웃헐이 말했듯이 크리스테바에게는 비서양에 대한 깊은 공포가 있다. 15) 그것은 비백인에 대해 기묘하게 굴절된 피해망상적인

---

14) Julia Kristeva, "The Speaking Subject," in Marshall Blinsky, ed., *On Signs* (Baltimore: The Johns Hopkins University Press, 1985), p. 216.
15) Winifred Woodhull, *Immigrants, Émigrés, and 'Nomadic',* forthcoming in Yale French Studies.

공포감이다. 1983년에 출간된 『기억』에서 그는 미합중국에 다음과 같은 이미지를 투사시킨 점을 지적한다. "라틴 아메리카나 아랍세계의 맑스주의혁명이 미합중국의 문턱에서 불만에 찬 신음소리를 내고 있는 지금, 이 이의신청에 대한 비판을 맞은 '미합중국이라는' 거인의 공간 안에서 움직이고 있을 때, 나는 자신이 진리와 자유에 접근하고 있다는 것을 느낀다. 이 거인은 제3세계라고 하는 점점 더 거대화해가는 골리앗에 대결하는 다윗과 같은 것이 되어가고 있다. 이 다윗은 많은 과오를 범한 곤란한 문제를 안고 있다. 그러나 우리들의 아이들이 참가해 오는 듯이 내가 꿈에서 보는 것은 이 다윗의 진영이다."16) 라틴 아메리카나 아랍세계의 사람들이 미합중국을 비판하는 것은 단순한 불만으로 해소할 수 없는 그 나름의 이유가 있기 때문이다. 그것을 제3세계 = 골리앗 대 제1세계 = 다윗이라는 일방적으로 종교적으로 편향된 비유로 취급하고, 더욱이 다윗의 진영에 가담할 것이라고 선언하게 된다면 바로 제3세계로부터 밀어닥치는 압도적으로 많은 수의 유색인종의 난민이나 이민의 파도에 저항하는 백인의 나라라고 했던, 1992년 가을 미합중국 대통령 선거에서 극우후보자가 이용했던 것처럼 '하얀 아메리카'라는 미합중국의 이미지를 환기시키고 말 것이다. 서양의 압도적인 우위가 믿어지고 있던 한은 서양중심주의비판을 행하지만, 서양중심주의비판이 사회관계를 변화시키기 위한 실효성을 발휘하려고 하는 그 순간에 크리스테바는 서양으로 회귀한다. 즉 그 여자의 서양중심주의비판은 메리어 브랫트가 '반정복'(anti-conquest)이라고 불렀던, 식민지주의의 폭력이라는 현실을 부인하는 몸짓에 불과했다는 것이다. 17)

---

16) Ibid. 더욱이 크리스테바의 원문은 Julia Kristeva, "Mémoire," *L'Infini*, no. 1 (1983), p. 54.

17) 더욱이 크리스테바의 서양중심주의의 비판이 내포하고 있는 서양중심주의는 이미 비서양의 페미니스트에 의해 몇 번인가 지적받아 왔다. Chandra Talpade

이러한 서양에의 회귀라는 자세는 얄궂은 것으로, 인종주의적인 배제의 논리에 대항하는 '국민적인 것'을 추구하는 과정에서 일어나는데, 서양의 식민지주의나 제국주의에 대한 비판을 지나쳐가며 크리스테바가 현재 귀속하려고 하는 프랑스국민은 자신감을 잃어버리고 말게 되고 일종의 우울병 상태에 빠지게 된다는 주장에까지 이르게 된다. 우울병 상태에서 탈출하기 위해서는 자신감 회복이 필요하고 자신감은 국민적인 오만함이라는 형태를 띠게 된다. 그것은 마치 어린 아이가 부모의 '응석을 받는' 것이고 좋은 의미에서 나르시시즘적인 자아상(la bonne image narcissique)을 갖는 것에 대응하는 것이며 건전한 국민주의를 위해서는 필요하다고 여겨지게 된다. 그 여자는 자기의 저서인 『우리 자신이 되는 이방인』(Etrangers à nous-mêmes)에서 외국인이었던 자신이 프랑스에서 학대받았지만 어떻게 해서 프랑스에 귀화했는가를 고백양식을 빌어 독자의 동정심을 일으키는 형태로 이야기하고, 저자 자신의 자기 연민이 그 후에 독자인 프랑스 국민 전체의 자기 연민과 중첩되었는지에 관한 논의를 진행시키고 있다. 그 여자는 먼저 '가엾은' 자기를 제시하고, 자기가 서양, 그리고 프랑스에 대해서 이런 생각만을 하기 때문에 서양이나 프랑스 국민이 나의 생각에 대꾸하지 않는다는 것이 어떠한 것인가에 대해 일종의 푸념을 늘어놓으면서 독자를 설득하려고 한다. 자기연민과 국민의 전체성에 대한 구애라는 몸짓으로 크리스테바는 자기연민을 통해 국민공동체를 재구성하는 것이 가능하다고 주장한다. 그 여자는 서로의 자기연민을 허용하는 '응석부림'의 공동성으로서, 말하자면 '상처받은 나르시시즘'의 상처를 서로 어루만져 주는 사람들의 공동성으로서, 프랑스 국민공동

Mohanty, op. cit. 이외에도, Gayatri Chakravorty Spivak, "French Feminism in an International Frame," in *In Other Worlds* (New York and London: Routledge, 1988) 외에도 다수의 논문이 있다. 푸코의 '고고학'의 훌륭한 전개로서 이 '반정복'이라고 하는 개념에 대해서는 Mary Louise Pratt, op. cit를 참고 바란다.

체 그리고 유럽공동체의 재구성을 제창한다.[18] 마치 아일랜드계의 많은 이민들이 19세기에 '하얀 아메리카'로 자기동일화를 기도했듯이, 그 여자는 아랍계, 아프리카계, 아시아계라는, '프랑스인같지 않은', '유럽인같지 않은', 그리고 '서양인같지 않은' 사람들과 자신을 대조시키고, 그러한 사람들보다도 자신이 프랑스인답고 유럽인답고 또 서양인답다는 것을 과시함으로써, 그 여자 자신이 프랑스에 귀화하는 과정에서 갖게 된, 프랑스 국민에게 자기가 받아들여지지 않는 것은 아닐까 하는 불안을 해소하려고 한다. 국민적 동일성에 대한 욕망이 배제적인 폭력을 환기시키는, 국민국가와 폭력이 연관되는 한 가지 측면이 예기치 않게도 그 여자의 저서에서는 그려져 있는 것이다.

그러나 프랑스인이 과거의 식민지주의라는 죄 때문에 상처입은 자아를 갖게 되었다고 말할 만큼 순진하게 '응석이나 부리는' 프랑스인관도 없을 것이다. 프랑스인만이 아니라 그 정도로 양심적인 국민은 어디에도 없다. 또한 서양의 비서양에 대한 폭력의 역사가 알려졌던 것은 겨우 최근의 일이고 1992년이 콜럼버스가 아메리카를 발견한 지 500년이 되는 해이지만, 아메리카 발견에 이은 유럽의 식민지주의라는 비참한 결과가 일반에게 알려졌다는 흔적은 없다. 콜럼버스의 아메리카 발견 500년의 의미를 확인하기 위해서 북아메리카에서 남아메리카의 끝까지 아메리카인디언의 뜻있는 사람들이 아메리카 발견 500년 축제의 모임을 열었는데 일부 매체를 빼놓고는 이 축제가 묵살되었다는 사실을 망각해서는 안될 것이다. 또한 불과 20년 전만 해도 우리들은 '서부극'이라고 불리는 소수민족학살의 드라마를 영화관이나 텔레비전의 스크린에서 즐거워하며 보았고, 유럽의 확대에 따르는 식민

---

18) Julia Kristeva, *Lettre ouverte à Harlem Désir* (Paris: Éditions Rivage, 1990), p. 21. Also cited by Woodhull, op. cit 및 *Etrangers à nous-mêmes* (Paris: Librairie Arthéme Fayard, 1988; 田利子 譯, 『外国人─我리들 안에 있는 것』, 法政大學出版局, 1990).

지주의에 관한 죄악감 등은 아직도 우리 마음 속에 스며들어 있지 않다. 크리스테바의 논의가 우스꽝스러운 것은 프랑스인 그리고 유럽인 일반을 마치 역사의 피해자인 것처럼 취급하는 데에 있다. 전후 일본에서도 유행했던 것이지만, 스스로를 피해자의 입장에 놓는 것은 식민주의의 책임을 심리적으로 회피하는 방법으로서, 이 때문에 제3세계는 유럽에 대한 가해자의 역할을 아직도 부담으로 지지 않고 있는 것이다. 즉 자기를 피해자로 보는 것을 허용함으로써, 프랑스국민 또는 유럽인이 '응석부리게 할' 수 있다고 믿고 있는 것 같다. 그러므로 '서양에의 회귀'는 이러한 '응석'을 받아줌으로써 일어나게 된다. 그런데 이 '응석받이'는 서양이라는 규정 자신이 비서양과의 관계성에 있음에도 불구하고, 프랑스 혹은 유럽 내부에서 비서양과 대화를 나누지 않고 문제를 처리하여 그 결과로 비서양인 라틴아메리카나 아랍세계를 몰아내는 그곳에, 내발적으로 혹은 자기완결적으로 서양이 스스로를 다시 세우려 도모한다고 믿고 있는 점에서 나타나고 있다. 즉, 식민지주의가 서양의 주체를 만들어낸 역사를 보지 않는 몸짓을 하고 있는 것이다. 비서양세계의 민족이나 국민의 주체성에 있어서 식민지주의가 결정적인 의미를 갖는 것과 마찬가지로, 서양의 논리적인 '장소'로서의 무징(無徵)의 주체도 또한 식민지주의에 의해 외발적으로 구성된 것이다. 그러나 크리스테바는 이러한 근대세계의 역사를 바로 정면에서 부인하는 것이다.

요 수년간 미합중국에서도 지식인의 보수화는 심하다. 그러나 물론 유럽에서처럼 이 보수화를 논의할 수는 없다. 사회체제도, 또한 역사적인 경력도 완전히 다른 토양이기 때문이다. 다만 공통적인 시야를 갖고 미합중국의 상황을 보게 되면, 이때까지 명료하다고 생각되었던 '서양'의 이미지가 갑자기 알 수 없게 되어버렸다는 점에서 그 까닭을 찾을 수 있을 것이다. 한편으로는 민주주의의 원칙이나 다민족국가로서의 성격을 과시했던 미합중국이 이때부터는 '서양'의 나라일 필요가 없다는 사실이 점점 더 분명해진 것이다. 헌법이나 그 외의 기본이념이 유럽에 기원을 두고 있다고 해도, 이것 때문에 미합중국이 '서양'의 나라로서의 자기인정을 하지 않으면 안된다는 이유는 특별히 없는 것이다.

말하자만 인종이나 성별에 의한 역사적으로 축적된 차별을 수정하기 위해서 취직 등의 기회를 적극적으로 부여함으로써 인종, 민족, 또는 성적으로 불리한 지위에 놓인 사람들을 원조하는 '정치적인 수정'(political correctness)이나, 유럽계 백인만이 아니라 다른 민족의 문화도 적극적으로 소개하고 교육해가려고 하는 복수문화주의(multi-culturalism)에 대한 반발이 많다는 사실은 미합중국을 어떻게 성격지을 것인가 하는 것과 연관된다. 반발의 주류를 이루는 것으로서, 미합중국이 기본적으로는 유럽계의 백인문화를 주류로 하여 구축된 사회인 이상 미합중국의 국민문화는 기본적으로 유럽문화를 모범으로 하기 때문에 이러한 모범이 없어졌을 때에는 국민통합이 잘 진행되지 않는다고 주장하는 사람들이 있다. 이러한 주장의 거의 대부분은 복수문화주의를 인종, 민족의 특수성을 강조하는 다원적인 특수주의로 단순하게 간주하고 복수문화주의가 특수주의와 보편주의의 사이의 공범관계를 넘어서려고 하는 이념적인 시도를 포함한다는 사실을 전혀 모르고 있다. 더욱이 그들 사이에는 정치적 수정은 아메리카 국민으로서 평등해야 할 인간을 무리하게 인종이나 민족성으로 구분하고, 그렇게 함으로써 차별을 용이하게 할 뿐만 아니라 국민통합을 방해하는 결과를 초래한다고 말하는 사람도 있다. 어떤 경우에든 비서양세계에서 온 문화가 미합중국의 주류에 합류하게 되는 것에 대하여 마치 크리스테바의 골리앗이라는 비유에 표현된 것 같은 공포를 읽어낼 수 있다. 국민통합을 꾀하기 위해서는 공유된 국민문화가 있어야만 한다는 전제 그 자체가, 조금 엄밀하게 생각해보면 사실은 불분명한 것일 뿐만 아니라 많은 애매성을 포함하고 있으며, 유럽계문화 혹은 전통이라고 해도 그것이 무엇을 가리키는지 명확하지 않다. 결국 이러한 입장은 유럽계의 집단문화가 독점권을 갖지 않으면 안된다는 주장을 의미하는 경우가 많다. 더욱이 유럽계의 집단이라고 하면 그 집단이 인종으로서의 백인으로 뒤바뀔 가능성이 대단히 크다. 즉 정치적 수정이나 복수문화주의에 대한 반발은 종종 서양문명에 대한 애정이라는 제목하에 압도적으로 다수인 비서양의 난민이나 이민이 제1세계에 들이닥칠지도 모른다고 하는, 위협적인 이미지를 환기시키거나 인종주의의 위계질서를 온존시켜야 한다는 주장으로 둔갑하는 것이다.19)

문화주의로의 경사(傾斜)

이제까지 이야기한 '서양에의 회귀'라는 주장은 인종주의의 분류법을 제창하며 등장했던 것은 아니다. 오히려 이러한 주장들은 정면에서 인종주의를 강하게 비판하고 보편적인 유(類)의 입장으로부터 특수한 종(種)이 분리되는 경향을 지적하고 탄핵하는 경우가 많다. 예를 들어 복수문화주의적인 교육은 사회를 통합하는 데에 필요한 공통의 생활습관이나 신화를 파괴하고 사회를 분할하는 결과를 초래하며 소수민족의 주장이 사회전체의 입장에서 볼 때 분리주의적이라고 비판

---

19) '서양문명에의 애정'이라는 것은 극우파 원(元) 네오나치의 데이빗 듀크가 대통령선거의 단계에서 사용한 선전문구이다. 듀크는 루이지애나주의 지사선거에서 백인표의 반 이상을 획득했고, 미국의 매스컴을 놀라게 했지만, 그 후 대통령 후보로서 출마했다. 더욱이 공화당의 대통령 후보 패트릭 뷰캐넌도 유사한 전술로 미국 유권자들의 애국심을 고무시켰다. 이들 보수파 정치가는 모두 비서양문화에 대해서 잠재적인 공포에 호소하는 의견을 전개하고 있다. 이 점에서 이른바 '재팬 패싱론'의 저술 *Japan 2000*(Andrew J. Dougheity, ed., Prepared by the Rochester Institute of Technology, February 1991)과 카렐 반 올프렌, 『日本/權力構造の謎』상 · 하 (篠原藤, 早川書房, 1990) 등도 이러한 '서양으로의 회귀'의 문맥에 두는 것이 가능할 것이다.

한다. 게다가 여기에서도 서양이라는 관념은 맹위를 떨친다. 소수민족이 아시아, 아프리카, 라틴아메리카(그리고 아메리카 원주민이 살고 있는 북아메리카)에서 들여온 문화는 그 자체로서는 결코 가치면에서 열등하지 않지만 미합중국을 만들어내고 있는 '서양'적인 가치나 문화와는 서로 뒤섞일 수 없는 것이라고 말한다.[20] 또한 근대의 민주주의적인 사회에서 이러한 비서양적인 문화들은 공존불가능하고 그런 의미에서 사실상 가치적으로 열등하다고 간주되는 것이다. 비서양의 문화나 사람들은 결코 그 자신이 열등하다고 말하지 않는다. 그 대신 현재에 있는 미합중국 사회에서는 '서양'적인 문화가 가치의 근본을 이루고 있는 이상, 서양에서는 비서양적인 것이 배제될 수밖에 없다는 것이다. 거기에서는 '반추태운동'을 광신적으로 추진하는 그리스도교 단체의 경우 그것이 민주주의적인 사회와는 공존될 수 있다고 이야기 된다. 즉 '서양'답다는 개념이 미리부터 가치적으로 우월한 것으로서 전제되어 있을 뿐만이 아니라, 유기적인 통일체로 간주된 문화주의자가 말하는 '문화'같은 것으로 사용되게 된다.[21] 비서양의 문화나 습관, 그리고 인간은 서양의 문화에 친숙하지 못하고 공존불가능하다는 결론이, 복수문화주의를 비판하고자 '문화'를 외부로부터의 침입자에 반발하는 유기적인 전체로 설정하는 전제에서부터 유도되어 나오는

---

20) 크리스테바에게서 보여진 듯한 비백인공포증은 미국에서는 '다문화주의'(multi-culturalism)에 대한 반발의 논의로서 전개되었다. 이른바 자유주의파 지식인의 상상 속의 서양인우위의 상실의 의식과 소수자집단에의 공포는 다음의 저술에 잘 나타나 있다. Arthur M. Schlesinger, Jr., *The Disuniting of America* (New York: W. W. Norton & Co., 1992; 都留重人監 譯, 『美國の分裂―多文化社會について の所見』, 岩波書店, 1992).

21) cf. Paul Gilroy, *There Ain't No Black in the Union Jack* (Chicago: University of Chicago Press, 1987); John Solomos, Bob Findley, Simon Jones and Paul Gilroy, "The Organic Crisis of British Capitalism and Race: the Experience of the Seventies," in *The Empire Strikes Back* (London: CCCS, 1982), pp. 9-46.

것이다. 그리고 복수문화주의를 비판하는 내면에는 소수민족의 사람들에 대한 동화주의의 위협적인 강제가 있다는 것은 말할 필요도 없다. 여기에서는 세계 어디서든 문화는 반드시 잡종적인 것이고, 다른 나라로부터 수입한 것을 포함하며, 내적으로 일관된 문화의 체계 등이라는 것은 문화주의자의 몽상에 불과하다는 점이 전혀 각성되지 못하고 있다. 그것만이 아니다. 습관이나 풍속의 차이, 정보전달의 부자유 등을 가져오는 타자와의 만남이야말로 우리들이 일상생활에서 간과하고 있는 차별과 기만을 의식하고 타자를 단독자로서 인정하려는 새롭고 평등한 사회관계를 만들어내는 데 절호의 기회를 가져다준다는 사실이 완전히 무시되고 있다. 즉 이러한 '서양에의 회귀'라는 논의는 근본적인 의미에서 사회성을 부정하고 '균질지향 사회성'에 바탕을 둔 채로 사회관계를 생각하려는 경향을 갖는다.

그때까지 소수자집단의 사람들이 드러나지 않았기 때문에 보지 못했던 사회문제가 지난 20년 정도 사이에 가시화되었기 때문에, 소수자가 분명하게 발언하기 시작했다는 사실과 '서양에의 회귀'를 분리시켜 생각할 수 없을 것이다. 그것은 일상생활에서의 여성에 대한 다양한 혐오감이나 억압의 구조가 개시되자, 부권주의로 회귀함으로써 도움을 구하려고 하는 일부 남성의 행동과 닮은 데가 있을지도 모른다.

영국에서는 제2차 세계대전 직후 식민지를 서서히 상실해가는 과정에서 사람들이 자기들이 남긴 식민지주의의 화근이 얼마나 추한 것인가라는 사실에 직면하지 않을 수 없었다. 영국경제의 부진과 연결되어 60년대 이후에는 식민지주의의 유산이 가시화되었다. 한편에서는 옛 식민지적 특권을 상실하고 식민지 종주국민으로서의 국민적 자신감 또는 자존심을 상실하게 되었다. 거기에서 옛 식민지에서 온 이민을 배제함으로써 영국민으로서의 국민적 동일성을 확인하려고 하는 운동이 일어나게 된다. 더욱이 이민반발운동은 인종이라는 말을 회피하거나 오히려 인종주의 반대를 제창하면서 전개되었다. 예를 들어 이민을 지지하는 반대운동의 일부에서는 네오나치의 인종주의가, 히틀러와 싸웠던 본래의 영국인의 정신이라고 하면서 애국적인 정서에 호소하기도 한다. 이러한 전략을 취함으로써 은밀하게 본래 '영국은 인종주의와는 관계가 없다', '영국인답다는 것은 반나치즘인 이상 다른 인종에 대한 편견을 포함하지 않는다'라는 슬로건이 무비판적으로 나타나게 된다.22) 그리고 이러한 애국심에 대한 강조는 기묘하게도 대처정권하의 민족순혈주의정책(民族純血主義政策)을 낳은 보수파의 반이민 캠페인에 동조하는 결과를 빚게 된다. 폴 길로이에 의하면 보수파의 논객인 알프렛 샤만은 이미 1997년에 다음과 같이 이야기하고 있다. "후진적인 외국문화에서 온 대량의 이민을 **우리나라**에 들여넣는다는 것은 애국심, 혼인형태로서의 그리고 경제적 단위로서의 가족, 공동생활과 학교에 있어서의 그리스도교, 그리고 성, 정직성, 공공에서의 옷차림이나 행동, 법의 존중과 같은 사항에 관한 전통적인 도덕심 등을 공격하고, 다시 말해, 영국인다움을 이루는 것과 건전성 모두에 대해 공격할 때 표현되는 자기파괴적인 욕구의 한 가지 징후에 지나지 않는다."23) 건전성이라는 유기체론적인 비유만이 문제가 아니라, 예전에 T. S. 엘리엇이 정의했던 지극히 보수적인 의미에서의 문화와 전통이 여기에서는 해일처럼 밀려드는 이민=사회의 건강을 모독하는 침입자로부터 방어하지 않으면 안되는 것으로 기술되어 있고, 더욱이 자국의 식민지주의에 대한 반성 또는 유럽중심주의에 대한 비판도 모두 자신들을 파괴하는 건강하지 못한 욕구로 처리되어 버리고 있다는 것이다.24) 따라서 자기나라의 과거얘기만 나오면 정색을 표하

---

22) Paul Gilroy, op. cit. , pp. 114-152; Robert Miles, op. cit. , pp. 41-68.
23) Alfred Sherman, "Britain's Urge to Self-destruction," *The Daily Telegraph*, September 9, 1979, cited by John Solomos, Bob Findley, Simon Jones and Paul Gilroy, op. cit. , p. 27.

는, '기대된 영국인상'으로서의 영국인다움(Britishness) 같은 것이 후진적인 문화에서 온 이민에 대립하는 것으로 제시되는 것이다. 일반적으로 말해 '신인종주의'(The New Racism)라고 불리는 것이 이러한 현상이다.

단독으로 사용될 경우 후진국도 이민도 바로 인종에 연관되는 개념은 아니지만 그러나 후진국과 이민이라는 두 개의 규정이 전후 영국의 역사 문맥에 결합될 때 그것은 분명히 인도, 파키스탄, 서인도제도에서 온 유색인이라는 규정을 얻게 된다. 즉, 거기에 대한 영국인다움은 당연히 백인이라는 규정을 띨 수밖에 없고, 이민도 통일왕국(The United Kingdom) 안에 많이 있는 아일랜드에서 온 이민이거나 폴란드나 이탈리아에서 온 이민이 아니라 주로 옛 영국식민지에서 온 비서양인을 가리키게 된다. 즉, 영국은 백인국(白人國)이라는 것이고, 당연한 것이지만 흑인 등의 이민은 송환시켜야 한다는 논의가 나오게 된다. 예전부터 공감의 공동체로서 아담 스미스 등이 규정한, 습관이나 풍속을 공유하는 사람들의 집합체로서의 국민공동체라는 논의가 현상황 아래에서는 노골적인 인종주의와 똑같은 정치적 효과를 낳고 있는 것이다. 국민, 서양, 그리고 백인이라는 범주가 일찍이 자크 데리다가 혼란주의(混亂主義)라고 부른 개념적인 혼동과 자리바꿈을 간파한

---

24) T. S. Eliot, *The Idea of a Christian Society* (New York: Harcount, Brace and Co., 1940); *Notes toward the Definition of Culture* (London, Faber and Faber, 1948). 특히 후자의 「문화의 정의(定義)를 향한 각서」에서는, 제2차 세계대전 후, 냉전체제가 만들어진 과정에서 엘리엇은 냉전체제를 촉진하는 의견을 전개했다. 여기에서 중요한 것은 엘리엇은 단순한 국민문화론이 아니라 유럽문화론을 제시했다는 점이다. 국민문화와 유럽문화의 양의적인 관계가 냉전체제가 붕괴되는 과정에서 다시 한번 문제화되었던 것은 흥미롭다. 더욱이 전후일본에서 엘리엇의 문화론이 토인비의 문화형태론과 함께 유행했을 때 일본에 관해서는 문화는 오로지 국민문화의 의미에서만이 이해되고 있었다. 서양에서는 국민문화와 유럽문화의 양의성이 서양의 보편성지향과 일본의 특수성지향이라고 하는 형태에서 이해되어 버리고 있는 것이다.

후로 서로 교환가능한 것처럼 사용되었던 것은 이러한 문맥에서이다. 서양에 얽혀있는 '백인신화학'이 여기에서도 전개되기 시작한다.[25] 인종주의는 분명히 인종의 개념을 사용한 차별을 하지 않았다. 그 대신 인종의 역할을 하며 국민문화나 국민이라는 개념이 등장한 것이다. 특히 이러한 경향은 단민족, 원주민, 이민 송출국가에 있어서 두드러지는 바, 다민족, 식민, 이민 수용국가에서도 비슷한 현상이 일어났다. 즉, 문화주의가 인종주의로서의 움직임을 개시하기 시작한 것이다.

인종주의는 역사적으로도 또한 지역적으로도 매우 다양해서 일반화할 수 없다. 그러나 서유럽과 북미에서 다른 모습을 띠고 나타나는 보수화의 현상에 감히 한 가지 관계를 지워 말해본다면 그것을 '서양에의 회귀'로 결론지어 말할 수 있지 않을까. '서양에의 회귀'라는 특정한 시각에서 지식인의 보수화를 조망해보는 것은 그것이 일본의 문화주의와 많은 유사점을 갖고 있기 때문이다. 특히 전후 폭넓게 보급된 일본인론은 식민지 상실, 과거의 식민지주의 및 제국주의에 대한 책임망각에서 비롯한 것으로서, 식민지체제에 있어서 가해자의 입장으로부터 전쟁의 피해자의 입장으로 국민의 의식을 바꿔버렸다는 점, 식민지체제의 유산으로서의 이민유입방지를 인종주의적으로 정당화하는 논의라고 하는 점, 그리고 국민문화나 국민을 순혈적으로 본질주의화 혹은 자연화하는 것이라는 점에서 신인종주의와 매우 닮은 경향을 보이는 것이다.

---

25) Jacques Derrida, "La mythologie blanche," in *Marges de la philosophie* (Paris: Les Éditions de Minuit, 1972), pp. 247-324. 또 최근의 문헌으로서는, *L'autre cap* (Paris: Les Éditions de Minuit, 1991; 高橋哲哉・鵜銅哲 譯『他の岬』, みすず書房, 1993)이 있지만, 후자에 대해서는 '서양으로의 회귀'의 흔적이 심심찮게 보이고 있다. 또 '서양으로의 회귀'를 재촉하는 요소가 *De la grammatologie* (Paris: Les Éditions de Minuit, 1997; 足立和浩 譯, 『grammatologie について―根源の彼方へ』, 現代思潮社, 1967) 이후 그의 일에 있었다는 점도 놓쳐서는 안 될 것이다.

'서양에의 회귀'에 대한 해명은 놀라울 정도로 우리들을 '동양에의 회귀' 혹은 '일본에의 회귀'라는 논의에 대한 분석으로 유도해가는 것으로 생각된다.[26] 그리고 서양 대 동양이라는 도식에 포착되지 않는 무언가를 생각해볼 때, 유럽이나 북미의 인종주의에 대한 연구는 우리들에게 일본의 근대사상을 인종주의라는 관점에서 볼 것을 가르쳐주고 거꾸로 일본의 역사사상(歷史事象, 역사적 사실들)에 대한 연구에서 유럽이나 북미의 사상을 보게 될 수도 있다는 가능성을 가르쳐주는 것으로 생각된다. 더욱이 현재 진행중인 유럽, 그리고 미합중국의 지식인이 느끼는 불안과 자신감 상실은 '서양'이라는 동일성자신이 근대의 인종주의의 분류법에 많은 것을 의존하고 있다는 사실을 우리들에게 가르쳐준다. 그리고 분석범주로서의 '서양'은 그 유효성을 상실해가고 있다고 나는 생각한다. '서양'은 분석대상으로 거론되어야 할 것이지 분석에 이용하는 범주로 생각되어야 할 것은 아니다.

즉, '서양의 몰락'은 태평양의 세기를 가져다준다는 등 하면서 기뻐한다고 해서 해결될 문제가 아닐 것이다. 소비에트 연방의 몰락을 미국자유주의의 승리다라고 하는 등 하면서 기뻐했던 낙천적인 사람들이 미합중국에도 많지만, 전후 미합중국에게 있어서 소비에트연방은 참으로 자기확립을 위한 대칭적인 타자의 운동을 빚어냈고 소비에트연방의 소멸은 미합중국 자체에도 위기를 초래하였던 것이다. 마찬가지로 일본의 동일성도 또한 '서양'을 자기확립하기 위한 타자로 규정할 때 시작한 것이기 때문에, '서양'의 변용은 일본에 있어서도 근대세계

---

26) 일본문화론과 인종주의가 밀접한 관련이 있는지 검증하는 시도로서, 졸고 「문화적 차이의 분석론과 일본이라고 하는 內部性」, 『情況』, 1992년 12월號, 82-117을 참고 바람. 또 학문으로서의 '일본연구'와 인종주의의 관계에 대해서는, Statement on Racism, prepared by William Haver and Naoki Sakai (Chicago: Committee on racism, 1987)이고 〈부록〉으로서 일본어원서 263쪽에 게재했다. 한국어판인 이 역서에는 7장 다음의 〈부록〉에 실려 있다.

에 있어서 자기의 위치와 상승지향의 욕망에 따른 자기확정의 가능성을 상실하게 된다는 것을 의미하게 된다. 태평양의 세기라고 하여 기쁨에 넘치게 되면 일본의 일상생활의 많은 측면들에 내재하는 인종주의가 현재 이상으로 격렬해져 나타나게 될 것이다. 일본도 또한 서양이라는 무정의 주체로서의 논리적인 '장소'에 "있어서" 그 유정의 주체성을 획득하고 있는 것이고 서양중심주의나 인종주의적인 분류법을 해체하기 위해서는 이러한 논리적인 '장소'를 해명하고 논리적으로 비판해야 할 것으로 여겨진다. 마치 인종주의의 외부에 서있는 것처럼 인종주의를 비판할 수 없다고 말하는 것은 우리들이 근대세계에 살고 있기 때문이고 이러한 '우리들'에게는 일본인도 불가피하게 포함되어 있는 것이다. 그리고 '일본인의 동일성' 그 자체가 이러한 인종주의의 틀 안에서 만들어진 것이라는 점을 결코 잊어서는 안될 것이다.

〈보론〉 인종주의에 관한 제언

인종주의에 관한 위원회
1987년 3월 20일 시카고

먼저 여기에서 인종주의라고 불리는 현상 혹은 일본의 현상을 고찰하고 인종주의의 정치에 있어서 이 고찰을 달성하려고 하는 우리의 기획에는 일정한 곤란함이 불가피하게 동반될 수 있다는 것을 처음부터 인정하지 않으면 안될 것이다. 우리는 인종주의에 관해 고찰하고 인종주의에 관해 논의하고 인종주의를 고발하는 것이지만 이러한 곤란함은 우리의 이러한 언설과 실천의 대상이 되는 인종주의의 지위에 연관되어 있는 것이다. 확실히 우리는 광범위하게 걸쳐 있는 인종주의의 비참한 효과—결코 잘못 본 것이 아닌—를 끊임없이 목격하고 있기 때문에 인종주의란 무엇인가를 이미 확신을 갖고 혹은 주저함 없이 알고 있다고 안이하게 전제해서는 안될 것이다. 또한 아마도 더 의식적이긴 하지만 결국에는 자기반성적인 회의를 포함하지 않는 즉 인종주의를 고립된 개념적 대상으로서 설정하거나 인종주의에 대한 정의를 제한하려고도 해시도 안된다. 더욱이 또한 그렇기 때문에 인종주의의 불가피한 애매성을 확인했다라는, 어떻게 해서라도 교육적인 몸짓을 생각해내려는 방침에 자족해서도 안된다. 우리의 기획 전체는 대상으로서의 인종주의가 갖는 다의적인 성격에 속박되어 있고 그런 의미에서 일정한 불가능성에 제약당하고 있다는 것을 인정하지 않으면 안될 것이다. 그러나 이러한 불가능성을 인지하지 않게 되면 인종주의적인 탄압을 종종 정당화하는 언설을 단순하게 재생산하는 대신에 그러한 언설을 고발할 수 있게 된다는 것은 기대할 수도 없게 될 것이다.

한편에서 보면 만일 우리가 애매성이 없는 대상성을 설정하는 방침을 확신에 차서 채용하게 된다면, 즉 우리가 인종주의라고 불리는 대상의 한계를 규정하거나 한정시키려고 한다면, 다시 말해서 인종주의적인 것과 인종주의적이지 않은 것을 구별할 수 있다면, 적어도 다음과 같은 입장을 암묵리에 전제하게 될 것이다. 즉 우리는 일정한 시야, 즉 거기에서는 인종주의와 그 외부가 명확하게 규정할 수 있는 시야를 접하게 되고 이 시야는 우리가 의도하든 의도하지 않든 간에 상관없이 인종주의의 바깥에 설정된 시야가 될 것이다. 지금 여기서 문제가 되고 있는 것은 첫 번째 의미에서는 인종주의에 관여하고 있는 우리 자신의 죄책감에 관계하는 자기반성이나 자기비판 또는 고백 등과 같은 것이 아니다. 초자연적으로 그 대상에서 거리를 둔 시야를 채용할 수 있다고 생각함으로써, 그러한 시야가 구축되는 모든 전제들이, 분명히 인종주의적인 언설의 모든 전제들과는 사실상 완전히 공약적인 것일 가능성을 생각하지 않게 되어버리고 만다는 점을 지적해 두는 것이 중요할 것이다. 인종주의의 외부에 놓여진 시야에서 말할 수 있다고 하는 주장에는, 적어도 인종주의에 관한 한 우리의 언설은 그것이 의미하는 것 이외의 것은 말할 수 없고 우리의 언설이 자기가 무엇을 말하고 있는가를 알고 있다라는 생각, 즉 인종주의에 관한 진리에 대한 확실한 지점을 보유하고 있다는 생각, 거기에서부터 인종주의에 대한 예방을 보증해주는 언설이 발화될 수 있는 시야가 있다라는 생각이 들어가 있다. 그러나 참으로 대상의 애매성 탓에 인종주의가 언설의 장 전체에 침투하고, 한 가지 이상의 언설의 실천가능성들의 조건을 구성할 가능성을 간과해서는 안될 것이다.

다른 한편에서 보면 그렇게 한다고 해도 인종주의를 대상화하는 시

276

도를 소박하게 거부해서도 안된다. 그와 같은 거절은 대상으로서의 인종주의가 존재하지 않는다는 것뿐만이 아니라 인종주의 그 자체도 존재하지 않는다고 암시해주는 것이다. 더욱더 심각한 것이지만, 인종주의는 그 외부를 가지고 있지 않은 이상 필연적이고 존재에 내재하며 자연적인 것이다라고 은근히 말하는 것 (우리에게는 사실상 친숙한 암시는 아니지만)이 되는 것이다. 이렇게 거절은 인종주의를 그 고유한 분절화에 따라 측정하는 것을 불가능하게 만들고 비판의 실천을 불가능하게 해버리는 정치적인 냉소주의로 우리를 몰아가버리고 말 것이다. 인종주의에 대한 진실한 또는 은밀한 비판은 적어도 인종주의에는 외부가 있다라는 희망을 반드시 설정하지 않으면 안되고, 인종주의의 외부에 대한 희망을 유지하기 위해서는 기본적으로 그 희망이 단순한 신앙의 문제여서도 안되고 인종주의의 외부가 단순한 허구나 관조적인 유토피아여서도 안된다.

우리가 잠재적으로 드러낸 모습인, 양쪽의 인종주의를 고발하기 위해서는 우리는 대상으로서의 인종주의를 일방적으로 거절하거나 그 파악하기 어려운 편재성을 포기하듯 마음 속에 받아들여서는 안된다. 그렇다고 해도 인종주의의 한계를 한정시키는 대상화 가능성을 단순하게 믿어서는 안될 것이라는 말이다. 우리의 고찰은 냉소주의의 체관(諦觀)이라는 입장에서도 금욕주의의 자기정당성이라 하여 경직된 입장에서도 출발해서는 안될 것이다.

따라서 인종주의를 한쪽에서는 가능한 대상으로서 그리고 다른 쪽에서는 불가능한 대상으로 낳게 되는 여러 가지 공식 즉 인종주의에 관한 언설을 지식으로서 산출하는 학문적 영역으로 확립하기 위한 공식과, 그러한 공식을 추인하는 역할을 하는 지식에 따라 인종주의의 외부를 만들어내서는 안된다. 오히려 필요한 것은 대상화 가능성이 구성될 때 동원되는 기본적인 개념 장치들, 대상화 일반, 그리고 특히 인종주의의 대상화를 가능하게 만드는 기본적인 개념장치를 먼저 문제시해 보는 것이다. 내부와 외부, 주관과 대상이라는 대립하는 정당성에 도전하고 이 항들이 서로 배제적인 관계에 있는가 아닌가를 묻는 것도 필요할 것이다.

이러한 재검토 작업과정에서 타자의 외부성을 내부성에 대립하는 외부성과는 다른 방식으로 생각하는 것이 우리에게 요구될 수도 있다. 물론 이러한 관심은 영원히 어떤 철학적 실천에 있어서의 관심이기도 했지만 우리가 재검토할 때 구하고자 하는 것은 철학적인 문제의 해답이 아니라 그러한 철학적 문제가 우리의 정치적 실천에 있어서도 의미가 있는가라는 사실을 명시하는 것이다.

참으로 이러한 의미에서 우리의 기획은 어떤 종류의 이론적인 책무를 스스로 받아들이는 하나의 투기(投企, 희망의 가능성을 탐구하는 미래 즉, 아직 도래하지 않은 것에 대한 투기)라는 것을 알게 될 것이다. 말할 필요도 없지만, 이론적인 것에 대한 이러한 책무는 똑같은 이론용어를 사용한다는 동의의 장면을 고집하는 것에서도 또한, 그 대상에 완벽한 인종주의 이론을 만들어내는 것이라고 이해되어서도 안 될 것이다. 혹은 이 이론적인 것에 대한 책무는 일반성에 대해서만 사고하거나, 인종주의적인 탄압의 특수한 예들에 관한 특정한 논의를 거절하라고 우리에게 요구하는 것도 아니다. 이러한 기획에 있어서 우리는 이론적으로 현실에 연관됨으로써 정치적으로 현실에 개입하는 것을 목표로 한다. 그리고 이 기획이 정치적인 개입을 의미할 수 있다면 특수한 사실에 관한 특수성이 구성될 때 동원되는 개념장치를 그 사실적인 특수성의 측면과 동시에 특수성 일반의 측면에서도 문제시하지 않으면 안될 것이다. 즉 우리는 인종주의의 특정한 예들의 고유하고 특수한 상황 혹은 환경에 주목하지 않으면 안되지만, 또한 그와 동시에 그러한 특정한 예를 하나의 인종주의에 대한 예증 혹은 심급으로서, 하나의 사례로서 구성하는 방식에도 주목하지 않으면 안된다.

우리는 인종주의가 침략적이고 파악하기 어려울 정도로 편재한다는 사실 즉 인종주의가 언설의 장 전체를 포화시킬 수 있는 것만이 아니라 어느 정도로 언설의 실천에 있어서 빼놓을 수 없는 가능성의 조건을 구성할 수 있는 것이 아닐까라는 사태를 이제까지 강조해왔다. 여기에 함의되어 있는 것은 인종주의란 단순하게 지식을 스스로의 경우에 맞추어 악용하는 일종의 심리적인 태도나 편견의 문제가 아니라는 점이 아니다. (인종주의가 그와 같이 지식을 악용하지 않는다는 말은 아니다. 이러한 인종주의관이 분절화할 수 없는 것은, 왜, 또한 어떻게, 인종주의와 지식의 제도 사이의 연대가 이만큼 명백한 설득력을 갖고 있는가라는 점이다.) 달리 말하면 인종주의는 그 자신은 무죄인 지식이나 언설의 실천에, 나중에 강요된 곡해 또는 오용으로 보는 입장을 파악할 수 없다는 것이다. 예를 들어 일정한 학문적 작업의 제도적인 구성과 실천의 특정한 개념화—한 예로서 인류학, 미합중국에서 지역연구라고 불리는 학문분야, 일본학 등이 차례로 거론되긴 하지만—는 그 학문분야가 성립할 때 세워진 인식론적인 태도 때문에 최종적으로는 인종주의에 휘말려 인종주의에 가담하는 것이라고 생각할 수밖에 없을 것이며, 또한 그 인식론적인 태도 때문에 이러한 학문분야들을 구성하는 실정성이나 이러한 분야들에서 표상되는 사실에서 인종주의는 계속 재생산되어 가는 것이다. 그러나 사태는 이보다 조금 더 복잡하다. 즉, 이러한 인식론적 태도나 학문적 표상의 결과와 형태의 비판 그 자체가 인종주의에 반대하는 입장을 취하고 있기 때문에 바로 인종주의에서 자유로워질 수 없기 때문이다.

인종주의에 대한 비판이 본래의 의도를 배신하여 인종주의를 재생산하게 되어버리는 이러한 모순은 특수성을 고집함으로써 헤게모니적인 지배에 대항하려고 하는 경우에 특히 현저해질 것이다. 헤게모니적인 지배는 스스로를 산출할 가능성의 조건을 보편적인 것으로 간주하는 언설의 실천에 의해 지탱받는다. 스스로를 보편성의 현현(顯現)이라고 주장하는 듯한 언설에 대한 철저한 비판이 정당한 것만이 아니라 긴급하게 필요하다는 것은 말할 필요도 없다. 그러나 특수한 것의 원초적인 정통성에 의거하는 헤게모니적인 지배에 대한 비판은 이러한 특수성 자체를 구성하는 개념장치를 수용함으로써 특수성 안에 있는 차이를 탄압하는 결과를 빚어내게 된다. 더욱이 특수성을 고집하는 비판은, 특수성의 분절화를 가능하게 만드는 개념장치 그 자체가 스스로의 보편적인 타당성을 전제한다는 점을 종종 망각해버린다. 특수성에 대한 고집도 상대주의에 대한 고집도 자동적으로 인종주의에서 자유를 보장받는 것은 아니다.

물론 우리의 제언에서 우리의 중심적인 관심은 (역사적으로 한정된 이야기 방식이라는 일을 하기 시작한다면) 휴머니즘과 그것에 대한 비판에 있다. 인간주의적인 휴머니즘은―또는 그 심문형태로서의 철학적 인간학이 규정하려고 했던 인간성처럼―특수적으로 인간적인 본질 그 본질을 인지함으로써 인류―(정확히 말하자면 인간이라는 종)―를 비인류와 준별하는 것을 우리에게 가능하게 만드는 본질의 존재를 전제해왔다. 동시에 인간주의적인 휴머니즘은 시간과 장소의 차이를 초월하여 보편적인 인류의 공통성을 지시하고 인간이라는 종을 그 공시성에서 통합하려는 본질의 존재도 전제해왔다. 이미 인간주의적인 휴머니즘에 대한 많은 비판자들이 주장했던 것처럼 이러한 인간본질관의 결과로서 휴머니즘은 인간의 타자성, 다른 인간의 외부성 즉, 인간이라는 보편적인 본질성에 대한 외부성을 인정할 능력을 잃어버린 것이다. 즉, 인간주의적인 휴머니즘은 그 보편주의적인 자세 때문에 우리가 타자와 만날 가능성을 잃어버린 것이다. 그런데, 거꾸로 인간주의적인 휴머니즘에 대한 보편주의적인 동경을 거절하는 그 많은 반대자들은 종종 특수성을 고집하고 문화적 국민적 또는 인종적인 특수체험의 궁극적인 가치에 쓸데없이 매달려 왔다. 그러나 이러한 반대자는 문화, 국민, 국민국가 그리고 인종이라는 관념은 (때로는 이 관념들은 동일한 것으로 구별되지 않기도 한다) 인간중심주의의 어휘와 완전히 공약적이고 휴머니즘이 구가하는 보편적인 가치를 분절화하기 위한 개념장치로 여겨지고 있다는 사실을 망각해버리고 있다. 그런 한에서 이러한 관념은 특수한 문화, 국민국가, 인종 안에 있는 차이, 타자성, 그리고 외부성을 밀폐시켜 버린다.

다시, 우리의 기획은 외부성의 문제에 연관된다는 것을 알 수 있다. 우리는 휴머니즘이나 특수주의나 혹은 그러한 입장들이 언뜻 보기에 대립하고 있다는 인식의 외부를 초월한 채 존재하고 있다는 입장에서 출발할 수 없을 것으로 생각된다. 그러나 그다지 잘 할 수 없을지는 몰라도, 인종주의에 대한 물음 어딘가로 육박해 들어가려고 하는 우리가 채용한 개념장치가 유효성을 갖는다고 한다면, 우리의 문제제기는 역사를 향한 문제제기이고 하나의 역사가 아니라 복수의 역사의 시련을 받아들여야 할 문제제기라고 하는 것을 알게 되지 않을까, 즉 한 가지 확인해두지 않으면 안 되는 것은 인간중심주의적인 휴머니즘은 인간은 역사적인 현상이고, 즉 인간중심주의적인 휴머니즘의 인간은 역사에서 역사의 효과로 나타난 이상, 인간은 외부성에 홀리게 되고 소유되어 (따라서 결코 소유되지 않는 것에 의해 소유되는) 역사의 외부성에 의해 홀리게 되는 것이며 인종도 인종주의도 똑같이 역사의 외부성에 의해 휘말리게 될 것이라는 점이다. 즉, 휴머니즘과 그것에 대한 비판과 인종주의의 사이에는 역사적으로 분절화된 관계가 있다. 그러나 이것은 이 항들 사이에 인과적인 관계가 존재한다는 것이 아니라 이 항들 사이에 공범관계의 가능성을 예상해서 그 가능성을 경계하는 일로부터 우리의 기획을 시작하지 않으면 안될 것이라는 말이다.

인간, 국민, 국민국가, 인종이라는 동일성과 공동체의 다른 구축체는 불가분하게 역사에 결부되어 있고 일정한 역사성, 역사의 불가피성의 지배 아래에 있다. 우리는 역사성은 비판을 위한 필요조건인 한에 있어서, 인종주의에 대한 비판이라는 정치적 실천의 가능성에 대한 필요조건이 되어 있고, 이 구축체들은 모두 이러한 역사성에 지배될 수 있으리라는 가능성을 먼저 인정하는 것으로부터 시작하지 않으면 안 될 것이다. 왜냐하면 인종주의를 비난할 필요는 결코 없어진 것이 아니라는 사실을 알면서도, 우리는 단순하지만, 비난을 계속해나가기 위한 고찰을 목표로 삼기 때문이다.

(부기: 이 글은 윌리엄 헤이버 및 사카이 나오키에 의해 공동집필되었다. 일본어로 번역한 문헌의 책임은 사카이 나오키에게 있다.)

맺는 말

다양한 우연으로 사람은 예기치 않은 상황에 부딪히게 된다. 나에게는 그런 상황에서 어째서 역사적인 질문을 제시해야만 하는가를 생각할 기회가 많이 있었다. 역사적인 질문은 사회적 현실 표상 방법을 재구성함으로써, 변화하는 분절화에 관계되고, 이 책에 모아둔 논문은 그 같은 분절화를 시도한 궤적이라고 말할 수 있을지도 모른다. 사람들이 일정한 사회적인 입장을 점할 때 느끼는 불안과 의문으로 아직까지 규정되어 있지 않은 것을 개념화하고 정치적인 항쟁에 관계되는 것으로서 위치하는 것이라고 분절화를 정의해 둔다. 그러면, 내가 관계된 분절화의 효과에 의해 그 주체적 입장에 변화를 용서받기를 원하는 사람들은 나 자신을 포함해서 일본재주(日本在住)의 사람들의 범위를 넘어서고 있다. 그렇기 때문에 이 논문은 일본에 살고 있는 사람들이라고 하는 의미에서의 일본인을 넘어서 또 일본국민에 귀속하고 있다라는 의미를 가지는 사람으로서의 '일본인'의 집단을 넘는 범위에서 생각해내지 않을 수 없었다.

확실히 본 책에 모아둔 논문의 상당수는 처음부터 이른바 일본어로 쓰여져 있었지만, 나는, 특별히 '일본인 독자'를 향해 쓰고 있을 생각

은 없었다. 내가 말을 걸고, 글을 쓴 대상을 일본인으로서 규정할 수
는 있었다.

일본에서 출판되고, 소위 일본어로 발표되는 논문을 쓰는 것으로부
터 곧, 독자가 일본인이다라고 하는 전제를 예상하지 않으면 안되는
이유가 특별히 없다는 점은 본 책에 모아둔 여러 논문에서도 나타나고
있다. 물론, 소위 일본어를 알고 있는 사람이라면 알고 있을 각종 지
식은 전제되어 있지만, 이들 지식의 소유주가 곧 일본인은 아니다.
'일본어를 읽을 수 있는 사람'이 곧 일본인일 필요가 없는 것은 '영어를
읽을 수 있는 사람'이 곧 영국인이 아닌 것과 기본적으로는 같다. 물론
일본에서 교육받은 사람 이외에 일본어를 읽을 수 있는 사람의 수와
영어를 읽을 수 있는 사람의 수 사이에는 압도적인 차이가 있고, 이
격차의 배후에는 마치 대만에서 일본어를 말하는 사람이 비교적 많다
고 하는 사실 뒤에 역사가 있듯이, 그것 나름대로의 역사가 있다.

보통, 사람은 언어를 자발적으로 선택할 수 없다. 주어지는 상황이
일정한 언어를 사용하도록 강제하기 때문이다. 그러나 이 책에 모아
둔 논문(제1장을 제외하고)의 경우, 사정이 조금 다르다. 이렇게 일본
어로 쓰고, 일본어로 발표하는 것에는 나 나름대로의 정당한 이유가
있다. 이들 논문으로부터 정당화된 논리에서 기인하는 몇 가지라도
이해해준다면 행복할 것이다.

이들 논문은 많은 사람들과의 우연한 만남으로 유발되었다. 게재한
공저논문의 나 이외의 저자들, 윌리엄 헤이버, 야마구치 지로(山口二
郞)씨를 비롯하여, 특히 감사를 표하고 싶은 사람은 브레이트 드 발
리, 마츠사와 히로요(松澤弘陽), 쿄다 히로코(脇田晴子), 빅터 코슈
만, 가라타니 코진(柄谷行人), 스티븐 타나까, 해리 발토니안, 나리
타 류이치(成田龍一), 티모시 말레, 이요타니 토시아이(伊豫谷登士
翁), 비티 마틴, 이와사키 미노루(岩崎稔), 스기야마 미츠노부(杉山

284

光信〕, 야마노우 키요시치〔山之內靖〕, 코지마 키요시〔小島潔〕, 마사오 미요시, 아이바 아츠시〔合庭小臯〕, 히로다 마사키〔廣田昌希〕, 이분들이다. 이 외에도 감사하고 싶은 사람이 많이 있지만, 그러나 적어도 여기에 쓴 사람들의 격려와 원고 요청이 없었다면, 이들 논문의 대부분은 쓰여질 수 없었을 거라고 생각한다.

마지막으로, 1992년 가츠마타 미츠마사〔勝股光政〕씨와의 우연한 만남이 없었다면, 이 책은 존재하지 않았을 것이다라는 점도 재확인해 두고 싶다. 이 책은 나에게 있어서는 일본에서 출판되는 최초의 단행본이다. 지금까지 일본의 출판기구와 과정에 완전히 무지했던 나에게 학문적인 서적의 출판에 있어서 편집자가 동반하는 거대한 책임과, 일본에서의 학문의 성립에 있어서 얼마나 중요한 역할을 편집자가 부여했는지를 몸으로 가르쳐 준 사람은 가츠마타씨였다. 깊은 감사의 뜻을 표하고 싶다.

1996년 3월 30일

사산되는 일본어 · 일본인

지은이/ 사카이 나오키
옮긴이/ 이득재

초판인쇄일/ 2003년 7월 18일
초판발행일/ 2003년 7월 26일

발행인/ 손자희
발행처/ 문화과학사
주소/ 120-012 서울시 서대문구 충정로 2가 5-15
전화/ 335-0461   팩스/ 313-0465
e-mail: transics@chollian.net
homepage: http://www.jinbo.net/~moonkwa

출판등록/ 제1-1902 (1995. 6. 12)

값/12,000원

ISBN 89-86598-51-5   93900

문화과학사의 책들